XIANYU JIAOSHI FAZHAN ZHICHI TIXI
JIANSHE YANJIU

于维涛　杨乐英 ◎ 著

县域教师发展支持体系
建设研究

北京师范大学出版集团
BEIJING NORMAL UNIVERSITY PUBLISHING GROUP
北京师范大学出版社

图书在版编目(CIP)数据

县域教师发展支持体系建设研究 / 于维涛，杨乐英著. —北京：北京师范大学出版社，2020.8
ISBN 978-7-303-25291-6

Ⅰ.①县… Ⅱ.①于…②杨… Ⅲ.①县-地方教育-师资培养-研究-中国 Ⅳ.①G645.12

中国版本图书馆CIP数据核字（2019）第250641号

营 销 中 心 电 话　010-57654738　0537-4459916
电 子 信 箱　hdfs999@163.com

出版发行：北京师范大学出版社 www.bnup.com
北京市西城区新街口外大街12-3号
邮政编码：100088

印	刷：日照日报印务中心
经	销：全国新华书店
开	本：710 mm×1000 mm　1/16
印	张：20
字	数：349千字
版	次：2020年8月第1版
印	次：2020年8月第1次印刷
定	价：66.00元

策划编辑：王秀环	责任编辑：张丽娟　王秀环
美术编辑：王秀环	装帧设计：李　尘
责任校对：段立超	责任印制：李　飞

版权所有　侵权必究
反盗版、侵权举报电话：010-57654750
北京读者服务部电话：010-58808104
外埠邮购电话：010-57654738
本书如有印装质量问题，请与印制管理部联系调换。
印制管理部电话：010-57654789

序

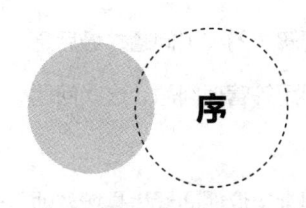

"郡县治,天下安",这在中国历史上一直是社会治理的基本原则。2015年6月30日,习近平总书记在接见全国优秀县委书记时指出:"在我们党的组织结构和国家政权结构中,县一级处在承上启下的关键环节,是发展经济、保障民生、维护稳定的重要基础。"县域经济社会发展是建设小康社会、实现中国梦的重要基础,具有全局性战略意义。

在当今注重科技生产力的时代,县域经济社会发展更加依赖教育和科技的进步,其中教育是发展经济、改善民生、转变社会风气、提高文化与文明水平的基础和关键。提升县域教育水平关系到国家整体战略的实现。教育发展,关键在教师,建设县域高素质的教师队伍,全面支持他们投身教育教学改革,提高教育教学质量,这是新时代党和国家的重要目标。长期以来,我国教育文化资源高度聚集在中心城市,导致县域留不住资金和人才,转型升级发展的后劲不足。县域缺少科技人才,留不住优秀教师,在职教师受到各方面的掣肘,影响了工作的积极性和专业特长的发挥,这是中华民族伟大复兴中迫切需要补上的"短板"。

正因为如此,2018年中共中央、国务院《关于全面深化新时代教师队伍建设改革的意见》要求"深入实施乡村教师支持计划"。2018年,教育部等五部门关于印发《教师教育振兴行动计划(2018—2022年)》的通知指出"建立健全乡村教师成长发展的支持服务体系"。2015年,国务院办公厅印发了《乡村教师支持计划(2015—2020年)的通知》,提出"建立乡村教师校长专业发展支持服务体系"。通过对县域教师专业发展的支持服务,提升教师队伍水平,进而提升教育质量,这是当前我国教育政策的重点之一。

县域教师专业支持体系的建设,已经从是否需要建设的争论阶段进入如何建设、如何加快建设的新阶段。于维涛同志10年前就开始了这一领域的研究,现在看来是具有相当的超前性的,具有很强的发展预见性。

县域教师发展支持体系的建设,首先需要解决组织结构问题,多头领导、缺少协调、责任不明是普遍存在的问题,为此进行整体的设计和组织部门整合就是关键。其次是教师专业发展的专业支持力量不足,需要调动当地和外部资源促进教师专业发展。再次是缺少动机与动力，如何调动教师专业发展积极性也是需要解决的突出问题。最后是没有建立起有效的评估与奖惩体系，需要全面改革教师评价聘用等管理问题。这些问题不解决，就难以建立有效的教师专业发展支持体系。

于维涛同志有十几年基层教育行政工作的经验，在攻读博士学位期间聚焦县域教师发展支持的研究，取得了不少研究成果；杨乐英老师扎根教育教学一线，从事青年教师培养、教育教学等实践工作。《县域教师发展支持体系建设研究》将这方面的研究又向前推进了一步。论著从系统论的角度出发，在深入研究我国县域教师发展支持体系建设的现状、问题、原因与方向的基础上，从教育系统外部与内部两个维度，从宏观和微观两个层面，对县域教师发展支持体系建设的理论与实践进行系统梳理、比较分析和综合研究，提出了"一主导、四主体、四维度、十措施"的县域教师发展支持体系建设框架。论著按照立足国内、借鉴国外、挖掘历史、把握时代、关怀人文的思路，着眼于未来县域教师发展支持体系建设的大目标，站在国际视野、国家要求、农村实践、教师需求的四维平台上进行论述，视野广阔、见解精辟、结构严谨，操作性、实用性强。值得一提的是，本研究注重构建中国特色教师发展理论和实践的学科体系、学术体系、话语体系。既与乡村教师振兴时代背景和国家要求有关，也与县域教师发展重大关切有关。

很佩服于维涛同志的勤奋与进取，从中师学历起步，历经一线教学、教育行政管理、学术研究，不断提升、不断发展，付出了常人难以做到的努力，当然也就有了一般人难以达到的水平。在自身不断进步的同时，他始终关注农村、关注基层、情系教师，始终致力于县域教育的发展提升，体现了强烈的教育使命与深深的乡村情怀。

当然，县域发展，尤其是县域教师发展问题十分复杂，与国家治理体制、财政力量、地理资源、地域经济特点与经济结构、地域历史文化、民族宗教等众多问题有关，而且不同县域的情况都有很大不同，这些大大增加了问题研究的复杂程度。县域教师发展支持体系建设研究也有其自身的内在逻辑，并受外部环境的制约和影响，不仅是农村社会变革的组成部分，也是农村教育改革发展的重要措施。在县域教师发展支持体系建设的历程中，充满了理论逻辑与实践逻辑的冲突与融合。希望论著再版时在教育理论上、思想观点和教育实验上有所突破。

华东师范大学教授、博导　戚业国

2018年10月1日于丽娃河畔

目录

引言：困惑与冲击

第一章 导论 / 2
  第一节 县域教师发展支持体系建设研究的价值与方向 / 2
  第二节 文献梳理 / 3
  第三节 思路方法 / 13
  第四节 县域教师发展支持体系的内涵 / 14

理论：内生与外接

第二章 县域教师发展支持体系建设的理论基础 / 18
  第一节 县域教师发展支持体系建设的哲学基础 / 18
  第二节 县域教师发展支持体系建设的政治基础 / 25
  第三节 县域教师发展支持体系建设的经济基础 / 30
  第四节 县域教师发展支持体系建设的社会基础 / 35
  第五节 县域教师发展支持体系建设的学习理论基础 / 39

第三章 国外教师发展支持体系建设的比较研究 / 41
  第一节 美国教师发展的支持体系 / 41
  第二节 英国教师发展的支持体系 / 69
  第三节 日本教师发展的支持体系 / 91
  第四节 法国教师发展的支持体系 / 101
  第五节 美、英、日、法四国教师发展支持体系的
     比较分析与启示 / 111

探索：历史与现实

第四章 县域教师发展支持体系建设的实践探索 / 120
  第一节 县域教师发展支持体系建设 / 120
  第二节 县域教师发展支持体系建设的地方实践 / 142
  第三节 县域教师发展支持体系建设的教师发展机构实践 / 155
  第四节 县域教师发展支持体系建设的学校实践 / 175
  第五节 县域教师发展支持体系建设的社会参与实践 / 189

第五章 我国县域教师发展支持体系建设的现状与问题 / 192
  第一节 县域教师发展支持体系建设的现状 / 192
  第二节 县域教师发展支持体系建设存在的问题 / 268
  第三节 县域教师发展自身存在的主要问题 / 275
  第四节 影响县域教师发展的因素分析 / 278
  第五节 县域教师发展支持体系建设的问题与进展 / 288

对策：结构与运行

第六章 "四位一体"县域教师发展支持体系的构建 / 294
  第一节 "四位一体"县域教师发展支持体系的结构 / 294
  第二节 "四位一体"县域教师发展支持体系的制度 / 295
  第三节 "四位一体"县域教师发展支持体系的运行 / 298

结语 / 307

致谢 / 310

引言：困惑与冲击

第一章 导论

第一节　县域教师发展支持体系建设研究的价值与方向

一、选题价值

2018年教育部等五部门关于印发《教师教育振兴行动计划（2018—2022年）》的通知指出"建立健全乡村教师成长发展的支持服务体系"，2018年中共中央国务院《关于全面深化新时代教师队伍建设改革的意见》要求"深入实施乡村教师支持计划"，这将是未来十年我国县域教师专业发展支持体系的重要任务。

（一）政策价值

在县域教师专业发展中，政策起着举足轻重的作用。但实践中，政策在促进县域教师发展中具有局限性。政策的局限性究竟有哪些？政策怎样才能发挥有效的作用，最大限度地促进县域教师发展？一般认为，县域教师发展中的政策有赖于通过有效的制度干预资源配置，以避免形成县域教师"发展凹地"或"马太效应"。本书将深入剖析影响县域教师发展的政策，对县级政府及其职能部门政策与制度的选择进行合理定位，提出政策优化的思路和策略。

（二）理论价值

县域中小学教师发展是把握科学方法并支持服务及其改造经验的过程。本书以《中小学教师专业发展标准》等相关政策法规精神为依据，综合运用基础教育、教育管理学、组织行为学、人力资源管理、社会学、经济学、中小学教师专业发展等相关理论为基础，对县域教师发展支持体系建设问题及趋势进行探讨，理清县域中小学教师发展与政府、教育部门、学校及社会的关系。这不仅有利于拓展基础教育研究的论题视域，而且有利于推进其他学科理论的研究深度，同时，为城市教师发展支持体系建设提供参考和借鉴，从而丰富和完善区域教师发展理论体系。

（三）实践价值

"郡县治，天下安。"县域中小学教师发展支持体系的建设，第一是组织结构问题，需要解决多头领导、缺少协调、责任不明的问题，为此进行整体的设计和部门整合就是关键。第二是教师发展专业支持力量不足的问题，需要整合调动外部教师发展的资源。第三是教师缺少动机与动力的问题，需要调动教师发展积极性。第四是没有建立起有效的评估与奖惩体系的问题，需要全面改革教师评价聘用等规章制度。因此，规划和设计与基础教育改革和发展相适应的，在责、权、利统一基础上分工合作的支持服务体系，集中消除对县域中小学教师"外在要求多，支持服务少"的现象，着力打造高素质专业化创新型县域中小学教师队伍，是提高县域教育质量、促进公平的关键举措。

二、研究的问题

一是，县域教师发展的理论基础是什么？

二是，发达国家教师发展支持体系建设有哪些成功的经验与教训？

三是，我国县域教师发展支持体系的现状是什么？存在哪些突出问题？原因是什么？

四是，我国教育工作者（教师、培训者、管理者）对县域教师发展支持体系的态度如何？他们认为存在哪些优势和问题？对县域教师发展支持体系建设又有怎样的期待？

第二节　文献梳理

一、国内外教师发展支持体系建设的研究现状

（一）国外教师发展支持体系建设研究现状的综述

使用文献检索发现，目前国外直接以区域或县域教师发展支持体系建设为研究对象的专著或论文比较缺乏，但由于支持体系建设的内涵与外延相当宽泛，因此，相关研究

仍大量见于一些专著、论文等文献之中，与教师继续教育的其他问题一起进行讨论。国外关于区域教师发展支持体系建设的研究主要集中在以下几个方面。

1. 国外教师发展支持体组织结构研究

夏洛特·丹尼尔森和托马斯·麦格里（Charlotte Danielson and Thomas L. McGreal）的《教师评价——提高教师专业实践能力》提出了一个系统的"区分性教师评价体系"，其核心理念是：只有用不同的评价标准和方法去评价处于不同发展水平的教师，教师评价才有助于教师的专业发展。[1]

托马斯·R.格斯基（Thomas R. Guskey）的《教师专业发展评价》提出了促进专业发展的过程性、发展性特点。阐述了教师专业发展评价的12条原则，建构了拥有五个层次的教师专业发展评价模型：（1）学员对发展的反应；（2）学员的学习；（3）组织的支持与变化；（4）学员对新知识技能的应用；（5）学生的学习成果。[2]每个层次的评价都涉及如何评价被评价者对专业发展活动的反应，教师所在组织的支持和变化，被评价者对新知识和技能的应用，并提出教师专业发展评价最终要看专业发展活动对学生学习结果的影响。

2. 国外教师发展支持体系建设的制度研究

美国1965年《高等教育法》，1981年美国政府组成的教育质量调查委员会撰写的《国家处在危急之中——教育改革势在必行》，1986年美国卡内基教育和经济论坛工作组发表的报告《国家为培养21世纪的教师作准备》《国家处在危机之中》，老布什政府2001年提交国会通过的《不让一个儿童落后法案》，以及2011年9月，奥巴马政府发布《我们的未来，我们的教师》《"RESPECT"计划：构思21世纪的教学职业》和《教师准备改革法案》等文件明确了加强教师职前培养和在职进修的重要性，并斥巨资资助各州和地方学区开展各种各样的教师在职培训活动，促进教师的发展。谌启标研究提出，美国建立新的国家教师发展支持体系，"确保所有教师获得专业发展和职业晋升机会，包括新手教

---

[1] [美]Charlotte Danielson, [美]Thomas L. McGreal. 教师评价——提高教师专业实践能力[M]. 陆如萍,唐悦,译. 北京：中国轻工业出版社，2005：7.

[2] [美]Thomas R. Guskey. 教师专业发展评价[M]. 方乐等,译. 北京：中国轻工业出版社，2005：58-64.

师和新近毕业于教师准备计划的人员。"①

加里弗·霍班（Garry F. Hoban）的《教育变革中的教师学习》一书指出，社会的变革，经济、技术的迅速发展，复杂的思维系统促使教育的变革。为更好地适应变化，要从政策、环境、领导力、内容、结构、文化等方面支持帮助教师发展。麦克A·斯米利和黛布拉（Mark A. Smylie and Debra）的《教师的发展》一书提出通过系统的可持续政策加强教师培养，逐步提高教师资格标准。2012年5月，英国教育部公布了英格兰地区新的教师职业标准，高鹏、杨兆山研究认为，新标准的基本框架包括四个部分：说明、序言、教师的教学标准、教师的个人和职业行为标准。②

《美国教师质量保障体系历史演进研究》一书从八个方面对美国教师质量保障体系在历史演进中遇到的问题进行分析，并提出了美国教师质量保障体系的七点举措：建立适当层级；国家标准与地方弹性空间适度；基于教学专业自身特点；充分考虑政治、经济、文化等因素；不同评估维度要素之间的平衡；正确处理资格认证、教育认证、优秀教师资格认证之间关系；正确处理培养、考试和认证之间关系。③

3. 国外教师发展支持体系的运行情况研究

（1）统一认识明确了教师发展是一个持续的过程，有不同的发展阶段，各个阶段教师发展需要不同的支持和帮助。1961年，美国基础教育协会发表了《谁是优良的教师》，强调了在知识爆炸时代对教师进修进行支持的必要性、重要性。并指出，教师在教学的头几年，随着教学经验的增加，教学能力显著提升；教了五六年以后，习惯于已有的教学程序，进步的速度就不像以往那么快了，甚至有逐步下降的趋势；如不进修，即使再教20年，也不会有多大进步，甚至会出现衰退的现象。

埃莉诺·德拉戈·塞弗森（Eleanor Drago-Severson）的《帮助教师学习：成长与发展的主要领导》一书提出教师的成长如同自然界的树木一样，不同的发展阶段教师发展的目标、任务、速度不同，学校需要提供不同结构或层次的支持帮助。④

---

① 谌启标. 新世纪美国教师教育改革政策述评[J]. 比较教育研究, 2013（9）: 57-61.
② 高鹏, 杨兆山. 2012年英国教师标准研究[J]. 外国教育研究, 2014（1）: 112-120.
③ 洪明. 美国教师质量保障体系历史演进研究[M]. 北京: 北京师范大学出版社, 2010: 4.
④ Eleanor Drago-Severson. Helping Teachers Learn: Principal Leadership for Adult Growth and Development[M]. CA: Corwin Press, 2004.

（2）完善教师教育标准，重建教师教育认证机构。考虑到社会对教师教育质量的诉求越来越高，教育实习质量达不到既定标准，大部分教师教育项目缺乏办学质量自我监控与改进的机制等传统教师教育认证制度存在突出问题，美国近年来对教师教育认证制度实施了新一轮改革。邓涛研究总结美国教师教育主要改革的举措是：对NCATE和TEAC两大教师教育认证机构进行合并，形成全国统一的教师教育认证机构。注重数据与事实为依据的绩效评价，提高入职门槛，提出严格师范生入学底线标准，促进教师教育与基础教育有机融合等。①

（3）注重课程、模式、评价与技术等支持体系建设。雅格（Yarger）的《在职教师教育》一书从课程支持的视角指出：美国各大学目前尚没有为中小学教师提供在职进修课程，在课程内容方面也没有做深入系统地探讨研究。戴伟芬研究提出："学术取向、专业取向和社会（公正）取向，共同构成了20世纪80年代以来美国教师教育课程思想的三大价值取向。"②三大价值取向的思想体现与多元模式融合的思想，构成美国教师教育课程思想的基本趋向。苟顺明、王艳玲研究认为："美国教师教育机构内的各门课程都非常重视对学生学习过程和结果的评价，作品评价、表现性评价和成长记录袋评价等评价策略得到广泛使用。"③

（4）注重校长的引领与团队精神作用。菲利斯·H.林德斯特罗姆（Phyllis H. Lindstrom）的《校长专业发展》认为校长的主要职责是为教师发展提供科学前沿的信息，按照一定的程序、范围和内容创建一个综合的、合作的学习环境。该书从校长的榜样、学校文化、联合学习、问题学习、目标学习切入，阐述了什么是校长专业化；校长是教师专业学习共同体的建设者；校长是教师专业发展的首席设计师，校长能够确定教师发展的重点、教师发展计划和提高，能够为教师提供发展资源；校长是教师专业发展的贯彻者和沟通者；校长是教师专业发展的反思者和评价者；校长是教师未来发展变化的预测者和应对者。还介绍了校长个人的专业发展对于帮助教师专业发展的重要性，建

---

① 邓涛. 美国教师教育认证改革：机构重建和标准再构[J]. 教师教育研究，2016（1）：110-115.
② 戴伟芬. 当代美国教师教育课程思想的三种价值取向分析[J]. 教育研究，2012（5）：147-153.
③ 苟顺明，王艳玲. 美国教师教育课程评价的策略与启示[J]. 教师教育研究，2014（2）：102-107.

议校长用更多的时间、情感支持教师的学习成长。[1]

埃莉诺·德拉戈·赛弗森（Eleanor Drago-severson）的《帮助教师学习：成长与发展的主要领导》提出作为校长如何创造更多的机会支持不同需要的教师进行学习；如何为教师发展提供所需要的资源；如何有针对性地培养教师。该书最后提出了教师专业发展的四大支柱：团队精神，提供领导角色，建立沟通机制和管理评价。[2]

玛丽莲·塔列里科（Marilyn Tallerico）的《校长引领教师专业发展》认为校长强有力的领导对于促进教师的专业发展发挥着极其重要的作用，围绕当前美国教师专业发展委员会标准的三个主要因素（内容、过程、环境）组织材料，选定七个与行政管理者有关的问题，总结了教师专业发展的最新研究成果。[3]

彼得·厄尔利和迪克·威宁（Peter Earley and Dick Weindling）的《校长引领教师专业发展》认为校长要高水平地引领教师发展，校长不仅要具备管理知识，而且还要具备领导、沟通艺术和人力资源开发等方面的知识，这需要校长持续地学习，及时掌握有关的知识和技能，更好地理解课程变革，理解课堂教学。[4]

（5）注重学习型学校与文化系统建设。简·邦普斯·哈夫曼和克里斯汀·基沸·希普（Jane Bumpers Huffman and Kristine Kiefer Hipp）的《学习型学校的文化重构》提出，由于学校忽视了通过成人合作学习来促进教师专业发展的文化构建，所以教育改革经常失败。该书提出了促进教师专业发展的学习型学校五个纬度：共享和支持性领导、共同的价值观和远景、共同学习和应用、支持性条件、共享的个人实践。[5]并论述了学习型学校的评估和文化重建。

---

[1] Phyllis H. Lindstrom. The Principal as Professional Development Leader[M]. CA：Corwin Press，2004.

[2] Eleanor Drago-Severson. Helping Teachers Learn：Principal Leadership for Adult Growth and Development[M]. CA：Corwin Press，2004.

[3] [美]Marilyn Tallerico. 校长引领教师专业发展[M]. 卢立涛，安传达，译. 北京：中国轻工业出版社，2008：1-2.

[4] Peter Earley，Dick Weindling. Understanding School Leadership[M]. London：Paul Chapman，2004：183.

[5] [美]Jane Bumpers Huffman，[美]Kristine Kiefer Hipp. 学习型学校的文化重构[M]. 贺凤美等，译. 北京：中国轻工业出版社，2006：6-7.

（6）注重开发教师领导力潜能。王绯烨等研究提出："进入20世纪90年代之后，美国学校改革给教师领导力拓展了两个新内涵——决策分享以及集体实践。"①萨莉·扎帕达（Sally J. Zepeda）的《专业发展：什么是有效》认为："如何通过教师自身专业化的发展来最大化地发挥教师在课堂内外的领导力成为学者们新近研究的热点。"②

（二）国内教师发展支持体系建设研究现状综述

改革开放40年来，我国在县域教师发展支持体系建设的研究方面积累了一定的经验，取得了一定成果，主要体现在县域教师发展的机构、制度、资源、机制等建设方面。

1. 国内教师发展支持体系的管理与组织结构研究

刘静博士从农村教师发展支持体系的产生背景及埃塞俄比亚、罗马尼亚和中国三个发展中国家的实践经验中，归纳出"农村教师支持体系"的概念，并讨论构建、运行的条件。她认为："县—乡—校三级教师支持体系，主要是听课评课体系、三级导师指导体系和校本导师体系，弥补了县级教研机构因人力物力缺乏而对边远学校支持不够的缺陷。"③

张建平博士论文针对我国目前"零敲碎打"式的小学教师入职支持问题，从内外二维，宏观、中观和微观三层，政府、教育行政部门、教师教育机构和教育研究机构、学校四个主体，构建了"二维三层四主体"入职支持体系模型，并提出：政府是决策主体、教育行政部门是管理主体、教师教育机构和教育研究机构是实施主体、学校是保障主体，明确了主体的任务。④

李爱铭博士论文研究认为，名师培养的政策支持体系大多处于"自发"状态，相关实践虽取得一定成效，但由于对名师培养的理论把握不足，且政策的价值取向与专家型

---

① 王绯烨，洪成文，萨莉·扎帕达. 美国教师领导力的发展：内涵、价值及其应用前景[J]. 外国教育研究，2014（1）：93-103.
② Sally J. Zepeda. Professional Development：What Works（2nd ed.）[M]. NY：Eye on Education，2012：2.
③ 刘静. 农村教师专业发展支持体系——发展中国家的实践[J]. 比较教育研究，2014（1）：25-30.
④ 张建平. 小学初任教师入职支持体系建设研究[D]. 南京：南京师范大学博士学位论文，2014.

教师成长规律存在一定程度的背离，从而制约了培养效果。因此，其研究探索构建起专家型教师的能力结构与学习路径模型，反思名师培养机制，以此为工具分析名师培养的政策支持体系。①

2. 国内教师发展支持体系建设的制度研究

祝怀新编著的《封闭与开放——教师教育政策研究》从政策视角阐述了我国教师专业化发展的政策背景及其历史轨迹，比较了美国、英国、德国、瑞典等国以及亚洲几国的教师教育政策，并预测了我国教师教育发展新趋向。②

朱旭东认为，制度产生作用需要国家制度、学校文化、学习社群和班级互动等教师专业发展环境的建设。③

3. 国内教师发展支持体系的运行情况研究

（1）从政府、教育机构、中小学、市场及教师个体自身责任视角支持教师发展的研究。廖其发教授编著的《中国农村教育问题研究》提出，我国农村教师队伍的数量、结构、质量、待遇等方面都存在着严重问题，解决问题的关键是政府要担负起应有责任，完善教育法规与管理体制，加大对农村地区的教育投入，加强农村教师的职前教育制度，完善农村教师继续教育体系，通过支持帮助加快农村教师专业化建设步伐。④

管培俊从认识论、方法论层面对农村中小学教师专业发展进行了阐述。他认为应该落实教师教育经费，形成良性的教师培训成本投入机制和补偿机制，教师教育改革一定要从国情出发。提出在我国的现实情况下，教师教育的改革刻不容缓，但必须充分考虑我国社会经济教育发展的阶段性和非均衡性，体现地区差别和城乡差别，总体规划、分类指导、分区规划、分步实施。千万不要忽视农村边远地区的实际情况，不要把城市和发达地区的模式和要求，搬到农村边远偏僻地区。⑤

闫丽霞提出：" 为了更好地促进乡村教师专业发展，需要UGS协同构建全面支持与

---

① 李爱铭. 中小学专家型教师培养的政策支持体系研究——以上海"双名工程"为例[D]. 上海：上海师范大学博士学位论文, 2016.
② 祝怀新. 封闭与开放——教师教育政策研究[M]. 杭州：浙江教育出版社, 2007.
③ 朱旭东. 论教师专业发展的理论模型建构[J]. 教育研究, 2014（6）：81-90.
④ 廖其发等. 中国农村教育问题研究[M]. 成都：四川教育出版社, 2006.
⑤ 管培俊. 建设高素质教师队伍关键在深化改革[J]. 中国高等教育, 2018（11）：6-8.

深度支持并重、远程支持与本地支持并举、物资支持与精神支持并行、短期培训与跟踪评价并用的乡村教师专业发展支持体系。"①

朱仲敏认为："区域教师发展支持系统是指在一定行政区域内，以某一机构为主要载体，对教师群体专业发展发挥支撑功能的有机整体。"②

（2）从构建动态、开放、多元的课程体系视角支持教师发展的研究。《中小学教师队伍质量建设研究》一书提出：从建立教师教育专业标准、制定教师教育课程标准等角度保障中小学教师队伍质量。③

（3）从学校自身责任视角的教师发展研究。熊焰教授从教师培训的政策及其实施切入，阐述了促进教师发展的"校本培训"理论，在对美、英、德、日四国校本培训比较研究后，提出了我国校本培训的建议：一是促进教师"观念转变"的"教师学习"；二是促进"行为转化"的叙事研究与行动研究；三是课题研究。④

《教师专业共同体研究》一书提出，学校主要从以下四个维度构建教师专业共同体：分享的决策；分享目标感和关注学生；协作活动和去个体化实践；教职员支持与合作。⑤

（4）从教师发展理论角度研究。朱旭东教授主编的《教师专业发展理论研究》一书提出教师专业发展"十三大理论"：教师信念理论；教师感情理论；教师知识理论；教师能力理论；教师教学专长理论；教师学习理论；教师反思理论；教师合作理论；教师领导理论；教师生涯发展理论；教师倦怠理论；教师赋权增能理论；教师性别理论。⑥

还有较多的学者对教师发展支持体系建设进行了研究，例如：谢安邦的《教师教育一体化改革的理论探讨》，唐玉光的《基于教师专业发展的教师教育制度》，黄崴的《从

---

① 闫丽霞. UGS协同视野下乡村教师专业发展支持体系的构建[J]. 继续教育研究，2018（2）：91-94.
② 朱仲敏. 论区域教师发展支持系统的建设——基于上海市浦东新区的改革实践[J]. 中国教育学刊，2014（3）：18-21.
③ 管培俊，朱旭东. 中小学教师队伍质量建设研究[M]. 北京：北京师范大学出版社，2014：353.
④ 熊焰. 校本培训——教师专业发展[M]. 广州：广东高等教育出版社，2006.
⑤ 宋萑. 教师专业共同体研究[M]. 北京：北京师范大学出版社，2015：111-126.
⑥ 朱旭东. 教师专业发展理论研究[M]. 北京：北京师范大学出版社，2015.

"师范教育"到"教师教育"的转型》，庞丽娟的《我国农村义务教育教师队伍建设：问题及其破解》，管培俊的《以改革创新的精神，积极推进教师教育跨越式发展》，袁贵仁的《推动教师教育创新，构建教师教育新体系》《全面落实以人为本的科学发展观，努力建设高素质的教师队伍》，廖霆的《教师继续教育保障制度的构建》，叶信治的《以管理制度建设推动教师专业发展》，杨卉等的《教师专业发展支持工具的新进展》，顾小清的《教师专业发展的实现模式》等。这些学者从不同的视角提出了教师发展支持体系建设的建议和看法。

二、国内外教师发展支持体系建设研究状况分析

（一）国内外教师发展支持体系建设研究状况分析

综观有关研究，我们清晰地看到，研究者已经从结构、制度、运行等方面对教师发展支持体系建设进行了广泛而有深度的挖掘与开发，取得了相当丰硕的成果。这些研究丰富了我们对县域教师发展支持体系建设的认识，为本书提供了基本的理论参照体系和认识框架。但是在教师发展支持体系建设方面，特别是在县域教师发展支持体系建设研究方面的不足之处也很明显。

第一，囿于数据资料的缺乏，教师发展支持体系建设定性方面的研究很多，全面系统的实证研究却很少，县域教师发展支持体系建设方面的研究更是少之又少。

第二，区域、学科中小学教师发展领域的研究多，县域教师发展支持体系建设专门领域的综合研究少。大多研究者就区域或学科中小学教师发展的问题与对策进行研究，而缺乏对县域教师发展支持体系建设的制度、结构、机制等一系列问题并列、广泛的逐个论述，更缺乏对问题进行较为系统深入的研究分析。

第三，县域教师发展支持体系建设及其原因的描述与介绍多，而建设及其原因深度分析与解释的研究不多。

第四，教师发展支持体系建设理论层面的研究多，可操作性实践层面的研究少，理论与实践层面结合的研究更少。

综上所述，无论是教师发展支持体系建设还是县域发展支持体系建设，这些领域专题研究还很缺乏，因此深入的专题研究成为进一步研究的方向。例如，县域教师发展支

持体系建设在我国教师教育系统以及国家教育发展中的作用、不同类型的支持体系在教师发展中的表现形式，我国县域教师发展支持体系建设所处的具体的发展情景如何、其发展的关键因素何在等。

现有的研究在很多情况下显得凌乱而又前后矛盾，不足以真正地认识县域教师发展支持体系建设的真实面貌，需要去伪存真和进一步挖掘材料加以充实。另外，这些文献大都是围绕支持帮助这个中心，对县域教师发展进行分析与解释，从而难以把握工业化、信息化、城镇化、农业现代化条件下县域教师发展支持体系建设在我国社会转型期文化背景下的特殊发展状况。因此，本书无论是对认识县域教师发展支持体系建设，还是对分析和评价其他国家区域教师发展支持体系建设的发展都有重要的理论与现实意义。这也是我们选择把县域教师发展支持体系建设作为研究对象的缘由之一，期望通过自己的努力，为我国教师发展研究的深化尽绵薄之力。

（二）对文献分析的两点认识

第一，当前，全国范围内的县域教师发展面临共同的困境。这种困境既与中小学教师发展支持体系建设有关，又与21世纪以来我国与世界各国的教育变革直接相关。在全球化的背景下，各国的政策是相互作用相互影响的。县域教师发展面临的困境派生出许多矛盾和问题，包括教师发展不平衡问题，学校之间、城乡之间、城市之间教育发展水平差距拉大的问题等。这些问题既是我国也是其他各国教师发展所面临的共同困惑。因此，当前区域教师发展的不平衡困境是世界性的，原因是多方面的，但支持体系建设问题是导致区域教师发展不平衡的重要原因。

第二，县域教师发展的困境有着共同的、整体性的原因。已有的关于县域教师发展支持体系建设的一些问题研究，大多限于就事论事，没有很好地考虑各种问题之间的联系，因而限制了研究的广度与深度，导致了分析的不彻底性与局限性。因此，分析县域教师发展的困境，建设县域教师发展支持体系需要做到以下几点：一是要有全球视野；二是要有问题意识；三是要树立辩证发展的观念。

第三节 思路方法

一、研究框架

宏观上，本书遵循从宏观到微观、从理论到实践、从历史到现实、从国外到国内的研究思路。

微观上，依照"现实意义—理论研究—历史研究—比较研究—实践研究—问题研究—对策研究"的逻辑线索（见图1-1）。

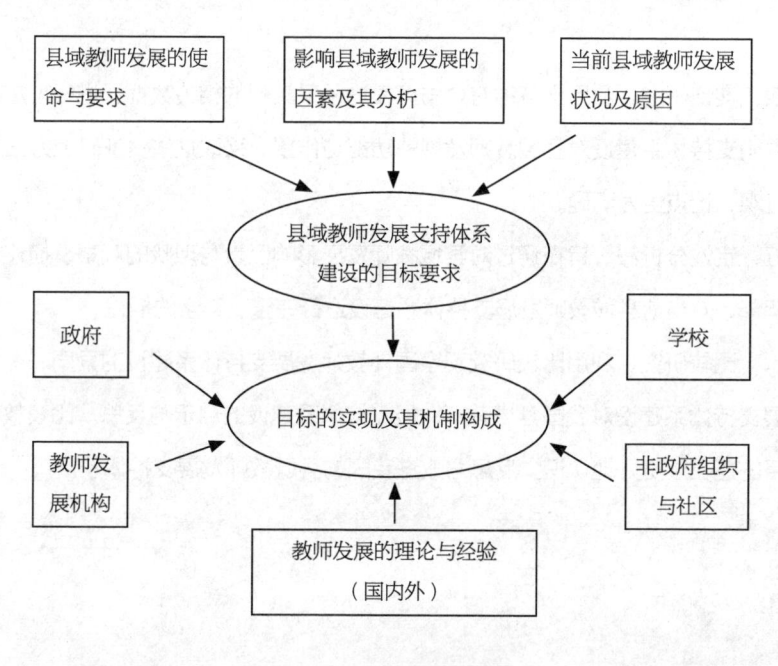

图 1-1 研究思路示意图

二、研究方法

其一，相关研究。西方著名教育研究专家查尔斯指出："相关研究旨在探索两个或更多变量之间的互相变化的关系。"[①]本书以县域教师发展为因变量，支持体系建设为自变量，研究二者之间的相互作用、相互关系，力图从支持体系建设变量预测教师发展

---

① [美]C. M. Charles. 教育研究导论[M]. 张莉莉等, 译. 北京: 中国轻工业出版社, 2003: 227.

变量，以得出影响教师发展的一般规律，科学建构县域教师发展支持体系。

其二，个案研究。利用县域教师发展支持体系建设的个案佐证相关观点与判断，使有关县域教师发展支持体系建设的论述更鲜活，并使整个研究建立在具有说服力的现实案例基础上。

其三，文献研究。本书将利用中外各种载体的文献，获取县域教师发展支持体系建设的研究成果，从纵向与横向两个层面了解县域教师发展支持体系建设的历史、现状、问题、政策与改革措施以及理论与实践的反应与评价等。另外，还包括对县域教师发展支持体系建设相关理论的了解，以期用之解释和预测县域教师发展支持体系建设的前景。

其四，实证研究。利用从各种有效与可靠途径采集到的相关数据，进行一定的统计分析，说明支持体系建设对县域教师发展的功能与作用。采取这些实证研究方法，使论述更为直观，论点更为明确。

其五，定性分析法。旨在通过对县域教师发展影响因素与现状的观察、描述、定性判断及解释，对当前县域教师发展支持体系建设进行完整、科学的描述。

其六，比较研究。利用比较研究观察国外教师发展支持体系建设的异同、探索国外教师发展支持体系建设对我国县域教师发展支持体系建设的启示与反思。比较教育研究的最终目的还在于更好地认识、反思与改进我国的县域教师发展支持体系。

第四节　县域教师发展支持体系的内涵

一、县域教师发展支持体系

县域教师发展支持体系是在县域教育系统中，以支持帮助县域教师发展为目的，以政府为主导，以教师教育机构、学校和社会社区的活动为载体，对县域教师发展起到支持助力的理念、结构、制度、运行、保障机制的总和。

在县域教师发展支持体系的建设中，政府、教师教育机构、学校和社会社区四个主体是支持体系的有机组成部分，共同承担推动县域教师发展的责任。这四个主体各自的权力与责任分工是建设县域教师发展支持体系的关键。

二、概念之间的相互关系

（一）教师培训、教师继续教育与县域教师发展的关系

教师培训是促进教师发展的一个重要环节，是提高县域教师素质，促进县域教师发展的有效途径。从传统意义上理解，培训一直被看作是教师发展经常依赖的一种模式。教师继续教育是提高教师政治素质和业务能力的教育，从教育学角度讲教师继续教育促进受教育者的发展和变化。因此，教师继续教育与教师培训是有助于县域教师发展的重要系统措施之一。教师培训、教师继续教育与县域教师发展三者之间，县域教师发展外延最广、途径最多，而教师继续教育内涵最丰富，教师培训则是达到教师发展目标的最主要工具和手段之一，三者之间具有包含关系（见图1-2）。

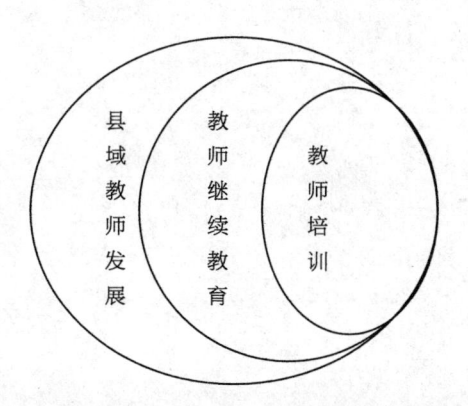

图 1-2 教师培训、教师继续教育与县域教师发展关系示意简图

（二）县域教师发展与外部因素的关系

县域教师发展与外部因素的关系可以用下列公式粗略表示：

县域教师发展=f（政府、教师教育机构、学校和社会社区）+△

（在这个公式中，f表示县域教师发展与政府、教师教育机构、学校和社会社区存在的某种复杂的函数关系，△表示县域教师发展还受到其他变量的影响。）

理论：内生与外接

第二章 县域教师发展支持体系建设的理论基础

美国著名学者肯尼思·F. 沃伦认为："不管研究何种问题，如果缺少合理的理论框架都是困难的，也是愚蠢的。"[①]县域教师发展支持体系的形成和发展，是建立在一定的理论基础之上的，应该给予不同领域不同角度的思考。因此，对于县域教师发展支持体系建设这一涉及广泛社会关系的问题，从多学科进行研究是十分必要的。事实上，整个教育学都是在利用其他学科知识研究教育问题中形成的，开阔多学科交叉研究思路，会形成有益的思想认识和研究方法。本章将从不同学科的多维视角探寻县域教师发展支持体系建设的规律。

第一节 县域教师发展支持体系建设的哲学基础

从哲学上说，系统、价值与发展是协调一致的统一，是唯物辩证法的高层境界。下面我们将集中讨论县域教师发展支持体系建设的系统、价值与发展观。

一、县域教师发展支持体系建设的系统观

（一）县域教师发展支持体系的系统构成

每一种事物都作为系统而存在，它们都是由相互联系、相互作用的若干要素按一定方式组成的统一整体。县域教师发展支持体系作为一个系统，是由一定数量的相互联系的部分或要素组成的、具有一定结构和特定功能的有机整体。

结构性。县域教师发展支持体系是由各要素组成的，主要由政府、教师发展机构、

---

① [美]肯尼思·F. 沃伦. 政治体制中的行政法（第3版）[M]. 王丛虎等，译. 北京：中国人民大学出版社，2005：6.

学校和社会社区等。

层次性。县域教师发展支持体系各要素内在的结构可以看作是一个系统，任何系统也可以看作是更大系统中的一个要素。

功能性。县域教师发展支持体系不仅具有保证、促进、证实、激励功能，而且具有导向、约束、塑造、推动等功能。能够接受信息、能量和物质，经过加工后，又产生另一级别的信息、能量和物质。一般的，县域教师发展支持体系的整体功能，既可以等于也可以大于或小于各要素功能之和。

（二）县域教师发展支持体系的统一性

县域教师发展支持体系是统一的不可分割的一个整体。它包含三个方面的含义：其一，县域教师发展与支持体系之间的联系是客观的，是不以人的意志为转移的。其二，不仅县域教师发展与支持体系存在联系，支持体系内部的各个要素之间也存在着相互联系。这种相互联系，对县域教师发展与支持体系双方的存在状况都这样或那样地发挥着影响。其三，支持体系内部各个要素的性质、地位和作用是参差不齐的，有主要和次要之分。

（三）县域教师发展支持体系的具体性

县域教师发展支持体系内部各要素是具体的、多样的；支持体系建设是县域教师发展的必要条件但不是充分条件；县域教师发展支持体系是以条件为转移的，是发展变化的。根据条件的可变性，我们可以构建科学的县域教师发展支持体系，多措并举助推县域教师发展。

（四）县域教师发展支持体系建设的责任划分

1. 县域教师发展的政府及其教育行政部门责任

县域教师发展支持体系建设体现了政府及其教育行政部门在满足县域教师发展方面的需求。《中华人民共和国义务教育法》第三十二条规定："县级以上人民政府应当加强教师培养工作，采取措施发展教师教育。县级人民政府及其教育行政部门应当均衡配置本行政区域内学校师资力量，组织校长、教师的培训和流动，加强对薄弱学校的建设。"从法律层面界定了县域教师发展是政府及其教育行政部门的责任，也就是说，政府及其教育行政部门有责任为县域教师发展提供公平而有效率的公共服务。2015年，国务院办公厅关于印发《乡村教师支持计划（2015—2020年）》的通知提出："地方各级人民政府是实施乡村教师支持计划的责任主体……实行一把手负责制，细化任务分工，分解责任，推进各部门密切配合、形成合力，切实将计划落到实处。"

2. 县域教师发展的教师培训机构责任

教师培训机构虽然在不同的历史阶段曾经有不同的任务和使命，但是实施中小学教师继续教育工作，不断提高中小学教师的专业化水平的使命任务没有改变，这是我国对教师培训机构的法律要求与制度要求。《中华人民共和国教师法》明确规定："各级教师进修学校承担培训中小学教师的任务。"《中小学教师继续教育规定》指出："各级教师进修院校和普通师范院校在主管教育行政部门领导下，具体实施中小学教师继续教育的教育教学工作。"规定表明，对县域教师发展的责任性是教师培训机构的必备内涵。

3. 县域教师发展的学校责任

王俭教授认为："校长是教师专业发展的引领者和第一责任人，促进教师专业发展是校长的重要任务。"[①]学校承担着学生与教师共同发展的社会责任，不仅是学生获得知识、价值观及行为养成的重要场所，也是教师成长的摇篮。诚如美国教育家约翰·古德兰所说，没有更好的教师就不会有更好的学校，但没有教师可以在其中学习、实践和发展自身的更好学校，也就不会有更好的教师。《中华人民共和国教师法》规定：各级人民政府教育行政部门、学校主管部门和学校应当制定教师培训规划，对教师进行多种形式的思想政治、业务培训。2013年，教育部印发《义务教育学校校长专业标准》明确要求：校长是教师专业发展的第一责任人，应将学校作为教师实现专业发展的主阵地。因此，把握教师发展的规律和特点，调动教师发展的积极性，培养一支好的教师队伍，让教师与新课程同行，与学生共同成长，促进教师的发展，是学校工作的第一要务。

---

① 王俭. 促进教师专业发展的校长作为[J]. 教师教育研究，2015（2）：71-75.

4. 县域教师发展的社会社区责任

马克思说："人的本质不是单个人所固有的抽象物，在其现实性上，它是一切社会关系的总和。"[①]教师是社会社区中的人，教师发展不可能离开社会社区发展而独立存在。一个好教师可以教出一批好孩子，可以造就一方好民风，教师的发展与社会社区文明进步密不可分，社会社区文明进步也与教师发展相辅相成。县域教师发展的社会社区责任在于立足百年树人、兴学育才、化民成俗和铁肩道义，推动社会社区出人、出物或出钱赞助和支持县域教师发展。开展进学校、进教室、进家庭等教师喜闻乐见的各种综合实践活动，增进教师福祉，营造尊师重教、诚信友爱、互帮互助、奉献社会社区的良好风尚，惠及县域教育事业。《孟子·离娄章句下》："爱人者，人恒爱之；敬人者，人恒敬之。"县域教师发展应当引导教师担负社会责任，提高教师参与社会活动、回报社会的自觉性。

二、县域教师发展支持体系建设的价值观

布鲁贝克指出，"在20世纪，大学确立它的地位主要途径有两种，即存在着两种主要的高等教育哲学：一种哲学主要是以认识论为基础，另一种哲学则以政治论为基础"[②]。这本质上反映的是高等教育知识、人和社会价值问题，构成了高等教育的理想。知识、个人与社会价值的统一，也同样是构成县域教师发展支持体系建设的价值取向。

（一）县域教师发展支持体系建设的主体价值观

1. 政府及其教育行政部门的主体价值观

治理体系和治理能力现代化统领服务型政府主体价值观发展的方向。县域教师发展支持体系体现了治理体系和治理能力现代化价值的要求。将社会和人民对美好生活的向往及人民日益增长的教育诉求放在至上的地位，这需要政府及其教育行政部门确认县域教师是教育发展的第一资源，是县域文化发展、经济振兴、人民幸福的基石，把支持帮

---

① 《马克思恩格斯选集》（第1卷）[M]. 北京：人民出版社，1995：60.
② [美]约翰·S. 布鲁贝克. 高等教育哲学[M]. 郑继伟等，译. 杭州：浙江教育出版社，1987：13.

助县域教师发展作为治理体系和治理能力现代化主体价值观的重要体现,把教师管理体制改革与机制创新作为突破口,把提高教师地位、待遇作为工作的真招实招,让县域教师有归属感、荣誉感、自豪感,增强自我发展能力。

2. 县域教师发展机构主体价值观

县域教师发展机构是县域教师接受继续教育、实现专业发展的主阵地。县域教师发展机构主体价值观体现在树立"以教师发展为本"的理念,面向每一位教师,唤醒每一位教师激情,激发每一位教师潜能,培育好每一位教师,建设适合教师发展的课程体系,实施以教师发展为本的教学科研,保障教师平等接受继续教育的权利等方面。借用教育家陶行知的名言"教的法子必须根据学的法子"[1],培训的"法子"服从县域教师发展的"法子"。依托现有资源,结合区域实际,推进培训、教研、电教、科研部门的有机整合,"以'科研、教研、培训、信息'四位一体,推动县域教师发展机构运作机制创新,形成'融通精进'的研训文化,是为县域教师职后发展提供全面而专业的支持系统的有效途径"[2]。

3. 学校主体价值观

严忠俊认为"教师是学校最大财富"[3],教师是学校发展的第一资源,可以说"培育教师职业幸福、发展教师、成就教师是校长的第一使命"[4]。教育教学过程的主导者是教师,曾在清华大学和西南联大任校长的梅贻琦先生说过:"所谓大学者,非谓大楼之谓也,有大师之谓也。"[5]现实中,大楼易盖,名师难求,这就要求学校在办学的过程中牢固确立"人性、人本、人道"的主体价值管理理念,"多领域、广角度、分层次,给每一位教师搭好台、组好队,在团队中历练,在历练中成长,在成长中反哺教学、反哺学生,师生相长"[6]。具体地讲就是,作为校长要"读"懂教师,要学会用发展的眼光看待

---

[1] 方明. 陶行知教育名篇[M]. 北京:教育科学出版社,2005:2.
[2] 左长旭. 以"四位一体"提升区县级教师培训机构内涵品质——以南京市玄武区教师进修学校为例[J]. 上海教育科研,2013(8):78-79.
[3] 严忠俊. 基于发展的学校变革实践[M]. 北京:北京师范大学出版社,2018:24.
[4] 于维涛,郭垒. 办有灵魂的学校[M]. 北京:北京师范大学出版社,2018:188.
[5] 丁学良. 什么是世界一流大学[M]. 北京:北京大学出版社,2004:28.
[6] 杨刚. 让每一缕阳光照进孩子的心田[M]. 北京:北京师范大学出版社,2018:80.

教师；学会用欣赏的眼光看待教师；学会用全面的眼光看待教师；学会换位思考，充分倾听教师的心声；用真诚、真爱、鼓励的方式与教师沟通，做教师的"知心人"。追求没有制度的"无为而无不为"管理，营造"博学、博雅、博爱"的校园文化氛围，让学校成为教师成长进步的乐园。

4. 社会社区主体价值观

《学记》中言："古之王者建国君民，教学为先。"尊师重教是中华民族的优良传统。县域教师发展的社会社区主体价值观的精髓主要表现在以爱心和利他主义价值为核心的对教师的帮扶精神。新闻媒体广泛宣传教师中的"时代楷模"和"最美教师"；社会团体企事业单位组织民间奖励教师的活动；司法组织聚焦教师职业尊严和合法权益问题；卫生组织关心教师身心健康等。总之，社会社区要切实改善教师的工作和生活条件，引导全社会积极参与支持教育事业，激发广大教师的工作热情和创造力，为教师施展才华、发挥作用创造更好的环境。社区组织尊师重教系列活动，深入走访学校，慰问优秀教师、贫困教职工和离退休教师，帮助解决实际困难，努力营造全社会关心、理解、支持教育以及尊师重教的浓厚氛围。

（二）县域教师发展支持体系建设的公共价值观

县域教师发展支持体系建设不但可以使县域教师受益，而且可以使全社会受益，这种利益不可分割，也不能排他，是一种"公共品"。县域教师发展支持体系建设的公共性就是政府及其教育行政部门通过公共政策和制度安排来促进县域教师发展，从而使教育均衡发展，各种教育差距逐步缩小，以实现教育公平性的目的。例如，县域教师发展机会均等问题、县域教师发展成本补偿问题、借鉴世界主要发达国家教师发展理论和实践问题等，都体现了县域教师发展支持体系建设的公共价值观。

三、县域教师发展支持体系建设的发展观

县域教师发展支持体系建设的可持续发展，需要把县域教师发展作为第一要务，需要体现以人为本，需要统筹兼顾。

（一）县域教师发展支持体系建设需要把县域教师发展作为第一要务

县域教师发展支持体系建设需要抓住县域教师发展这个中心，不断释放县域教师的生命激情。具体讲，就是积极探索县域教师发展规律，创新县域教师发展理念，转变县域教师发展方式，破解县域教师发展难题，定向发力、精准施策提高县域教师发展的质量和效益，实现又好又快发展。既通过县域教师发展支持体系建设，支持、帮助、促进县域教师发展，又通过县域教师发展提高和完善县域教师发展支持体系。

（二）县域教师发展支持体系建设需要体现以人为本

以人为本，需要把县域教师作为支持体系建设的出发点和落脚点，尊重县域教师的主体地位，不断满足县域教师的多方面需求和促进县域教师的全面发展。具体地说，是突出教师主体地位，尊重和保障县域教师的参政议政、工资待遇、受教育等权利，保障教师参与学校决策的民主权利；是要不断提高县域教师的思想道德素质、科学文化素质和身心健康素质；是改变以城市为取向的支持体系建设价值观，创造县域教师与城市教师平等发展、充分发挥其聪明才智的社会环境；是考虑区域、城乡、校际差异，使不同学段、学科、年龄、个性、民族、兴趣的县域教师都能从支持体系建设中得到益处。

（三）县域教师发展支持体系建设需要统筹兼顾，助推县域教师全面、协调、可持续发展

县域教师发展支持体系建设需要协调好各方面利益关系，调动一切积极因素，实现县域教师的全面、协调、可持续发展。具体地讲，就是适应教育发展新阶段、新任务的要求，更新县域教师发展观念，创新县域教师发展体制、机制、体系、模式、方法、手段，转变政府、教师发展机构、学校、社会社区的工作职能，改进工作作风，完善政策措施。

1. 理论和实践相结合

全面系统地理解县域教师发展支持体系建设的精神实质、主要内涵和基本要求，以开阔的视野观察世界各国教师发展支持体系建设情况，正确把握时代发展要求，深刻认识我国的县情，按照县域教师发展规律和社会发展规律办事。

2. 进取精神与科学态度相结合

县域教师发展支持体系建设既需要有紧迫感和责任感，又需要看到解决县域教师发展不平衡问题的艰巨性、复杂性和长期性。我国人口多，底子薄，生产力水平不高，各个县域之间发展很不平衡。实现县域教师全面、协调、可持续发展，是一个动态的历史进程，既需要努力奋斗，又不能急于求成。应该看到，解决城乡、县域教师发展差距问题，是一项长期的历史性任务。因此，县域教师发展支持体系建设需要从我国现阶段国情和各区域的实际情况出发，提出分阶段的目标和任务，积极而又扎实地推进。

3. 处理好全局与局部利益的关系

县域教师发展支持体系建设既需要重视县域教师发展的当前利益，也需要考虑长远利益，不能只顾当前，牺牲长远，需要处理好局部和全局利益的关系。全国县域教师发展支持体系建设是一个整体，从根本上说，局部利益与全局利益是一致的。应充分发挥各级政府、各类教师发展机构、大学、教师培训机构、中小学校等支持主体的积极性。

第二节 县域教师发展支持体系建设的政治基础

国家的领导权问题是首要的政治问题，县域教师发展支持体系建设的首要问题也是领导权问题。因此，县域教师发展支持体系建设需要坚持正确的政治方向，需要体现政府的政治意志，需要实现利益要求。

一、县域教师发展支持体系建设需要坚持正确的政治方向

"教育作为政治的工具"包含两个方面的含义：一是政治影响和控制教育使其按照自己的要求运作；二是教育为一定的政治目标服务。这两者是相辅相成的。[1]《中华人民共和国宪法》规定，我国是"工人阶级领导的、以工农联盟为基础的人民民主专政的

---

[1] 马凤岐. 教育政治学[M]. 北京：人民教育出版社，2002：45.

社会主义国家"。社会公共权力体现的国家权力是为人民服务的,这就要求县域教师发展支持体系建设必须服从我国的社会主义建设需要,必须服从培养德、智、体、美、劳全面发展的社会主义事业的建设者和接班人的需要。

无产阶级的政治权力通过共产党领导的人民政府来实现。在这里,执政党的政党权力和社会公共权力得到最大程度的统一。

二、县域教师发展支持体系建设需要体现政府的政治意志

（一）县域教师发展支持体系建设是政府发挥影响力的领域

1. 县域教师发展支持体系建设是政府控制的领域

县域教师发展支持体系建设是一种教育活动,任何教育活动都需要人们的决策与设计。叶澜教授认为:"政治不仅对教育有着直接的制约作用,而且,这种制约作用波及教育的一切方面。"[①]例如,县域教师发展采用什么方式与途径,投入多少人力、物力等。因而,县域教师发展支持体系建设是一个决策过程,与广大群众的利益密切相关,有着广泛的社会意义,是政府发挥影响力的领域。

2. 政府的领导权是县域教师发展支持体系建设的核心

县域教师发展支持体系建设的首要问题是领导权问题。正如布鲁贝克所说,高等教育越卷入社会事务,就越有必要用政治的观点来看待它。就像战争意义太重大,不能完全交给将军们决定一样,高等教育也相当重要,不能完全交给教授们决定。[②]县域教师发展支持体系建设会对许多人产生深远影响,有着重要的社会意义,应重视领导权问题。20世纪80年代中期以来,我国逐步确定了"以县为主"的义务教育管理体制,逐步明确县级政府在义务教育发展中承担主要职责。因此,县域教师发展支持体系建设的领导权是县级政府的重要问题。

---

① 叶澜. 教育概论[M]. 北京: 人民教育出版社, 2006: 143.
② [美]约翰·S. 布鲁贝克. 高等教育哲学[M]. 郑继伟, 等, 译. 杭州: 浙江教育出版社, 1987: 32.

（二）政府的政治意志决定县域教师继续教育的方针和内容

1. 政府的政治意志决定县域教师继续教育的方针

县域教师继续教育的方针是由国家制定的，具体地说就是由政府制定的，它是县域教师发展决策的基础部分，通常以法律或政令的形式颁布，具有政治的合法权威性，它会直接影响、制约县域教师参加学习的实践活动。

2. 政府的政治意志决定县域教师继续教育的内容

县域教师继续教育更多的、核心的东西是内容本身，但是，任何内容都需要借助一定形式来表现。县域教师继续教育的主要载体——课程，体现了国家对县域的培养意志要求，课程作为县域教师发展的重要构成要素和载体，反映了政府的政治意志。

（三）国家的政治体制决定县域教师发展支持体系建设的领导和管理体制

一个国家的县域教师发展支持体系建设必须与一个国家的政治体制相一致。例如，法国是中央集权的国家，教师发展的领导和管理体制集中于中央政府。美国是政治权力分权的国家，教师发展的领导和管理体制也分散在地方。就一般意义而言，政策执行是县级政府的核心环节。"这使得县级政府更属于一种'执行型政府'，或者说具有浓厚的'执行型政府'的价值取向。"[1]因此，我国的政治体制决定了县域教师发展支持体系建设要在中央政府统一领导下，进一步改善权力过分集中、组织结构设置不够科学、教师法规缺失等现状，实现县域教师的科学发展。

综上所述，县域教师发展支持体系建设必须体现政府的政治意志，核心是坚持政府对县域教师发展支持体系建设的领导权。这既是县域教师发展支持体系建设的核心，也是进一步做好县域教师发展支持体系建设工作的根本保证。

三、县域教师发展支持体系建设需要实现利益要求

（一）县域教师发展支持体系的宏观利益要求

在县域教师发展支持体系建设的社会价值和个人价值之间，当社会价值作为主导价

---

[1] 金强. 县级政府教育政策执行力研究[D]. 重庆：西南大学博士学位论文，2016：4.

值观时，来自政府的政策、经费等保障措施就会占主导地位；当教师发展的个人价值作为主导价值观时，来自政府的政策、经费等保障措施就会减少，个人的保障措施就会占主导地位。社会价值取向占主导地位时，政府部门会试图对县域教师发展支持体系建设施加影响，使县域教师发展支持体系建设为自己服务。县域教师发展支持体系建设的独立性受到影响，而保障措施却会加强。相反，当整个社会更倾向于认为县域教师发展支持体系建设是个人的事情，对政治、社会不会形成太大影响时，政府会对教师发展采取一种比较宽容的态度，当然也不会为教师发展投入太多的资源。无论是整个西方教师发展的历史，还是我国的教育教学实践，都说明了这样的关系。

在县域教师发展支持体系建设中，当工具性价值占主导地位时，来自政府的政策、公共资金和民间团体组织的舆论、政策、资金等保障措施相对较多；当目的性价值被当成县域教师发展支持体系建设价值取向时，就会认为教师发展是对个人有利的事情，是个人的一种"投资"，不仅个人为此愿意付出更多学习代价，社会也会要求个人负担更多的成本。

（二）县域教师发展支持体系的微观利益博弈

1. 政府层面

谢炜、蒋云根认为："在中国公共政策执行过程中，地方政府之间形成了纵向的上级政府与下级政府之间的利益博弈关系和横向的各同级政府之间的利益博弈关系。"[1]中央政府及其组成部门为县域教师发展提供必要的公共服务，因此有自身利益。地方政府及其组成部门作为一个利益集团在县域教师发展方面具有一定的范围和权限，因而也有自己的利益。朱鸣雄教授认为："中央政府及其组成部门与地方政府及其组成部门不仅仅是简单的上下级关系，在事权与财权划分上还有一定的互补性和相关性，因此两者的利益既矛盾又统一。"[2]

---

[1] 谢炜，蒋云根. 中国公共政策执行过程中地方政府间的利益博弈[J]. 浙江社会科学，2007（9）：121-128.

[2] 朱鸣雄. 整体利益论：关于国家为主体的利益关系研究[M]. 上海：复旦大学出版社，2006：178.

2. 教师教育机构层面

一方面，纵向的普通高校、成人高校、教师培训机构之间由于各自在县域教师发展方面具有范围与利益；另一方面，横向的县域教师发展支持体系建设的业务与实施机构，包括县级教师进修学校、教研室、电教馆、仪器站等机构，它们在县域教师发展方面具有一定的范围和权限。

3. 学校层面

县域教师发展支持体系建设的制度、保障与基础是学校，这也是县域教师发展支持体系建设最关键的落脚点。学校在县域教师发展支持体系建设方面掌握着大量的资源——主要包括资金（财政）资源和政策（制度）资源、机会、督导、评价、奖惩。学校既要通过教师发展争取利益、争取权利、扩大投资，又要通过教师发展提高教学质量，获得社会声誉，并最大限度地获得资源。

4. 交叉层面

政府、教师发展机构和学校之间各自的管理权限与诉求不同。例如，上级政府的政策是否符合县域教师发展的实际情况或者下级政府是否贯彻执行上级政府的决定。

总而言之，在县域教师发展的人、财、物、权划分上，不同的主体有着大小不同的分割，有不同的要求。正如林荣日博士所言："县域各个利益主体既有共同利益也有各自的独特利益，既有矛盾性又有统一性。"[1]县域教师发展支持主体也不例外。

（三）县域教师发展支持体系建设利益博弈的实现

理论上，实现利益博弈的最优方案是使所有利益方都获益，但在现实操作中却有较大难度。因此，实现利益博弈程序，制度尤显重要，具体可按照以下程序。

1. 政府主导

政府主导是指政府主导县域教师发展支持体系建设的运行和资源的配置，主要体现在政府对县域教师发展支持体系建设不同利益主体的干预调控上。主要手段是：强制性的县域教师发展中长期计划；规范性的政策；经常性的协调沟通方式；有效的法律

---

[1] 林荣日. 制度变迁中的权力博弈[D]. 上海：复旦大学博士学位论文，2006：63.

手段。首先，制定全国性的县域教师发展中长期规划，体现出国家对县域教师发展的期望；其次，科学规范各级政府及其行政部门的权力与责任，促使各级政府及其行政部门依照法定的权限和程序正确行使权力；再次，加强县域教师发展支持体系建设各个组织机构之间的沟通和协调；最后，有效给予政策供给并通过政策加以引导。

2. 中介机构参与

中介机构参与是指中介机构（县域教师发展组织）作为各方利益的纽带与桥梁，上传下达各方不同的利益诉求。

3. 完善县域教师利益保障体系

完善县域教师利益保障体系是指完善县域教师工资、福利、养老、失业、医疗保险、继续教育经费等利益保障体系。

最后，在实现县域教师发展支持体系建设利益博弈过程中，政府作为政治权力的掌握者，必须处于相对超然的地位，保持超越性与公正性，不能作为博弈的一方参与其中或者倒向其中一方，而应该积极创造和疏通多种合法的表达渠道，了解不同利益主体的利益诉求，协调利益关系，并建立利益博弈的合理规则，让利益与利益公平竞争，以促进相对和谐的利益关系和利益格局的形成。

第三节　县域教师发展支持体系建设的经济基础

教育经济学认为，用于教育的支出是一种投资。由雅克·德洛尔任主席的国际21世纪教育委员会报告指出："在公共投资中优先考虑基础教育。效率在于将公共经费投资到它们会产生最大效益的地方。一般来说，在教育方面，就是要投资到基础教育上。"[①]因此，一方面，县域教师支持体系建设是重要的人力资本投资；另一方面，县

---

① 国际二十一世纪教育委员会. 教育：财富蕴藏其中[M]. 北京：教育科学出版社，1996：163.

域教师支持体系建设，需要有一定数量的教育投资作物质保障，否则，县域教师发展支持体系建设就无法进行。

一、县域教师发展支持体系建设是重要的人力资本投资

（一）县域教师发展支持体系建设的投资结构

县域教师发展支持体系建设投资是指根据教育事业发展的需要，投入到县域教师素质提升领域的人力、物力和财力的总和，是提高现有县域教师水平的人力和物力的货币表现。投资的来源与构成是多方面、多渠道的，主要包括政府、教育行政部门、教师发展机构、学校、社会社区、个人投入等。现实中，主要是社会投资与个人投资。社会投资指投入主体为县域教师个体以外（如政府、教育行政部门、教师发展机构、学校等）为县域教师发展而付出资源的总和。县域教师发展支持体系建设的个人投资是指县域教师个人为参加培养、培训和学习而付出的资源的总和。此外，还有非经济投资，包括政府、教师教育机构、学校与教师个人为学习所付出的时间、情感、精力等。

（二）县域教师发展支持体系建设是一种生产力更高、使用周期更长的投资

古典政治经济学理论体系的创立者亚当·斯密指出：对于他个人自然是财产的一部分，对于他所属的社会，也是财产的一部分，工人增进的熟练程度，可与便利劳动、节省劳动的机器和工具同样看作是社会上的固定资本。[①]显然，亚当·斯密首次把人的经验、知识、能力看作是国民财富的重要组成部分和发展生产的重要因素。1960年，舒尔茨指出：人力资本是人类的，因为它表现在人身上；它又是资本，因为它是未来满足或未来收入的源泉或者两者的源泉。[②]

县域教师发展支持体系建设投资促成的县域教师知识、技能、方法和情感等综合素质寄寓在县域教师身上，不仅能使县域教师在单位时间内更加有效的组织教学，并且能够为其带来产生持久性收入来源的生产能力，只要人还健在，其资本效力就能继续

---

① [英]亚当·斯密. 国民财富的性质和原因的研究上卷[M]. 郭大力，王亚南，译. 北京：商务印书馆，1972：257-258.

② [美]西奥多·W. 舒尔茨. 人力资本投资——教育和研究的作用[M]. 蒋斌，张蘅，译. 北京：商务印书馆，1990：40.

发挥。现在，人们的平均寿命可达70多岁，一个县域教师服务的期限至少可达35年，相比较之下，"非人力资本效力期绝大多数在20年以下，有的使用几年就被淘汰"[①]。虽然在信息社会，县域教师也存在知识加速衰退现象，但主要由情感、知识、技能组成的人力资本毕竟更具有连续性。因此，县域教师发展支持体系建设是重要的人力资本投资。

二、县域教师发展支持体系建设需要建立在经济合理性上

（一）县域教师发展支持体系建设的效益性

1. 县域教师发展支持体系建设的社会效益

马克思、恩格斯的社会再生产理论告诉我们："劳动力再生产是社会物质资料再生产的必要条件。"[②]县域教师发展支持体系建设影响县域教师劳动力再生产，这是因为一是恢复保持教师的劳动力，二是延续和培养新的教师劳动力。一方面，县域教师发展支持体系建设所形成的人力资本是长期存在的，可以根据人的一生的收入差距来度量县域教师发展的生产性收益；另一方面，县域教师发展能使教师科学的分配时间、有效地利用时间，从而获得更大社会价值。

2. 县域教师发展支持体系建设的学生效益

县域教师发展支持体系建设间接与学生学业成绩呈正相关关系，这是因为，作为因变量的学生，自变量县域教师的知识、技能、方法和情感综合素质的提升是学生学业成绩提升的前提。借鉴经济学的"集合生产函数分析法"，我们把学校内的学生学业成绩的增长看作是主要由三个因素决定的，即教学条件、人力、管理的集合表现。具体公式是：

学生学业成绩增长=县域教师人力增长×工资比重+管理×物资投入比重

3. 县域教师发展支持体系建设的个人效益

县域教师发展支持体系建设个人效益是指县域教师个人所获得收益，主要是显性收入。人力资本认为："教育能提高人的技能水平，从而能够提高劳动生产率。在一个

---

① 赖德胜. 教育与收入分配[M]. 北京：北京师范大学出版社，2001：56.
② 《马克思恩格斯全集》（第1卷）[M]. 北京：人民出版社，1995：32-34.

充满竞争的劳动力市场中，劳动能力高的人获得工资报酬较高。在情况相同时，个体之间受教育程度的差异导致了收入差异。例如，县域教师通过学习开阔了视野，接收到先进的教学理念，改善了自身的知识、技能、健康或动机，这将大大缩短县域教师的必要劳动时间，相对延长闲暇时间。同时，县域教师学习取得证书或文凭，为自己的工作"贴金"，增加了竞聘的机会，在评优、晋级中拥有比别人更多的"资本"，提高了工作收入。此外还有隐性的、长远的收益。由于社会是由个体组成的，县域教师发展支持体系建设个人效益和社会效益相辅相成，两者是统一的过程，统一于实现共同的社会利益中。

（二）县域教师发展支持体系建设的动力机制

县域教师发展支持体系建设的动力机制，主要来自经济社会发展对特定准公共产品及服务需求的增长，其动力机制主要表现在以下几个方面。

1. 县域教师发展支持体系建设的公共产品特征

县域教师发展支持体系建设的直接产品是县域教师发展，间接产品是学生进步。县域教师发展支持体系建设的产品究竟是否属于公共产品的范围，如果是的话，它又在多大程度上属于公共产品，一直是学术界争论不休的问题。

县域教师发展支持体系建设使县域教师得到发展，不但可以使县域教师受益，而且也可以使全社会受益。这种利益不可分割，也不能排他，体现出县域教师发展支持体系建设的产品公共属性的一面；与此同时，县域教师发展支持体系建设使县域教师个人得到发展。特别是在资源有限的情况下，一部分人接受了教师继续教育，另一部分人就不能接受教师继续教育，这又表现出县域教师发展支持体系建设的产品私人属性的一面。但是，我们通常说的县域教师发展支持体系建设的产品，更多强调的是县域教师发展后进行教育教学这种培养人的活动。绝大部分县域教师发展后要服务于公共性较强的义务教育领域，其未来私人收益率相对不高，有着较强的外溢性。由此看来，从产品属性的视角来看，县域教师发展支持体系建设的产品虽然属于一种准公共产品，但它本质上却拥有更多的公共产品特征，其公共产品特性明显多于私人产品特性，是一种更接近于公共产品的准公共产品。

2. 县域教师发展支持体系建设的投入主体

县域教师发展支持体系建设费用是县域教师劳动力价值的构成部分，相比较简单劳动而言，县域教师的劳动属于复杂劳动，这种劳动力需要持续的教育和训练。复杂劳动必然需要较高的教育费用，所以具有较高的经济价值。县域教师发展支持体系建设是公共性程度高的物品（具有纯公共产品特征），很显然，县域教师发展支持体系建设产品会使县域受益，民众受惠，这可以从县域教师发展支持体系建设产品所广泛服务的县域范围与县域中小学生来衡量。在这种情况下，县域教师发展支持体系建设的前提是国家、社会、组织、团体和个人间接或直接从县域教师发展中获得好处和利益。所以根据利益获得原则，获益各方均应负担相应的县域教师发展投资。

基于县域教师发展支持体系建设产品的效益性和准公共属性，县域教师发展支持体系建设必须建立在经济合理性上，因此，获益各方应是县域教师发展支持体系建设的投入主体。

三、县域教师发展支持体系建设需要考虑经济发展条件和经济投入保障

（一）县域教师发展支持体系建设需要考虑经济发展条件

1. 考虑县财政承受力

县域教师发展支持体系建设本身具有的公共性、公益性，决定了县政府负有不可推卸的投入责任。但是不同县之间政府的财政承受力有强弱之分，对于财政相对困难的县，要量力而行，不能因县域教师发展支持体系建设财政增支而造成对社会不利的挤出效应，更不能将县域教师发展支持体系建设费用转嫁到县域教师和学生身上。

2. 考虑物力

县域教师发展支持体系建设需要有足够的物资供应，如多媒体教室、远程信息建设等。还要考虑投入政策制度如何协调配合，如何用公共财政投入带动其他社会资金（如企业、慈善）投入，从而加快县域教师发展支持体系建设步伐。

（二）县域教师发展支持体系建设需要考虑经济投入保障

健全投入保障制度是县域教师发展支持体系建设的必然要求，财政投入对县域教师发展支持体系建设至关重要。

调整财政支出结构，保证各级财政对县域教师发展支持体系建设的投入增长幅度高于同期财政经常性收入增长幅度，满足县域教师发展支持体系建设的资金需求。

拓宽县域教师发展支持体系建设投入来源渠道，整合各类投资项目，加强投资监管，提高县域教师发展支持体系建设资金使用效益。按照"管理有序、目标统一、合理分工"的原则，大力整合县域教师发展支持体系建设投资项目，避免重复投资、重复建设，降低投入成本。

进一步完善县域教师发展支持体系建设资金管理办法，加强监督检查，防止资金流失，把有限的资金用好，提高资金使用效益。

第四节 县域教师发展支持体系建设的社会基础

作为特殊群体的社会成员，县域教师的工作有其独特社会地位、自身的特点、职业发展阶段与情感、价值观，这主要是由县域教师的工作性质、工作对象、工作方式的不同决定的。县域教师发展支持体系建设需要考虑县域教师工作特点、职业发展阶段、社会地位与职业倦怠等方面。

一、县域教师工作特点

（一）从县域教师群体看

其一，县域教师工作量大，教学任务繁重，工学矛盾突出。

其二，县域内乡村教师居住分散，离城市路途遥远，交通不便。

其三，县域教师教育教学条件简陋，生活状况清苦，精神文化设施缺乏，生活枯燥、单调。

其四，县域教师待遇低，老龄化问题突出，知识程度不高。

其五，县域教师需要与文化水平相对较低的学生家长交流沟通较多，工作难度大。

（二）从县域教师自身看

其一，县域教师中有些人自身思想较为保守，进取心相对较弱，工作缺乏紧迫感和事业心，干大事、干成大事的勇气和魄力不足。

其二，县域教师中有些人自身发展思路不清、目标不明、信心不足、方式落后、质量不高，个体之间发展不协调、不均衡问题突出。

其三，县域教师中有些人自身学习、反思、研究有急功近利的取向，为评职称而搞科研，或迫于上级与学校安排，对自身的可持续发展没有太多的思考。此外，县域教师还有"生活方式乡土化、教育对象'回乡性'等特征"[1]。

县域教师的这些特征决定了在工作之余参加集中培养、培训存在一定的困难。培养、培训应注重集中培训与校本培训相结合；专家送教上门与同伴互助相结合。更多利用远程培训，开发网络课程和光盘课程，进一步解决交通不便和工学矛盾等问题。满足县域教师的知识更新和解决教学工作中遇到的实际问题，是县域教师的迫切需求。

二、县域教师职业发展阶段

（一）县域教师职业发展阶段特点

县域教师特别是乡村教师由于待遇低、投入小、资源缺乏、交通不便、信息封闭、自身素质等原因，与大城市教师职业发展过程相比较，县域教师发展过程较为缓慢，主要表现在以下几个方面：

其一，称职期滞后，大城市教师由新手教师成长为称职教师一般教龄在3年至6年，县域教师一般教龄在6年至15年，平均教龄滞后5年左右。

其二，"高原"期来的时间早，大城市教师由成熟教师到"高原"期教师一般教龄在20年至30年之间，而县域教师一般教龄在15年至25年，平均教龄提前5年左右。

---

[1] 赵昌木. 教师成长研究[D]. 兰州：西北师范大学博士学位论文，2003：130.

其三,"低落"期提前,大城市教师由"高原"期教师到"低落"期教师一般教龄在25年至35年之间,而县域教师一般教龄在25年至30年,平均教龄提前5年左右。

(二)县域教师发展支持体系建设重点是量体裁衣

县域教师发展支持体系建设要注重县域教师职业发展阶段特点,应"量体裁衣""因材施教"。具体做法如下:

其一,新手阶段的县域教师,处于由学生向教师角色的转变、知识向能力转化的过程期,个人发展目标是成为一名合格教师。县域教师发展支持帮助的重点是加强引领,例如,"导师制""传、帮、带"等。

其二,称职阶段的县域教师,在专业上把权威当作行为的最高准则,目标是成为一名骨干教师。县域教师发展支持帮助的重点是做好个人发展规划,树立"标杆"。

其三,成熟阶段的县域教师,比较关注学生的未来和成绩,注重良好的人际关系,发展的目标是不断完善自己,渴望在学校的建设与发展中发挥更大作用。县域教师发展支持帮助的重点是搭建平台。

其四,"高原"期阶段的县域教师,教育教学能力在这一时期发展缓慢,教师群体开始分化,部分教师开始成长为"名师",大部分教师出现了停滞,定型为"教书匠",处于"高原平台期"。县域教师发展支持帮助的重点是"送出去、请进来",并通过关键事件、关键书籍、关键人物刺激县域教师发展。

其五,退出期阶段的县域教师,教育教学能力进入停顿状态,大部分教师等待平静地"软着陆"。县域教师发展支持体系建设的重点是发挥他们的余热,鼓励他们整理个人教育教学历程和经验,指导青年教师成长。

三、县域教师的社会地位

(一)县域教师的经济收入与待遇

虽然国家从法律层面规定了教师的地位和待遇:教师的平均工资水平应当不低于或者应当高于国家公务员的平均工资水平,并逐步提高;教师享受国家规定的福利待遇以及寒暑假期的带薪休假。但在现实中,我国县域中小学教师工资、待遇等实际水平没有达到规定的要求,同工不同酬现象突出,付出与回报之间比例失调。例如,在S省,班主任教师每天管理50个以上的学生，每月仅仅12元补贴，且长期保持不变。

（二）县域教师的政治权益与地位

新中国成立后，县域教师政治地位大有提高，可以参政议政，充分发挥自己的作用，但政治地位仍有一定提升空间。如，中国人民政治协商会议第十三届全国委员会委员共2158人，备受关注的教育界共有108名政协委员，基本上都来自高校，只有4人是大城市的中小学校长或幼儿园园长。

县域教师的社会地位既反映了社会对县域教师评价的高低，也影响县域教师的价值追求和判断。当县域教师的经济收入、政治权益与地位得到充分保障的时候，可以吸引优秀人才选择教师职业，也能更好地稳定在职的县域教师队伍。反之，则会导致县域教师职业无人问津，特别是难以吸引优秀人才从事县域教师职业，一定程度上影响县域教师队伍的后备军，甚至导致在职的县域优秀教师流失或"隐性流失"。

四、县域教师的职业倦怠

县域教师是产生职业倦怠感的高发人群，县域教师职业倦怠不仅影响职业与生活质量的提高，而且对学生的成长和发展有巨大的消极影响。通过对W县348名中小学教师的调查发现，36.8%的被调查者反映压力非常大，45.5%的被调查者反映压力比较大。县域教师职业压力与职业倦怠表现为阶段性：

第一阶段，县域教师会表现出劳累，莫名其妙地发火，百无聊赖、情绪低落。

第二阶段，感觉远离了别人的关心，与他人情感开始疏远。

第三阶段，感觉从工作中找不到任何快乐与成就感。一位教龄13年的农村教师向我们这样描述自己的状态："早上一起床只要想到要回到学校，就觉得心里抑郁、堵得慌，心情变得烦躁、易怒，工作和生活没有乐趣。"这位教师分析："主要是因为工作压力太大，工作时间太长等原因所致。"

当然，不同的县域教师压力与倦怠的来源不同。一是社会来源。例如，人们"望子成龙"，必然对教师有着高期望值。二是学校来源。学校文化与学校气氛影响着教师，工作中，教师经常遇到角色冲突。三是个人原因。主要是个人知识、能力、情感等方面的因素。

县域教师的职业倦怠不仅严重影响着教师的身心健康，还会对学生造成不良影响。县域教师发展支持体系建设应充分考虑通过组织干预与个体干预的途径减少或消除县域教师的职业倦怠。组织干预的主要方法有：一是减少工作量，给县域教师更多的自由时间；二是提高工作待遇与报酬；三是提供更多的学习资源与交流活动机会；四是公平公正地评价县域教师；五是高期望、高表扬、高关注。个体干预的主要方法有：改变个人的期望值；做好个人发展规划；控制自己的时间资源；发展自己的爱好；自我归因。

第五节 县域教师发展支持体系建设的学习理论基础

"终身学习"说彻底打破了传统意义上的把人生分为学习和工作两个阶段，从阶段学习转向终身学习。学习将成为一种生活方式，学校不仅是师生学习、成长的场所，也是县域社会公民学习的场所之一。县域教师不仅是县域终身学习体系的重要人力资源，更是终身学习的身体力行者。因此，县域教师发展支持体系建设需要考虑县域教师学习特点，需要与县域终身学习体系建设相结合。

一、县域教师学习特点

县域教师属于成年人，具有一定的社会地位，有固定的职业和收入。但由于县域教师生活、工作、学习的环境与发达城市教师不同，其学习具有特殊性，主要表现在：其一，部分县域教师学习、科研、反思意识薄弱，行动迟缓，更有甚者对学习不感兴趣，不愿学习，也不想学习；其二，县域教师学习时间零星、片断；其三，县域教师学习以供职学校为主；其四，县域教师学习条件简陋，现代化的教育技术条件、报刊、图书等资源普遍缺乏；其五，县域教师学习动力受有用性所驱使。

县域教师的学习还具有成人学习的共性特征：其一，以生活为中心，倾向于把注意力集中于现实世界；其二，以工作任务为中心，以完成或执行某项任务或者某个学习目标为出发点；其三，以问题为中心，注意力多放在处理他们在工作、生活情景中所遇到的问题上。

县域学习特点反射到县域教师发展支持体系建设上，要求针对县域教师的学习特点与学习需要设计学习内容，并且要注意不同学科、不同年龄、不同经历的县域教师不同的学习要求。

二、县域教师发展支持体系建设需要与终身学习体系建设相结合

（一）县域教师发展支持体系建设是终身学习体系建设的重要组成部分

从县域终身学习体系建设角度看，县域终身学习体系建设旨在探索一条从我国县域经济和社会发展的需要出发，优化县域教育结构，满足县域成员终身学习需要，使县域教育得到优先发展，整体素质得到提高，进而促进县域经济和社会的可持续发展的途径。县域终身学习体系的形成，将从体制、制度和条件上保证县域每个成员与县域教师学习愿望的实现，激励县域每个成员与县域教师积极上进。从县域教师在县域终身学习体系建设中的角色看，县域教师不仅是县域终身学习体系的重要人力资源，更是终身学习的身体力行者。县域教师发展支持体系建设旨在提高县域教师的科学文化和思想道德素养。实际上，只有县域教师掌握了获得知识的方法，学生及其他社会成员才有可能在掌握知识的同时，进而掌握有效的方法途径，从而推动县域终身学习体系建设。

可见，县域终身学习体系建设与县域教师发展支持体系建设一脉相承，县域教师发展支持体系建设是县域终身学习体系建设的有机组成部分。

（二）县域教师发展支持体系建设与终身学习体系建设的相互融合

在我国大多数县的现有条件下，县域终身学习体系的建设应首先从县域教师发展支持体系建设抓起，进而从县城、乡镇、村庄做起，利用县域普通中小学比较完备的条件与县域教师的知识优势，使县域中小学校真正成为县域教育、文化的中心，并以此为基础建立普教、职教、成教三教统筹结合的县域终身学习体系，使之具有学历教育、非学历教育、劳动技术培训等多种功能的终身学习网络。在具备条件的地方，开发和利用现代远程教育构成的远程教育网络，把县域教师发展支持体系建设与县域终身学习体系建设有机地融合在一起。

第三章 国外教师发展支持体系建设的比较研究

提高国家竞争力的核心之一是人力资源开发，从这一角度出发，美国、英国、日本、法国四个发达国家把帮助、支持、促进教师发展放在非常重要的战略地位，创造了很多支持教师发展的典型做法与经验。世界各国教师发展支持体系建设的趋势是相互学习借鉴彼此的长处，我国县域教师发展支持体系建设的发展与完善，也需要在国际视野中吸取经验和教训。但由于不同国家具体情况不一样，任何一种教师发展支持体系建设模式都有其赖以生存的土壤，很难照搬。因此，把别国的经验融入本国的模式更为重要。本章从制度、结构与运行三个维度对四个发达国家在支持教师发展方面的典型做法及其可以借鉴的经验进行分析，为我国"四位一体"县域教师发展支持体系模式提供借鉴。

第一节 美国教师发展的支持体系

在美国，教师发展并不是"绝缘体"，这一点从美国教师发展所经历的曲折与取得的成就中不难发现。美国教师之所以能够得到不断培养提升，是因为依托于政府、社会、高等教育机构和社会舆论导向等所提供的帮助支持。

一、美国中小学教师基本状况

2017年美国中小学教师数量达到370万人，比2007年减少了1%。2017年公立学校全职教师数量为320万人，私立学校教师数量为50万人。2016年到2017年，公立学校教师的平均年工资为58950美元。按照通货膨胀调整之后，教师的平均工资比1990到1991年间下降了2%。

教师人口结构方面，公立学校教师女性数量百分比由2000年的75%增长到到2016年的77%。与此同时，白人教师的数量百分比从84%下降到80%，黑人教师的数量百分比从8%下降到7%，西班牙裔教师数量百分比从6%增长到9%。1999年到2000年，2015年到2016年，公立学校教师中拥有硕士学位以上的教师数量百分比从47%增长到57%；拥有20年以上教学经验的教师数量百分比从32%下降到22%，然而，拥有10年到20年教学经验的教师数量百分比由29%增长到39%。

1970年到1980年，公立学校的学生数量减少，而教师的数量增加。公立学校学生教师比从1970年的22.3：1下降到1985年的17.9：1。1985年，公立学校的学生数量开始增多，学生教师比却持续降低，低至1989年的17.2：1。一段时间的稳定之后，学生教师数量比从1995年的17.3：1降低到2008年的15.3：1。

2008年以后，公立学校的学生教师比开始增加，增长至2015年的16.0：1。相对之下，私立学校2015年的学生教师比为11.9：1。2011年到2012年，公立学校小学班级平均有21.2名学生，中学班级则平均有26.8名学生。

二、美国教师发展管理结构

（一）联邦政府的教师发展行政管理机构及其责任

美国从建国开始就是典型的地方分权制国家，把教育事业看作是地方的公共事业，教育权归地方所有，教育法规、政策、经费、课程、教学方法、教科书等主要由地方决定。美国的中小学教师管理制度也与之相适应，教育管理权主要属于地方，即管理中小学教师的权力与责任主要在地方政府而不是联邦政府。其法律依据是1791年通过的《宪法第十修正案》，该法案规定：如果宪法既没有授权给联邦也没有禁止各州行使此项权力，那么权力将由各州或人民自己保留（史称保留条款）。教育管理权没有授予给联邦政府也没有禁止各州行使，所以教育一直被看作是州政府的职责。①

---

① [美]罗纳德·W. 瑞布. 教育人力资源管理——一种管理的趋向[M]. 褚宏启等，译. 重庆：重庆大学出版社，2003：2.

联邦政府成立时，没有成立独立的教育行政机构。直到1867年3月2日才正式成立联邦教育部，其职权很小，仅限于为地方教育提供服务以及收集全国教育资料，传播教育思想等，成立不到一年，就被降级为教育署。1979年9月，为了适应新形势，国会通过了新的联邦教育组织法，同年10月17日，由卡特总统签署生效，正式成立内阁一级的联邦教育部。新建教育部比原来的教育署的权力有所增加，负责统一处理联邦教育政策和经费，其职责为管理和分配联邦给州的补助；进行教育调查研究；与州合作实施联邦职业教育计划；收集和交流教育资料；就有关事宜提出指导建议。对中小学教师发展采取不干涉的政策，主要靠法律和拨款的手段推动在职教师发展。

1967年，《教育专业发展法》的通过使联邦政府对教师专业发展的干预达到了一定的高度，为教师专业质量的提高提供了法律支持。

由于社会与教育团体期望《教育专业发展法》恢复联邦政府一项新的使命——支持教师专业发展。因此，《教育专业发展法》颁布之后，联邦教育部设立"教师研究与改进司"。

综上所述，我们对美国的教师发展行政管理体制不能作直线式理解，联邦政府对教师发展没有直接管理权，但对全国的教师发展有着影响力。

（二）州政府的教师发展行政管理机构及其责任

州教育行政管理处于美国教育行政管理的中枢位置。美国宪法规定，州教育行政与联邦教育行政之间不存在隶属关系。近几年来，联邦政府通过立法和拨款加强了对州教育的影响，但各州依然继续掌握着本州的教育行政管理主权。州教育行政机构由州教育委员会和州教育局组成，前者是决策机构，后者是执行机构。各州对教师发展的管理职能主要限于教师资格认定和教师培养。

美国还建立了各级专门管理机构，规划和领导教师发展事业。各州教育委员会均设"在职教育科"，各个学区教育委员会又设"教育人员发展科"，在不同层次上负责中小学在职教师发展工作。美国州政府对中小学在职教师管理模式如图3-1所示：

```
          州教育委员会的在职教育科
                    ↓
        学区教育委员会教育人员发展科
            ↓        ↓        ↓
          小学      初中      高中
```

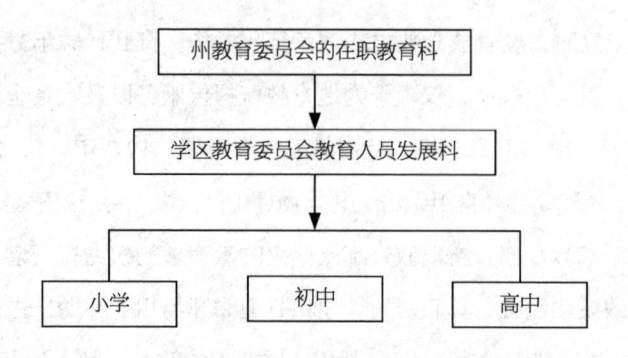

图 3-1　美国州政府对中小学在职教师管理模式

（三）学区董事会教师发展管理机构及其责任

地方教师发展管理是美国教育行政的基层部分，它主要通过划分学区来实现，学区设置各州不一。学区董事会具体管理学区的教育和教师发展，学区董事会成员由地方社区的公民选举产生，他们负责制定领导和管理当地学校以及本学区教师发展的政策。

三、美国教师岗位职责

美国全国教育协会《教育专业伦理规范》，从1929年颁布试行到1975年，经历了6次修订。本书以美国全国教育协会颁布的《教育专业伦理规范》（1975年）为研究范本，梳理美国教师岗位职责。

序言[①]

教育工作者相信每一个人的价值和尊严，从而认识到追求真理、力争卓越和培养民主信念，具有至高无上的重要性。这些目标的根本，在于保障学和教的自由，并且确保所有的人享有平等的教育机会。

教育工作者接受这种职责，以恪守最高的伦理标准。教育工作者认识到教学过程固有责任之重大，渴望同事、学生、家长以及社区成员的尊重和信任，勉力从事，借以取得并保持最高程度的伦理品行。

---

① 王丽佳. 美国全国教育协会教育专业伦理规范历史演进探析——兼谈师德规范建设[D]. 上海：华东师范大学硕士学位论文，2010：80-81.

《教育专业伦理规范》表明全体教育工作者的抱负，并提供据以判断品行的标准。对违反本规范任何条款的纠正措施，应仅由全国教育协会或其分会制定；本规范的任何条款，都不得以全国教育协会或其分会特别规定之外的任何形式强加推行。

原则一：对学生的义务

教育工作者力争帮助每个学生实现其潜能，使之成为有价值而又有效率的社会成员。因而，教育工作者为激发探究的精神、知识和理解力的获得以及对有价值的目标深思熟虑的构想而工作。在履行对学生的义务时，教育工作者必须做到以下几点：

1.不得无故压制学生求学中的独立行动。

2.不得无故阻止学生接触各种不同的观点。

3.不得故意隐瞒或歪曲与学生进步有关的教材。

4.必须努力保护学生，使其免受有害于学习或者健康和安全之环境的影响。

5.不得有意为难或者贬低学生。

6.不得以种族、肤色、信仰、性别、原有国籍、婚姻状况、政治或宗教信念、家庭、社会或文化背景或性别取向为由，不公正地剥夺学生的合法权益。

7.不得利用与学生的专业关系谋取私利。

8.如非出于令人信服的专业目的或者出于法律的要求，不得泄露专业服务过程中获得的关于学生的信息。

原则二：对本专业的义务

公众赋予教育行业以信赖和责任，以冀其怀有行业服务的最高理想。教育行业的服务质量直接影响国家和民众。基于这种信念，教育工作者必须竭尽全力提高行业标准，争取条件吸引值得信赖者步入教育生涯，阻止不合格者从事教育行业。在履行对本行业的义务时，教育工作者应做到以下几点：

1.不得在申请某一专业职位时作虚假地陈述或者隐瞒与能力和资格有关的重要事实。

2.不得出具不符事实的专业资格证明。

3.不得帮助明知在品格、教育或其他有关品质上不合格者进入本行业。

4.不得在有关某一专业职位候选人资格的陈述上弄虚作假。

5.不得在未经准许的教学实践中帮助非教育工作者。

6.如非出于令人信服的专业目的或者出于法律的要求，不得泄露专业服务过程中获得的关于同事的信息。

7.不得针对同事做虚假的或恶意的陈述。

8.不得接受任何可能损害或影响专业决定或行动的赠馈、礼品或恩惠。

研究显示，在理想信念上，美国教师的岗位职责是关注教师的价值和尊严，倡导追求真理、力争卓越和培养民主信念。在责任范围上，侧重实施对学生的义务和对本专业的义务。在伦理规范上，以指令和禁令相结合的方式构建规范。

四、美国教师发展的政策变迁

1862年，联邦政府颁布《毛利法案》，以联邦向各州提供联邦土地的形式资助各州发展农业和公益教育，法案鼓励在职教师参加培训和进修学习，这是美国政府首次将中小学教师培养、培训列入法律。

1958年，《国防教育法》规定：从1959—1962年，每年拨款8.16亿美元用来改进学校的数学、科学教学，提高教师的水平，长期保证了中小学教师发展的经费支持。

1965年，《高等教育法》特别规定各个地方政府和教育主管部门要采取措施，加强教师的在职进修。

1967年，《教育专业发展法》为增强各个领域和各个层次的师资力量提供了法律依据。《教育专业发展法》要求在各州实施教师上岗许可证，对中小学教师发展起到了很强的推动作用。

1972年的美国教育白皮书规定"新任教师可有五分之一的时间进修，正式教师可每隔7年轮流脱产进修一次"，为教师进修权利的行使提供了法律上的保障。1976年10月，美国总统福特批准了在全国设置教师中心的计划。教师中心设在教师工作地点附近，内设讨论室、研究室、教材组、专业图书馆。教师在这里学习新教材、新教法，教师在职培养、培训蓬勃发展起来。

克林顿政府在1994年颁布的《中小学教育法》与《美国2000战略》中增加了联

邦政府支持和资助教师发展改革的内容。在1997年的国情咨文中，将教师素质提升到事关"美国前途和未来"的高度，将促进教师专业化列为美国十大教师发展目标之一。[①]

布什政府2001年1月提出政府培养、培训和招聘教师方案的基本理念是：出色的教师是提高学生成绩的关键，让每一个教室里的教师都是优秀的。该法案要求，教育部应加强教师培训，为此联邦教育部在全国设立28个教师培训项目，分别由13个不同的联邦机构管理。

2011年9月，美国教育部发布了《我们的未来，我们的教师》，制定了美国未来10年的教师教育综合改革战略。"使每一位准教师、教师都能得到高质量的培训及他们所需要的帮助"[②]是这次改革的重点，而让"每个孩子都拥有他们值得尊重的有效教师，并都能享受优质教育"[③]是改革战略的最终目标。奥巴马深知教育改革的原动力是教师、教育改革的成败系于教师。他当选总统后曾说，从孩子步入学校的那一刻起，决定他们成功的最重要的因素不是他们的肤色或是家庭的收入，而是站在教室最前面的人……美国的未来取决于教师。为此，奥巴马政府采取多种多样的措施和方法，着力提升教师水平。

五、美国教师发展的管理制度

（一）教师发展的经费制度

美国教师进修、培训经费成本实行分担制度。美国的教师培训费用通常由联邦政府、州政府、学区、学校和教师共同承担，个别地方由学校全部承担。美国的政府部门和基金会还设有专门的进修奖励金，愿意进修者可以申请。纽约、费城等地规定，在职进修的费用由州政府承担，并可获得加薪。这些规定，保证和推动了教师在职进修。

---

① 教育部师范教育司. 教师专业化的理论与实践[M]. 北京：人民教育出版社，2003：85.
② 王凤玉，欧桃英. 我们的未来 我们的教师——奥巴马政府教师教育改革和完善计划解读[J]. 清华大学教育研究，2012（4）：34-38.
③ 王少勇，许世华. 未来十年美国教师教育的改革战略——美国教育部《我们的未来，我们的教师》解读[J]. 比较教育研究，2012（8）：62-66.

（二）教师发展的时间制度

美联邦政府没有统一的规章制度规定教师的学习时间，各个州都有一些相关的要求，一般采取以下方式。

带薪休假：美国教师每7年有1个"休假年"（带薪）。近年来，美国学校还逐步实行在每周有一次或每月有几次提早放学制度，以便教师利用这个时间来从事进修活动。

教师培训日：美国中小学设立师资培训日，培训日每月一次，但是各州规定不尽相同。费城所属的中小学教师周末到费城学区教育局、宾夕法尼亚大学或其他高等教育机构接受培训。培训日当天，全体学生放假，教师以学校或者学科、学区为单位开展教学研究、教育理论学习。

修学课程：有些州规定，教师获得资格证书后，应该继续在大学正式注册修习教育课程。例如：佛蒙特州规定，全体教师七年中必须在高等教育机构选修两门课程，由学区代付学费，学校在工作时间和安排上给予照顾。[①]

攻读教育硕士、博士学位制度：得到学区批准休假的教师（如工作7年后的带薪休假者）可以攻读教育硕士、博士学位，也可以攻读全日制学位研究生。教育硕士学位可攻读5年，教育博士学位可达9年。[②]

华盛顿州的学校没有国家课程、地方课程、学校课程之分，在遵照《州共同核心课程标准》的前提下，各州、学区、学校董事会各自安排自己的课程，学生每年在校时间不少于180天，每天在校时间约7小时，包括午餐和午休45分钟，之后有3~3.5小时的课外活动属收费或赞助服务，大多数学校没有明显的课间。不同的学校每天的课程安排和作息时间也会不一样。我们在参观学校时，看不到各班学校统一安排的各学科每周课程表，看到的是一日课程安排。基础核心课程是由教师自主安排的，只有特殊课程是学校安排的。至于每天的作息时间，学校通常会有统一安排，但允许教师灵活掌握，特别是允许基础核心课程教师灵活安排（见表3-1）。

---

①② 王承绪，顾明远. 比较教育[M]. 北京：人民教育出版社，1999：244.

表 3-1 美国西雅图某一小学日程表[①]

时间	内容
6:30～8:00	课前准备。
8:00～8:10	公告，午餐计数，考勤，在记事簿上写下当天作业。
8:10～9:30	数学（复习昨天课程，学习今天课程，课堂作业练习）。
9:30～10:15	特殊课程：体育、音乐、图书馆或艺术。
10:15～11:00	写作课（写文章，修改，语法或计划下一个写作项目）。
11:00～11:45	阅读（利用本周的故事来讲解词汇、拼写、语音和学习技巧）。
11:45～12:30	午餐和休息。
12:30～13:15	阅读小组（针对个别学生的识字程度，教师与需要有针对性的小组会面。其他学生独立阅读，做课堂作业或在读写能力中心学习）。
13:15～14:15	社会研究或科学（通常交替进行，这个月是社会研究，下个月则是科学，教学通常是基于主题）。
14:15～14:40	机动时间（课程延伸或有浓厚兴趣的课程）。
14:40～15:00	一天结束管理，为明天做好准备，整理和清理，放学。
15:00～18:30	课外活动（通常由合作伙伴社区组织提供，这些活动可以使学生专注于家庭作业，强化有浓厚兴趣的领域，譬如科学俱乐部、个人辅导等）。

以这张学校日程表样本计算：数学80分钟/天，占23%；语文135分钟/天，占39%（阅读90分钟/天，占26%，写作45分钟/天，占13%）；科学/社会60分钟/天，占18%；美术/音乐/体育45分钟/天，占13%；兴趣：25分钟/天，占7%；基础核心课程数学、语文、科学/社会占80%。

（三）教师发展的国家标准与地方标准制度

1. 教师发展的国家支持标准内容

美国国家职工发展委员会是一个非营利性的职业协会，其使命是通过高质量的教师发展和学校发展进步来提高学生的素质。拥有1000个成员单位，每年举行一次年度会议，拥有众多出版物、项目、讲习班以及高等教育等机构。该机构2001年颁布的教师发展国家支持标准被全美广泛认可和遵循。教师发展的国家标准，从环境、程序、内容三

[①] 教育部首期中小学名校长领航班海外研修美国西部团考察学习报告[R]. 2017年10月.

个方面提出了支持教师发展的国家标准（参见表3-2）。

表 3-2 教师发展的国家支持标准

项目	支持项目	教师发展的国家支持标准内容
环境	沟通	组织教师加入与学校和学区目标一致的学习型社区。
	领导	需要有能力的可以指导教师继续发展的学校与学区领导。
	资源	需要各种资源来支持教师的学习和互相合作。
程序	数据	使用分解学生数据的方法来决定教师学习的优先目标，直到他们取得进步，并维持继续发展。
	评估	运用多种数据资源指导教师发展，并说明教师发展的影响。
	研究	让教师做好准备把研究运用到决策中去。
	设计	使用适合特定目标的学习策略。
	学习	运用关于人类学习和变革的知识。
	合作	为教师提供互相合作的知识、技能与机会。
内容	公平	让教师开始理解并欣赏所有的学生，创造安全的、有秩序的、支持性的学习环境，还要对教师的学术成就抱有高的期望值。
	质量	深化教师的专业知识，为他们提供研究型教学策略，帮助学生达到严格的学术标准，让教师适当使用各种不同的课堂评价方式。
	家庭	为教师提供能适当包含家庭和其他利益共享者在内的知识和一些技能。

2. 优秀教师国家标准内容

陈德云、周南照认为："教师专业标准最重要的两大用途，一是为专业学习打造更有效的方法，二是建立更有效的体系来评估教师的表现。"[1]1987年，美国全国专业教学标准委员会（NBPTS）成立，该委员会是非营利性的私人机构，由经验丰富的教师、管理人员、立法者、商业人士以及教师教育工作者组成，其宗旨是使教学专业化，认证中小学优秀教师。[2]1989年，美国全国专业教学标准委员会发布了政策文件《教师应该知道什么，应该能够做什么》，作为所有优秀教师认证标准的依据。该文件提出：教师

---

[1] 陈德云，周南照. 教师专业标准及其认证体系的开发——以美国优秀教师专业标准及认证为例[J]. 教育研究，2013（7）：128-135.

[2] 陈德云. 美国优秀教师专业教学标准及其认证：开发、实施及影响[D]. 上海：华东师范大学博士学位论文，2011：68-69.

除了要具有广博的学科知识以及与教学相关的学生发展方面的知识外，还应该具备专业判断能力、应变能力、目标和方法途径以及沟通的能力。该委员会提出教师个人的基本素质是根据不同学科领域以及学生的不同发展水平确定的教师教学最高标准。具体领域的优秀教师专业标准主要包括两个层级：一是标准说明；二是标准阐释[①]（参见表3-3）。

表 3-3 优秀教师国家标准内容

	五项核心内容
优秀教师发展	1.教师应该致力于学生的发展和学习。
	2.教师应该精通学科知识，并知道如何将学科知识传授给学生。
	3.教师应该负责管理和监控学生的学习。
	4.教师应该系统地思考自己的教学实践并从他人和自身经验中学习。
	5.教师应该是学习型社区的成员。

3. 地方教师专业标准

美国的每个州从工作实际要求出发制定各自的教师专业标准。下面以加利福尼亚州为例进行说明（参见表3-4）。

表 3-4 加利福尼亚州教师专业标准[②]

标准一：教师能够引导并帮助所有学生学习
1.使学生已掌握的书本知识、生活经验、兴趣爱好与学习目标产生联系。
2.运用多种教学策略与教学资源，满足学生的不同需求。
3.为学生的学习活动提供支持，促进他们自主、互动及选择性的学习。
4.使学生参与到问题解决、批判思维及其他活动中，从而使学生对相关学科产生兴趣。
5.提升所有学生的自学及反思性学习的能力。

[①] 陈德云，周南照. 教师专业标准及其认证体系的开发——以美国优秀教师专业标准及认证为例[J]. 教育研究，2013（7）：128-135.

[②] 教育部首期中小学名校长领航班海外研修美国西部团考察学习报告[R]. 2007年10月。

(续表)

标准二：教师能够为学生营造长期有效的学习环境
1.创设使所有学生参与学习的物理环境。
2.营造促进公平与相互尊重的课堂氛围。
3.增强学生的社会意识及集体责任感。
4.帮助学生建立行为规范并维持之。
5.设计出支持学生学习的课堂教学程序并执行之。
6.能够高效地利用教学时间。
标准三：教师能够理解学生所学习的学科
1.呈现学科内容及学生发展的内容。
2.收集课程材料促进学生对学科的理解。
3.跨学科收集相关知识与信息。
4.利用适应学科特点的教学策略促进学生对学科的理解。
5.广泛利用教学资源和先进教学方法，提高学生的学习效率。
标准四：教师能够为所有学生制订教学计划设计学习目的
1.依照学生的背景、兴趣及发展性学习需要，设计教学活动。
2.帮助学生建立明确的学习目标。
3.根据学生的学习目的设计教学活动、开发教学资源并按程序对其进行编排。
4.制订短期及长期计划，促进学生的学习。
5.根据学生的需要修改教学计划。
标准五：教师能够对学生的学习进行评价
1.帮助所有的学生建立各自的学习目标，并就这些目标进行交流。
2.收集并使用多样化的信息资源对学生的学习进行评价。
3.引导并使所有的学生参与到对自己的学习评价中来。
4.使用评价结果指导教学。
5.与学生本人、家长及其他人就学生的情况进行交流。
标准六：教师能够成为专业的教育工作者
1.对教学实践进行反思并制订相应的专业发展计划。
2.建立专业目标并把握专业发展的机会。
3.与专业发展共同体的成员一道提升专业实践能力。
4.与家人一道提升专业实践能力。
5.与同事一道提升专业实践能力。

（四）教师教育机构认证制度

1. 教师教育机构认可标准

为了适应信息时代的需要，美国在20世纪八九十年代提出必须进行教育职能转换，提出"所有儿童都能够并且应该学习"的目标，提倡儿童应该了解比以往更多的知识，具备更强的能力。为了实现这一目标，全国教师教育认证委员会（National Council for Accreditation of Teacher Education，以下简称NCATE）2003年公布的《教师教育机构认可标准》与《教师教育培训机构、教育教学的管理和资源的评估标准》（参见表3-5）中，明确规定了被认证的教师教育机构（教育学院、教育系）应完成的任务。

表 3-5 美国NCATE2003年公布的《教师教育机构认可标准》[1]

条件编号	条件内容
条件1	保证新教师个性化教学和常规教学应具备的教育学方面的知识和专业教学技能。
条件2	保证所有新任学校教育管理人员和教学人员具备为学生学习创造适宜环境的知识和技能。
条件3	实行多样化的评估方法，通过跟踪调查，确定教师候选人员是否符合职业标准，是否具有胜任现有教学的能力。
条件4	保证教师具有教授不同社会文化背景学生的能力。
条件5	培养教师能够利用教学技术提高学生学习效率的能力。
条件6	鼓励教育者、学习者和家庭之间的共同合作，并不断总结经验，实现可持续发展。
条件7	把教师的职业准备和专业发展看作是一个连续体，教师的培养和提高包括从职前的培训阶段到接受指导的教学开始阶段，再到持续的职业发展培训阶段，是一个可持续发展的系统。

教师教育认证委员会（Teacher Education Accreditation Council，以下简称TEAC）是成立于1997年的美国新型教师教育专业认证机构，TEAC建立后不久就得到了高等教育界的认可，2003年得到了美国联邦教育部的认可，逐渐替代了传统的教学专业团体组织NCATE认证（参见表3-6）。该机构注重对有关学生学习、有效评估学生学习、制度化

---

[1] Professional Standards for the Accreditation of Schools, Colleges, and Departments of Education（2002 Edition），3.

学习的三方面证据的审核，强调确保教师培养机构的办学自主权和促进教师教育机构形成内部质量控制系统，是教师培养质量保障机制的改革与创新，代表着教师教育专业认证的未来方向。①

表 3-6　TEAC教师教育认证标准体系

条件编号	条件内容
条件1	掌握学科知识和教育知识。
条件2	持续改进师范生实践实习质量，确保理论与实践融合。
条件3	师范生的来源质量高，具有多学科、多种族的特征，确保师范毕业生能够满足学生的多样化需要以及紧缺学科和薄弱地区对师资的需求。
条件4	能有效地促进学生的学习与发展，达到所期望的水平。
条件5	具有完备的质量保障系统。

2. 教师教育机构的管理和资源的评估标准

美国的教师教育课程是在依据国家层面以及州层面的教师专业标准或专业教学标准，由美国的教师教育机构（Teacher Education Units）自行制定并实施的。表3-7以NCATE对教师教育机构办学的软、硬件条件评估为例进行说明。

表 3-7　NCATE对教师教育机构、教育教学的管理和资源的评估量表

编号	标准	不合格	合格	优秀
1	领导力	1.缺乏规划、实施课程的能力。 2.没有管理培养计划的能力。 3.不能鼓励大学教师和中小学教师共同参与课程设计、实施和评估。 4.在教育界和大学，学院不能成为领导者。	1.学院有规划实施相关课程计划的能力和权威。 2.有管理各培养专业计划的能力。 3.教师有参与课程的设计、实施和评估的机会。 4.有鼓励教师相互合作的机制和条件。	1.在有效协调学院课程计划中，学院起领导作用。 2.大学和中小学教师参与教师教育课程的设计、实施和评估。 3.在教师培养相关机构中起到示范引领作用。

---

① 洪明. 美国教师培养质量保障机制的改革与创新——TEAC教师教育专业的认证标准和程序探析[J]. 中国高教研究，2010（1）：37-40.

（续表）

编号	标准	不合格	合格	优秀
2	经费预算	预算不能满足教师培养和实习所需要的经费。	预算能满足教师培养和实习所需要的经费。	预算超出满足教师教学、研究所需。
3	人事管理	1.不能保证教师进行有效的教学。 2.教师工作量超过了12学时（本科生）和9学时（研究生）。 3.实习指导教师的实习生数超过了18人。 4.教辅人员配备不足，不能确保教师培养的正常工作开展。 5.教师缺乏专业进修机会和资源。	1.能保证教师进行有效的教学。 2.教师的最高工作量不超过12学时（本科生）和9学时（研究生）。 3.实习指导教师的实习生数不超过18人。 4.配有足够数量的教辅人员。 5.教师有足够的时间和资源用于专业发展。	1.确保教师具有从事教学、科研和社区等工作时间。 2.对教师工作量有明确的政策规定和决策程序。 3.实习指导教师是学院德高望重的教师。 4.所提供的人事策略有助于教师专业发展水平的提高和对学生指导。
4	条件设备	校园设备和信息技术等条件不能满足教师教学、科研的基本要求。	拥有足够面积的校园、设备和信息设备等，能满足教师教学、科研的基本要求。	能有效满足教师教学、科研的需求。
5	资源环境	1.缺乏资源整合，不能合理分配资源。 2.缺乏充足的信息技术。 3.缺乏必要的图书资源。	1.资源有效整合，能够合理分配资源。 2.有充足的信息技术资源。 3.有必需的图书资源。	1.具有有效获取资源的能力。 2.教师教学及社区服务提供良好的信息资源。 3.拥有丰富的图书资源。

（五）定量精准、立体多元的培训模式

1. 培训目标清晰

美国教师培训机构有着清晰的培训目标，主要帮助教师获得下列10个方面的能力和知识：① 坚信学生的能力；② 理解、尊重、领导多元文化与个别差异的能力；③ 建立良好的班风的能力；④ 精通教学技巧的能力；⑤ 深思熟虑然后组织实施的能力；⑥ 明确沟通任务、目标、标准的能力；⑦ 不断调查分析了解教学策略的执行反应能力；⑧ 建立社区关系的能力；⑨ 经营管理班级的能力；⑩ 批判性思维的能力。

2. 培训机构立体交叉，形成梯次

美国的教师培训机构具有多样性，主要有：综合性大学及教育学院、教师中心、暑假学校、教师专业团体、大学附设的函授教育机构、教师所在的学校（即教师专业发展学校）等，形成立体交叉共同培训教师的格局。教师培训的方式分为工作培训和职外培训两种，可以到大学或研究生院的暑期班和夜间班进修（选修学分或攻读学位），也可以到教师中心、暑假学校、教师专业团体、大学附设的函授教育机构进修。美国以明确的任务规范教师教育机构的职能，以通过认定和提升信誉确保教师教育的质量，以注重能力本位的标准提高教师教育的效果。

3. 培训组织形式多样

美国各学区都开设多种形式的培训班，大学则提供丰富的资源供中小学教师培训。美国的大学一般都设有教师教学培训中心以提高教学水平，培训中心面向教师开放。例如，普林斯顿大学教学培训中心的重要功能是为教师掌握教育技术提供服务。此外，美国的大部分高校和研究院（所）都接受合作研究者，类似于我国的访问学者制度。这些培训方式和培训机构实际上成为教师提高业务水平最重要的途径和主要基地。美国教育体系的分权制决定了美国不可能有类似于中国的统一的培训体系、内容体系以及培训方式。尤其是美国实现中小学教师的学历提升之后，培训机构将中小学教师进修与提高的重点放在教学方法与教学手段上。

（1）教学技能培训。由于美国中小学实行严格的教师资格制度，美国一般不开展类似于中国的学历补偿教育。这样，美国的中小学普遍关注教师的教学技能的训练与提高，并且采取了一些相应的措施，吸引并鼓励教师自愿参加教学技能培训。如费城地区的林肯中学对教师教学技能十分重视，该校按照"主动、认真、尊重、有效"的原则，通过在教师中开展"教学咨询"活动等途径，提高教师的教学技能。

（2）教育技术的培训。运用现代教育技术不仅是美国中小学教学思想的革命，而且是中小学教师教学手段与教学方法的一次革新。随着以多媒体为主的现代教育技术在中小学课堂上的推广和应用，美国各个州与学校建立了一套完善的帮助教师掌握和使用现代教育技术的培训体制，如费城建立专门的教育技术培训中心，利用周末培训教师，中午提供免费午餐，以保证教师及时了解和掌握各种现代教育技术的应用方法和最新发展动态，并鼓励教师在日常教学中使用这些技术。

（3）合作培训。不仅学校之间经常合作进行教师培训，而且还创造一切机会让教师参加国际项目培训，让教师接触多元文化，提高教师的国际视野。

（4）沟通培训。美国中小学教师的基本职责是提高学生的学业成绩，注重与社区、家长的沟通，把沟通作为学生学业成绩提高的重要途径。大部分学校都规定教师必须与社区、家长建立联系，以便了解学生的实际情况，指导教学实践，开展科研合作活动，以此来提高教师的学术水平和学术声望。

（5）采用"导师制"带新教师。新入职的教师，每个月都要准备课后讨论会，这些讨论会被整合成培训课程内容，并且以学生的需要数据为基础。此外，还为新教师指派专门指导人员辅导，称为"导师"。"导师制"本着自愿的原则自由组合，以开展科研活动为主要内容，教学技能的掌握也是内容之一。导师可以是本校的，也可以是外校的甚至是大学以外的。

中小学教师培训一般采用下列方法进行：一是专家学者互动式教学、小型团体活动和传统的演讲方式；二是情景与案例教学；三是根据学校所在地（真实的世界）设定教学计划进行教学；四是个案研究（分析优势、劣势、机遇、实施）；五是阅读、深入研讨、日记要目。

教学成果将会以综合文件的方式呈现，其中包括计划报告、备忘录、工作实物、日记要目、学术报告等。培训机构将深入分析这些文件，培训机构的教师会做出客观的评鉴。

（六）整合资源，组建教师专业发展学校

1. 教师专业发展学校内涵

教师专业发展学校（Professional Developent School，简称PDS）是根据霍姆斯小组对教师教育改革的构想，于20世纪80年代末在美国兴起的集教师职前教育、在职培养和学校改革为一体的学校形式。"是大学的教育学院与大学所在学区的一所或多所公立中小学合作成立的、以中小学为基地的一种师资培训学校，着重强调中小学的教师发展功能，强调学校也是教师发展的场所，学校应当具有使教师获得持续有效的专业化发展

的功能。"①一般由一所或多所中小学与所在学区的大学（内部教育学院）之间合作，共同培养新教师，促进教师专业发展，提高学生学习成绩。大学与中小学（含学区）合作与伙伴关系是教师专业发展学校的内核。双方把教师教育甚至整个教育改革看成是双方的共同责任。例如，"密西西比大学教师专业发展学校在30多年的发展过程中，以霍姆斯小组和全美教师专业发展学校协会的思想为指导，以'蓝丝带新设计委员会'为依托，以'专业学校网络'为载体，以'6C'模型为合作框架，有效地构建起教师专业发展学校的生态体系，促进了教师教育的协同创新。"②

2. 教师专业发展学校合作形式与内容

（1）参与合作的大学教师以联络员的身份出现，是大学与中小学（含学区）合作的纽带和桥梁。他们每周亲临合作学校，参加各种教师活动，观察并指导实习生工作和学习，组织实习生的实习和专题讨论，有时亲自登台执教。他们把大学创新的知识带到合作学校，给中小学教师更换了新的思维、理念，又把中小学校教育教学中的问题反馈给大学，从而实现了大学功能（知识创新、传播与应用）与中小学校实践的交叉、渗透和融合。

（2）师范生将一年的实习期融入中小学工作中，与正式教师一样参加学校家访、教学、科研、实验等一切活动。在指导教师指导下经过一年的实践磨炼，最后取得硕士学位并结束在教师专业发展学校的实习。

（3）中小学教师在教师专业发展学校主要担负指导师范生实习的职责。在师范生实习管理班级期间，中小学教师可以到大学自修或进修相关课程，以提高自身水平。有些优秀的中小学教师成为大学兼职教师，他们将自身经历与工作经验带到大学课堂，给即将走上中小学课堂的师范生注入了新的活力。

教师专业发展学校的日常工作由学校指导委员会主持，学校指导委员会由大学教师、中小学教师、校长、学监、家长等组成。学校指导委员会定期举行会议，沟通、协调有关教师（实习生）专业发展活动与教师专业发展问题。

---

① 胡惠闵，汪明帅. 美国教师专业发展学校与教育实习改革的经验与启示[J]. 全球教育展望，2011（7）：49-53.

② 杨思帆. 美国教师教育协同创新生态系统构建及其经验——以密西西比大学教师专业发展学校为例[J]. 比较教育研究，2017（4）：99-105.

（七）美国中小学教师发展评价制度

1. 增值性教师评价

任玉丹、边玉芳认为："增值性评价是目前较为科学准确的衡量学校效能的方法。"[1]它实现了关注点的变化，保证了更加公平合理的评价功能。美国是世界范围内增值性评价开展最早、模式较为完善的国家。在美国，教师评价由专业人员进行，主要是教育行政人员、学校专业人员、高等教育机构等人员。总体看，美国教师评价采取的主要方式是"发展性评价、增值性评价、档案袋评价、同行评价"[2]。各州和学区都有自己的一套评价方式与标准，例如，俄亥俄州的增值性评价是从数据来源、模型使用、控制变量、增值网上系统、增值分数五个角度实施的。虽然是一种新的评价模式，但截至2014年，美国已经有21个州使用增值性评价模式。

2. 区分性教师督导

在美国，教师的发展水平和需求多元化、多层次性，如果按照统一的标准和方式来评价教师，即使投入大量的时间和精力，结果也可能适得其反。针对不同教师的需求和发展情况进行督促指导，区分性教师督导体系近十年来在美国得到迅猛发展。区分性教师督导的内涵是："针对不同的教师群体的实际情况和需求，教师督导组织和督导人员通过改进教师教学以促进教师专业发展为目标的学校外部行政监管与引导机制。"[3]对于不同的教师群体来说，督导标准是有区别的。所有的教师参与年度学校教学目标与标准设定，教师个体目标与标准应当与教师的个体专业发展计划、学校任务以及督导机构的目标相联系、相一致。

督导内容主要有：一是教师应该掌握的知识以及他们在教育教学活动中应该做些什么；二是在教学框架中，明确有效教学的基本要素和有效教学行为的共同特征。总之，在一个较大的框架中选用某项标准，并与教师的需要和具体教学情景相结合，用发展的眼光来看待，看其适合哪一类型特点的教师。目标与标准提出以后，每位教师可以根据

---

[1] 任玉丹，边玉芳. 美国学校增值性评价模式研究[J]. 比较教育研究，2012（2）：76-79.
[2] 王慧. 美国中小学教师评价及奖惩[J]. 天津市教科院学报，2015（3）：57-59.
[3] 张霞. 美国中小学区分性教师督导实践研究——以宾夕法尼亚州贝尔佛特学区为例[J]. 当代教育科学，2012（3）：43-45.

自己的实际情况，选择适合自己的督导方式，主要有：集中督导，适用于新聘任或转换到新专业领域的教师在第一个两年期间进行；指导性督导与同事磋商，适用于聘任两年或更长的、连续几年没有转换教学专业的教师；自我指导提高方式，适用于有经验的、执教同一专业方向课程且必须在所有教学年限里能证明教学能力突出的教师；反思方式，适用于所有的教师。同时，督导机构为教师提供有效快捷的反馈系统，依据综合评定结果，采取不同的帮助措施，这给教师的专业发展和反思提供了更多的机会，进而促进教师发展和学生学业成绩的提高。

3. 混合教师评价

美国纽约市中小学教师评价体系从2013年开始发生重大变革，将教与学作为一个统一的过程，通过加强教师之间的协作、严谨的教学过程，最大限度地促进学生的全面成长。基于多种形式的课堂教学实践和基于学生成长的学习结果测量等多种方式的结合，开放的课堂、教学共同体的建立，都为教师评价奠定了坚实基础。[①]

4. 教师进修、培训、待遇捆绑制度

美国中小学教师的学历都是本科起点，多数是教育硕士。教师实行包班制，一个人要执教除体育艺术以外的五门课程。复合型全科教师，有利于知识整合。由于没有统一教材，要求教师具有课程组织开发能力和创造性。教师聚焦于课堂教学，坚持儿童立场、儿童标准，无评审职称压力。教师工会保障与维护教师权益，因而教师无加班之累。以上内容既是美国教师专业发展的特点，也是影响教师专业发展的有效因素。

美国的教师工资待遇通常是由学历决定的，学历的授予与所得学分有关。很多州为了提高教师进修质量制定了政策：教师可以通过进修、培训获得专业资格证书或者获取学分提高工资。从华盛顿州与科罗拉多州两个州的情况看，从州政府到学区，到学校，都有相应的促进教师学习提高的政策上的要求和激励机制。从政策上有原则性的要求，又有灵活机动的政策，有多种路径，有相应的经费，设立有针对性的项目等。从激励机制上，有与职务、工资晋升相联系的教师专业进修机制、教师考核评价制度，还有学校

---

① 唐霞. 学习结果取向下的美国中小学教师评价体系的改革——以纽约市教师发展和评价体系为例[J]. 教师发展研究，2018（1）：116-124.

教育质量评价等制度的驱动（见表3-8）。实际上，只有取得教育硕士或者博士学位，教师资格证书才能升级并由此获取更多的工资报酬，这促使美国中小学教师更加愿意参加进修、培训。

表 3-8　美国中小学教师继续教育与培训工资类别与等级表（单位：美元）[①]

服务年限	学士+0	学士+15	学士+30	学士+45	学士+90	学士+135	硕士+0	硕士+45	硕士+90或者博士
0	35700	36664	37663	38665	41887	43946	42801	46014	48085
1	36181	37158	38170	39215	42461	44519	43277	46523	48580
2	36638	37625	38648	39774	43011	45090	43756	46993	49073
3	37110	38107	39140	40302	43533	45662	44210	47439	49569
4	37573	38613	39653	40885	44104	46250	44686	47936	50082
5	38051	39096	40146	41415	44652	46841	45170	48409	50597
6	38542	39565	40650	41982	45204	47404	45666	48888	51087
7	39405	40443	41543	42947	46218	48478	46595	49863	52125
8	40669	41763	42889	44410	47724	50068	48056	51371	53714
9		43131	44313	45888	49280	51703	49533	52926	55350
10			45752	47442	50879	53383	51088	54526	57029
11				49041	52553	55107	52687	56200	58753
12				50590	54272	56903	54350	57918	60550
13					56033	58742	56070	59679	62388
14					57803	60651	57842	61565	64297
15					59307	62229	59345	63165	65969
16年或更多					60493	63472	60532	64429	67288

说明：1类中的教师，因为令人满意的工作绩效，工资可以增长1级，直到第10级；但是在他们接受本学科领域15小时的研究生课程之前，工资不能再增长，接受之后，转到第二类中的11级。这种关系适用于所有类别。

---

① 教育部首期中小学名校长领航班海外研修美国西部团考察学习报告[R]. 2017年10月.

此外，一些学校在为教师发展提供途径的同时，对不合格且不参与进修的教师进行惩罚性的工资降级。例如，在纽约罗切斯特学区，经评估业务不合格的教师必须到名为"专业支持计划"项目中去接受"治疗"，拒绝"治疗"的教师将受到降工资的处分。[1]因此大多数教师都自愿参与"治疗"，并从中提高自己的业务能力，由此形成一种促进教师发展的文化氛围，增强了教师之间的合作与交流，为教师的发展创造了机会。

为鼓励教师发展，美国的政府部门和基金会设有专门的进修助奖金，供愿意进修者申请。有的州规定在职进修的费用由州政府承担，还有的州规定在职进修是教师资格延续的必要条件等，这些规定保证和推动了教师的发展。此外，还有以学分累积的进修计划、远距离教育计划、暑期学校、研习班等。

（八）营造教师专业发展的制度环境

1. 教师专业发展组织支持

（1）教师专业发展组织健全。美国的教师发展组织分为国家、州、地方三级，美国的全国性教育组织主要有美国全国教育协会和美国教师联合会，两个组织的总部设在华盛顿。美国全国教育协会成立于1857年，会员接近300万人，分支机构遍布全美各地，其成员主要由教师组成，此外，还有学监、校长以及其他与教育有关人员。美国教师联合会成立于1916年，又称"教师教育工会"，现有会员100万，有2000多个分支机构，其成员主要是教师。"全国教育协会和教师联合协会虽然建会之初各自的目标并不相同，但有一个共同的政治宗旨，就是提高教师的专业素质和能力，谋求教师地位的改变。这些教师组织的诞生为教师与教师管理机构之间的协调提供了重要渠道，发挥了巨大的作用。"[2]全国教育协会和教师联合协会的主要功能表现在：一是制定教师的职业道德规范，强化教师的专业伦理和服务精神；二是促进教育的革新和发展，指导学校的改革方案；三是促进会员的交流合作，为教师提供新知识、新研究成果的专业咨询，通过出版刊物，开展教师培训活动，促进教学改革；四是代表教师利益，谋求教师的权益，与学校、政府协商教师招聘、晋升资格以及提薪的条件等。

---

[1] 刘捷. 专业化：挑战21世纪的教师[M]. 北京：教育科学出版社，2002：176.
[2] 王萍. 美国中小学教师教育发展研究[D]. 武汉：华中师范大学博士学位论文，2012：34.

现今，美国的教师专业发展组织提供教师发展的机会和资源保障的功能正在逐步加大，这也是一种世界性的趋势。联合国教科文组织呼吁："教师组织与教育负责当局之间的对话应得到改进，不应只限于工资和工作条件问题，应将讨论扩展到教育规划和实施改革中，扩展到改善教师的地位，并将在教师的专业发展上发挥越来越重要的中心作用这一问题上来。"[①]

美国教师专业发展组织的维权行动正在转向提供教师的成长机制，正如美国卡内基促进教学委员会主席舒尔曼教授所说："我们说某人是专业人员，就是说他是某个专业中的一个成员。专业知识由专业人士团体掌握。社团不但比个体掌握了更多的知识，而且负有一定的社会与伦理责任。因此，专业人士在自己特定的范围内工作、生活，又被更广阔的社会圈子所认同……如果没有专业社团组织的存在，个体专业人员就会陷入一种自我的圈子中，只相信他自己的经验具有教育价值。通过创造和培育专业社团，个人的经验才能变成公共经验，人们才能共享专业知识并推动实践发展水平的提高。"[②]

（2）重视教师专业发展理论研究。20世纪70年代，教师"专业发展"被看作是可有可无的。专业发展的模式几乎就是进修班、举行会议、选修大学课程或是由聘请的"专家"作几次报告。20世纪80年代，对教师专业发展的理解逐渐改变，并成立了国家专业发展委员会。它不仅是美国发展最快的教师组织，而且对研究机构也贡献巨大。现在，美国教师专业发展已成为国家级重点课题，一些州和特区建立了必修模块（导师制、硕士学位、个人专业发展计划等），或者把教师专业发展和教师教学评估联系起来，但理论和实践还存在一定的差距，美国教师专业发展缺乏连贯的理论体系。1985年，霍威通过确立教师发展的六项主要任务，扩展了狭隘、传统的专业发展定义，即教师专业发展应包括教育学的可持续发展、发现自我的发展、认知的可持续发展、理论的可持续发展、专业的可持续发展以及职业的可持续发展。同时教师的专业发展应持续进行并且融入工作之中。实践证明，美国的教师专业发展改革取得了一定的成果，但由于分权制往往使联邦政府的宏观调控失灵以及各州改革自行其是，结果导致联邦政府的一些良好意图难以贯彻，使改革大打折扣。

---

① 联合国教科文组织总部中文科译. 教育——财富蕴藏其中，国际21世纪教育委员会报告[R]. 北京：教育科学出版社，1996：137.

② 李·S. 舒尔曼，王幼真，刘捷. 理论、实践与教育的专业化[J]. 比较教育研究，1999（3）：37-41.

2. 社会舆论支持

美国社会普遍认为教育质量低下的原因是教师素质不高,"没有合适的、关心学生的、勇于承担责任的教师,就不会改善课程和评估,也不会有使人放心的、在世界上处于最高标准的学校,更不用说确保学生迎接美国第三个世纪的挑战和机遇。教师的职业特点为学生将来成为合格公民、并全身心地参与社会活动打下良好基础。所以,教师是提高教学质量的关键,是关系着国家未来的重要职业"[①]。

20世纪80年代以来,美国政府一直致力于改善学校教育质量,提高学生学业成绩的教育改革。把教育质量提高、教育改革的成功与否与教师本身的素质联系起来。这些有关教师教育的重要报告作为一种舆论思想引导着美国教师专业发展的潮流。1983年,《国家处于危机之中:教育改革势在必行》为美国教师专业发展运动揭开序幕。霍姆斯小组的三个"明日"报告奠定了教师专业发展的思想基础。

这种简单的逻辑直到20世纪80年代以后才成为我国政府、教育组织与教师专业发展组织的关注焦点。

六、美国教师发展支持体系的特征[②]

(一)建构灵活、开放、融通、递进的教师专业发展体系

1. 每一位教师都是卓越的

成为卓越教师,成长环境是重要的因素。耶鲁大学、宾夕法尼亚大学、西雅图大学、科罗拉多大学、丹佛大学校长以及宾夕法尼亚州、康涅狄格州、纽约州、华盛顿州和科罗拉多州多位教育官员、校长、学区总监不约而同地说:"我们的老师都很优秀。"我们看到的学校教师,不仅把教师当作职业,而且当作事业来追求。政府和学校的职能就是为教师提供使其卓越的条件。美国政府高度重视中小学教师培养,基于对中小学教育的重要地位、中小学教师的重要作用的深刻认识以及中小学教师从业者不足等实际需要,美国政府和高等院校都非常重视教师培养。

---

① U.S.Department of Education. Promising Promising Practices: New Ways to Improve Teacher Quality, September 1998.
② 教育部首期中小学名校长领航班海外研修美国西部团考察学习报告[R]. 2017年10月.

2. 最好的教师是在实践中培养锻炼出来的

注重教师在实践中成长。在职前培养和在职提高两个阶段中，尤其是注重职前教育的实践环节，体现职前教育理论与实践相结合的规范化、专业化、严肃性。各级政府和中小学校，为教师学习提高提供政策上的支持和激励机制。

3. 技术是对教师专业发展的驱动

西雅图大学杰姆教授介绍了TPACK（Technological Pedagogical Content Knowledge）理论。这一理论是在美国学者科勒（Koehler）和米什拉（Mishra）于学科教学内容知识PCK的基础上发展起来的。研究发现，TPACK的研究将有利于提高信息技术环境下教师的综合能力。教师应当具备且必须具备的全新知识，还要涉及学科内容、教学法和技术等融合。这就为教师的发展提出新的要求和挑战（见图3-2）。

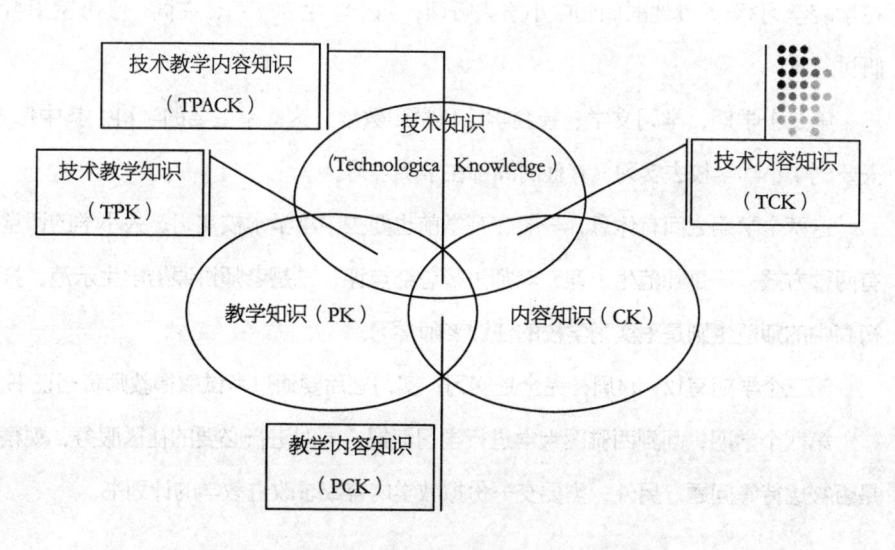

图 3-2　教师学科内容、教学法和技术等融合

4. 教师学习的自我导向

尊重教师专业发展的自主性，无论职前还是职后，就学或专业进修的目标、时间、院校、内容等都尊重教师的自主选择。

（二）促进教师培养理论向实践转化

西雅图的教育注重小学教师的职前培养，一般公立学校小学教师的学历都是本科起点。学生本科毕业后，如果选择教师职业，可以通过培训机构或网络在线学习。但多数人会参加教育学院的两年培训，通过不断实习见习，修满60学分，取得教育硕士，并考取教师资格证书，进入教师队伍。

西雅图大学教育学院玛格丽特教授重点介绍了硕士阶段师范生的培养。硕士生来源大致有三类：一是有志于当教师的大学毕业生；二是有志于做到更好的教师；三是想改行当教师的其他行业的从业人员。

在两年培训中，从课程结构上看，一般是50%理论课程，50%实习实践课程。总共60个学分的课程。教学计划为：

第一个学期共13周，学习艺术、心理学、发展学、教室管理、多元文化等课程，在学院学习3周。其他时间到中小学去听课，两个学生为一组，在同一个教室里听课和研讨。

第二个学期，学习文学、社会学、科学和数学，这些是主要的学科。其中每周有1天要到中小学学校去实习，其他时间都在学院学习。

这两个学期之间有休息，一般在开学前也要去中小学学校实习。去小学的课堂实习有两种方式：一是师范生上课，老师进行总结点评；二是老师讲课给学生示范。打算教初高中的师范生则是跟实习学校的任课老师学习。

第三个学期有12~14周，完全是实习，实习之后要通过考试取得教师资格证书。

第四个学期，回到西雅图大学进行学习汇报，同时进行必要的社区服务，观察儿童是否被虐待等问题。另外，需要交一份拟教学内容或想改进教学的计划书。

（三）美国教师的职后培养注重计划性、主动性

从西雅图大学、科罗拉多大学、丹佛大学的教授讲解以及与小学校长、教师对话中了解到，美国教师的在职进修和专业提升方面主要有以下几种途径。

1. 学校对教师职后培训有计划性

有计划地对教师进行职后培训是学校管理的重要内容。一是系统安排培训内容，在

布莱恩特小学，我们看到在学校校历上每个星期三都安排了教师的研修学习内容。二是集中培训，如每学期开学前学校都要组织教师进行3天的集中学习，内容是教学软件或管理软件的使用、新的教育政策、教学改进的研讨等。三是校长每个学期都要和每位教师研究工作目标、教学计划以及教师专业方向等，以促进教学工作。

2. 学校对教师专业指导有针对性

美国中小学校长在日常管理中对教师专业化发展起着重要的引领作用。校长和副校长（学生人数多的学校配有副校长）强化教学管理，他们的工作重点就是每天日常巡视、观摩课堂，以提高教师的教学质量。校长不仅要参加观摩课，还要对每位教师的上课情况进行评价并与教师进行交流、反思与实践分享。校长还会有针对性地给教师写出评语，提出指导性建议。据丹佛大学琳达（Linda）教授介绍，有的校长给老师写的评语有32页之多。校本培训的出发点着力于课堂技能提升。

3. 注重教师专业发展中的同伴互助性

同伴互助是教师专业发展的有效方式，在形式上主要由学科负责人来主导，内容上重视跨学科素养的培养，通过协作教学、反思性会议、理论学习和行动研究等形式进行。有的学校还设立协助校长指导教师专业提升的专门岗位。我们访问的斯莱文斯K-8学校就由4位资深的优秀教师担任该职。这4位教师的教学工作量减半，他们通过教学指导、读书指导等方式帮助教师专业提升。同年级的教师在备课过程中实现共享或到学校网站上学习备课资源，遇到问题向有经验的教师请教。这些措施都有效地促进了教师的专业发展。

4. 体现教师专业发展的自主能动性

教师的专业发展更重要的是调动教师自身的主动性、积极性与创造性。美国教师会根据自己的发展意愿或校长的指导意见，自主选择到经过资质认定的专业机构或大学，进修专业课程或相关课程，并获得相应的学分。还可以通过参加学术会议来提高自身的学术水平。例如，斯莱文斯K-8学校就鼓励和支持教师参加有关的学术会议。教师还可以根据自己的需求通过专业网络平台进行学习，提高专业水平。

（四）促进教师的专业性和自主性发展

华盛顿州和科罗拉多州卓越教师培养具有以下几个特点。

1. 教师专业发展系列化

美国教师培训的连续性体现为职前教育与职后教育并重。美国教师专业化是持续的发展过程，贯穿于教师教育各个阶段。尤其是重视职前教育，教育规范、专业、严肃，入职门槛严格。华盛顿州和科罗拉多州的教师教育主要由当地大学的教育学院承担。大学的教育学院有相应的专业团队、明确的人才培养目标以及系统的课程和教学。不仅着力开展职前师范生的培养，也鼓励支持教师在职学习，坚持职前职后一体化。

2. 教师专业发展标准化

美国是提出教师专业标准比较早的国家。国家教师标准委员会制定了教师基本标准，主要内容是：教师对学生及其学习负责，教师熟悉所教科目并知道如何将知识传授给学生，教师负责管理和组织学生学习，教师要对他们的实践进行系统思考并从经验中学习，教师是学习化社会的一员。这些内容基本涉及专业教学主体——教师的工作职责、教学任务、教学管理、学生学习和自身发展。在此基础上做到专注于教学和学生学习、精通所教学科知识、有系统的教学和经验总结，教师之间能够互相合作，形成学习共同体，就可以成为优秀教师。

3. 教师资格的制度化

美国教师资格制度化的一个典型标志就是实行严格的教师证书制度。为了保证教师的专业发展和教学工作的专业水平，美国各州普遍实行教师证书制度，而且以法律的形式予以确认。教师资格证书由州教育行政部门颁发，多限于在本州范围内适用。据性格测试DICS标准，规定学生理论与实践DICS考试获得60学分后才能参加全美统一教师认证考试，有5项内容：写3~5节相关联课程的教学计划；进行课堂教学；提交1~2课的教学活动录像带；学会给学生做考核；写出每个教案的总结报告，要全部上传到一个网站上。教育实践中，有的还要求以课堂教学录像作为评价内容。教学上，主要内容是教案设计好、师生互动良好、学生学习达成目标、学生对教师评价好、不会讲英文的学生能进行有效地沟通等。在教师资格面试时，他们非常注重毕业生选择教师职业的工作态度，要有公平公正的思想，要有与孩子接触交往的能力，还要有社交沟通与合作的能力。

此外，建立教师资格的五年认证制度。为了激励教师职后培训和进修，不断提高教师的科研学术素养和教育教学技能，美国大部分州已取消了教师资格证书终身制，采取定期考核更新制度。比如，我们考察的两个州规定教师资格证书必须5年更换一次，教师需拿到6个学分才能更换新证书。更换时既要考核平时教学工作的成绩，还要看5年内的进修情况。如果要提高证书等级，就必须通过各种途径进修专业课程以取得相应学分。

4. 教师发展内需自主化

教师的专业发展具有高度的自主性。无论职前培养还是职后深造，不论想提升学历水平还是想进修专业课程，不管是利用假日学习还是利用业余时间学习……大多都由教师自主选择。

第二节 英国教师发展的支持体系

英国为教师提供培训的历史轨迹可以追溯到19世纪。1899年，英国中央政府设立了教育署，开始为只受过两年及两年以内在职教育的教师提供一年的在职培训课程。1925年以后又设置了教师在职培训的短期课程。

一、英国中小学教师基本状况

2018年，英国公立中小学教师有45.3万人，比2017年增长了0.3%。在小学，学生教师配比从2017年的21.2∶1降低到2018年的21.0∶1，在中学学生教师配比则由2017年的16.0∶1增长到2018年的16.3∶1。2018年，英国公立学校教师的平均工资每年3.95万英镑，比2017年增长了810英镑（增长约2%）。刚参加工作的公务员年薪约1.7万英镑，新参加工作的中小学教师年收入约1.96万英镑,在伦敦地区工作的教师年薪约2.36万英镑,有经验的中小学教师年薪在伦敦可高达5.8万英镑。英国规定要求中小学教师平均每周工作时间不低于32.5小时,在英格兰和威尔士两地中小学教师中展开的调查显示,小学教师平均每周在校时间52.2小时,中学教师每周在校时间49.9小时。因待遇偏低,工作压力较大,新招聘的教师4年内有四分之一会自动离职。

英国教育部《2015—2020战略规划:世界一流的教育和保育》中指出,英国公立学校每年有10%的教师流失,而且这种情况已经持续超过10年。英国《镜报》网站2017年7月16日消息报道,已经有28000名教师由于低薪和恶劣待遇而辞职。

二、英国教师发展管理结构

(一)英国教师发展管理体制与机构

英国的当代教育是根据《1944年教育法》建立起来的,由独立学校系统和公共教育制度两个系统组成,在管理上实行中央与地方合作的机制。教师发展行政体制纳入整个教育行政体系之中,在管理方面采取的也是中央和地方协调性管理模式,地方教育行政部门在中央政策规定下推进在职教师发展。中央负责制定教师发展方面的方针和政策,大学与教师培训机构、地方教师部门负责组织实施中小学教师继续教育,没有统一的计划。

英国教师培养、培训工作由教师培训署与教育标准办公室两个部门互相配合、共同管理。教师培训署(Teacher Training Agency,简称TTA)是根据1994年颁布的教育法案成立的非政府部门执行性机构,负责认证各种教师培训机构资格、评估教师培训质量、分配政府资助资金。教育标准办公室(The Office for Standards in Education,简称Ofsted)成立于1992年,是非内阁性的政府部门,独立于教育与技能部,是女王的首席学校督导官办公室。具体分工是:教师培训署负责认证教师培训机构资格,评估教师培训质量,分配政府资助资金。教育标准办公室则对培训机构的质量进行检查并评级,教师培训署根据这些等级来给培训机构分配资金(参见图3-3)。

```
        ┌─────────────┐    ┌───────────────┐
        │  教师培训署  │    │ 教育标准办公室 │
        └──────┬──────┘    └───────────────┘
               │
    ┌──────────┼──────────┐
    │          │          │
┌───────┐ ┌─────────┐ ┌─────────┐
│教师培训│ │各级各类 │ │地方教育 │
│ 机构  │ │  学校   │ │   局    │
└───────┘ └─────────┘ └─────────┘
```

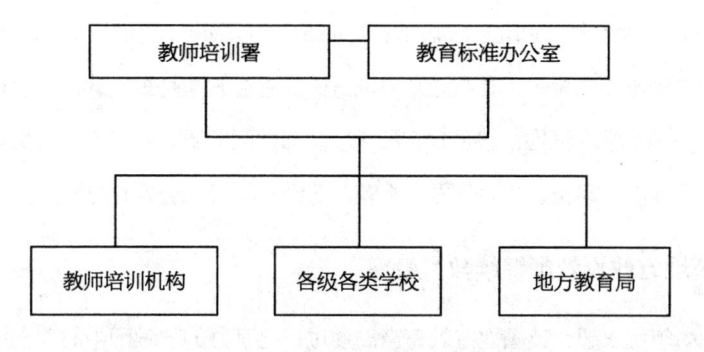

图 3-3 英国教师培训管理模式

从中央到地方，各级教师发展管理机构在人员构成上都突显了英国教师的专业自主性。例如，《1994年教育法》在提及教师培训管理局的成员资格时，把拥有中小学、高校教学或教师培训的经历放在第一条。这样的规定有利于管理机构在做出一项决策前能考虑到教师培训的实际情况，不会因缺乏相关经验而使决策失之偏颇。

（二）英联邦政府教师继续教育管理

英国本土有四个地区，即英格兰、苏格兰、威尔士以及北爱尔兰。英国教育部成立于1944年，1964年改称为教育与科学部（Department of Education and Science），更名的主要原因是英国人认为教育和科学能保持其国家的大国地位，期间曾更名为教育部（The Department for Education）和教育与就业部（Department for Education and Employment）。

2001年，英国工党大选胜利后，为适应终身学习的需要，将教育与就业部更名为教育与技能部，从教育与就业部到教育与技能部的更名，反映了英国社会的教育焦点已从教育与社会的一次性的连接，调整为教育与终身学习的深度衔接。

在教师发展管理方面，1995年根据《1994年教育法》成立的教师培训署（TTA），取代了原先的教师教育认证委员会（CATE），负责所有教师培训课程的管理和资金分配。该法案规定，机构成员经教育大臣直接任命，由来自教育机构、宗教团体及工商、金融等其他行业的相关人员组成。与被取代的教师教育认证委员会相比，教师培训署的职能重心转移到了分配资金上，而不再局限于就教师教育课程的审批向教育大臣提供咨询。

2000年成立的教学总理事会（General Teaching Council），根据《1998年教学与高等教育法》第二条第二款规定，其在教师培训方面的主要职能是规划教师的培训。英国教学总理事会是一个学术机构，它是政府和学校教师之间的桥梁和纽带，人员构成主要是教师、学校管理者、家长、社会各界人士等，下设若干遍布全英的委员会。

（三）地方政府教师继续教育管理

20世纪80年代末起，英国地方教育当局通过自己开办的"教师中心"直接向学校教师提供在职培训的课程和资金，主导着教师在职培训。但随着国家统一课程的颁布、校本教师培训的引入，地方教育当局的职能范围一再缩减，以往的"自上而下"给学校制订培训计划的日子一去不复返了。目前，地方教育当局主要负责分配给所在地区学校的拨款，向学校提供信息和咨询，组织学校开展一些教育培训项目。

三、英国教师的岗位职责

（一）英国教师的岗位职责历史比较

表 3-9　2007年教师专业标准体系和2012年教师专业标准体系对比表[①]

2007年教师专业标准体系		2012年教师专业标准体系	
合格教师标准（QTS）	入职标准	教师标准	入职标准
核心教师标准（Core）			
资深教师标准（PT）	涉及教师工资	杰出教师标准	不涉及教师工资
优秀教师标准（ET）			
高级技能教师标准（AST）			

由表3-9可见，2007年《合格教师资格标准和教师职前培训要求》（修订版）中体现的教师专业标准体系可以分为五个标准。2012版英国中小学教师专业标准只有两个标准，分别由教师标准（Standards for Teachers）和杰出教师标准（The Master Teacher Standard）两个体现。

---

① 徐梦然. 英国中小学教师专业标准变化发展研究[D]. 北京：首都师范大学硕士学位论文，2014：24.

2007年《合格教师资格标准和教师职前培训要求》共包括三个维度，16个二级指标和33个三级指标。2012年《教师标准》包括三个维度，8个二级指标和8个三级指标（参见表3-10）。

表 3-10　2007年教师专业标准体系和2012年教师专业标准内容对比[①]

标准维度	2007年《合格教师资格标准和教师职前培训要求》（修订版）QTS要求	2012年《教师标准》
专业品质	师生关系	教学目标高期待
	框架	
	沟通与合作	教学成果
	个人专业发展	
专业知识和理解	教与学	学科知识
	评价与监控	
	学科与课程	课程设计
	读写、计算、信息技术	
	成绩与多样性	教学的个别化和全纳性
	健康与福利	
专业技能	计划	教学评价
	教与学	
	评价、监督、反馈	班级管理
	总结教学	
	学习环境	其他职责
	团队协作	

（二）英国合格教师的岗位职责

英国的合格教师标准不仅是入职的基本条件，而且是教师培训机构设置教师培训课程、评估机构评估新任教师的依据（参见表3-11）。

[①] 徐梦然. 英国中小学教师专业标准变化发展研究[D]. 首都师范大学硕士学位论文，2014：26.

表 3-11 合格教师标准[①]

发展领域	内容逻辑
专业价值和实践	如何对待学生（尊重学生、始终为学生着想）
	如何对待自己并通过行为促进学生积极的价值观
	如何对待家长及监护人
	如何对待学校
	与同事相处
	如何对待自身的专业发展
	对行规的遵守和建设
知识与理解	掌握胜任不同学段教学的学科知识及要求
	掌握国家课程大纲及目标
	掌握各阶段教学的连续性
	懂得如何引导学生的学习
	懂得如何应用信息交流技术
	懂得如何满足特殊教育需求
	懂得改进学生行为的策略
	通过合格教师技能测试
教学和课堂管理	设置教学目标
	备课
	合理应用资源
	与他人合作
	指导学生校外学习
	掌握评估策略
	运用评估结果支持学习
	依据国家标准进行评估
	满足特殊学生的需求
	记录进步

---

① 资料来源：张华教授提供资料整理而成。

（续表）

发展领域	内容逻辑
教学和课堂管理	报告成绩
	对学生有较高的期望
	有效授课
	针对性教学
	帮助母语非英语的学生
	考虑学生差异
	合理安排时间
	安全有效运用资源
	有效管理学生行为
	运用信息和交流技术
	教学经验有深度
	合理布置家庭作业
	教学中的机会平等

（三）英国资深教师的岗位职责

英国合格教师之后的第二阶段是资深教师，成为资深教师要满足合格教师和资深教师的所有标准（参见表3-12）。

表 3-12　英国资深教师专业评价标准[①]

一级指标	二级指标	三级指标
专业素质	法定工作职责	P1适时地为学校政策的实施、教学实践和提升集体责任感等方面做出重要贡献。
专业知识与理解	教与学	P2掌握如何运用教与学、行为管理策略的广博的知识，包括深谙如何向所有的学生为实现其潜能提供个性化的学习机会。

---

① 资料来源：英国官方网站http://www.tda.gov.uk/upload/resources/pdf/s/standardses framework. pdf, Framework of Professional Standards for teachers in England（2007）。

（续表）

一级指标	二级指标	三级指标
专业知识与理解	评价与监督学科和课程	P3精通和理解所教学科/课程领域的评价要求和安排的知识，包括统一考试和资格考试的评价要求。
		P4具备不同类型的统一考试和资格考试的知识和理解能力，以及满足学习者需要的与时俱进能力。
		P5拓展所教学科/课程领域和相关教法的知识和理解，包括如何在此领域里学习进步。
	身心健康和福利	P6具有足够深刻的知识和经验，能够为学生的发展和身心健康提供建议。
专业技能	计划	P7灵活、有创造性，熟练地设计课程内和交叉课程的学习顺序，以持续、有效地把学习目标、学生需要和最近发展紧密结合。
	教学	P8具备引导学生达到预定成绩、与全国同类学生相比取得同样或更大进步的教学技能。
	团队协作	P9作为团队一员，有效地加强合作，促进工作。
		P10通过指导、监督、展示有效实践、提供建议和反馈，为同事的专业发展提供帮助。

注："P"为"Post-Threshold"的缩写，P1~P10分别是英国资深教师专业评价标准的三级指标。

（四）英国优秀教师的岗位职责

英国资深教师之后的阶段是优秀教师，成为优秀教师要满足资深教师和优秀教师的所有标准（参见表3-13）。

表3-13 英国优秀教师专业评价标准[①]

一级指标	二级指标	三级指标
专业素质	法定工作职责	E1 愿意在制定学校的政策、教学实践和提升集体责任感等方面担当领导角色。
	个人专业发展	E2 探究、评价具有创新性的课堂教学实践，在研究结果和外部相关证据的基础上形成自己和同事分享的教学实践。

---

① 郝玲玲. 英国中小学教师专业标准研究[D]. 沈阳：沈阳师范大学硕士学位论文，2011：23.

（续表）

一级指标	二级指标	三级指标
专业知识与理解	教与学	E3 精通有效的教学、行为管理的先进方法和策略，并知道如何恰当地选择、使用这些策略实施个性化教学，为所有学生开发潜力提供机会。
	评价与监督	E4 知道如何提升学校教学评价的效能，包括如何分析统计信息来评价全校的教学效能。
	学科和课程	E5 对所教的课程和相关教法具有广博的知识和精深的理解，例如，能参与所教科目课程相关的专业的网络学习。
	学习成绩与多样性	E6 具有广博的教学知识，在教学中兼顾多样性、公平性和全面性。
专业技能	计划	E7 与同事计划协作，在促进有效的教学实践中起带头作用。在计划时，确定和探讨课程内部相互之间的联系。
	教学	E8 具备能够培养出学生最佳成绩的教学技能。
		E9 展示最佳的、具有创新性的教学实践。
	评价、监督和反馈	E10 显示出最佳的评价与预测能力。
		E11 具备出色地向学生、同事、家长和监护人及时、准确、建设性地反馈学生成绩、进步和需加强领域的能力，促进学生进步。
	反思教与学	E12 运用国家和地区的数据资料和其他信息，为评价学生的进步和成绩提供一个具有可比性的基准，为判断自身教学效能提供一种方法，为改进教与学提供一种依据。
	团队协作	E13 积极配合学校领导团队的工作，并在制定、实施和评价有利于学校改进的政策和实践中起带头作用。
		E14 使用一系列适合于同事需要的技巧和技能来帮助同事的专业发展，以展示高效能的实践。
专业技能	团队协作	E15 提建议时依据形势做有充分根据的评价，使用高水平的观课技能来评价和建议同事的教学，实施有效策略来满足学生的学习需要，帮助学生提高成绩。

注："E"为"Excellent"的缩写，E1～E15分别是英国优秀教师专业评价标准的三级指标。

（五）英国高级技能教师的岗位职责

英国优秀教师标准之后的阶段是高级技能教师，成为高级技教师要满足优秀教师和高级技能教师的所有标准。高级技能教师专业是英国教师专业发展中的最高级段，是在教师满足了合格、资深和优秀教师专业标准之后所达到的阶段（参见表3-14）。

表 3-14　英国高级技能教师专业评价标准[①]

一级指标	二级指标	三级指标
专业素质	法定工作职责	A1 在制定和执行学校的政策、推广实践经验和提升集体责任感等方面发挥战略领导的角色。
专业技能	团队合作	A2 成为领导团队的一员或与其密切合作，在制定、执行和评价有助于本校或他校发展的政策与实践时承担领导角色。
		A3 拥有分析、组织和与人沟通的能力，能与他校的同事、领导团队有效合作。

注："A"为"Advanced"的缩写，A1～A3分别是英国教育家型教师专业评价标准的三级指标。

四、英国教师发展的管理制度

（一）教师发展政策与法律

终身教育是当代社会进步的产物，但终身教育并非是进入21世纪之后产生的崭新概念，其思想早已蕴藏在蓬勃发展的教师教育之中。可以说，终身教育与教师教育有着天然的联系。"倘若我们没有得益于成人教育，以及更一般地说通过正规教育以外的训练途径所做的贡献……那么，与终身教育有关的思想毫无疑问是不可能产生的。"[②]这一点在英国的教师发展过程中表现得尤为突出。不过，直到进入20世纪40年代之后，英国才逐步确立了现代意义上的教师在职教育制度，其间有三份里程碑式的报告、文件大力促进了英国教师的发展。

1. 1944年的《麦克乃尔报告》

1944年，受教育署委任的麦克乃尔委员会通过调查，发表了题为《教师和青年工作者》的报告，提出一系列旨在提高教师专业地位的建议。报告呼吁为在职教师提供"充电课程"，并使他们在任教五年后享有一学期带薪培训的机会。当时，政府的主要精力和注意力仍然放在教师的职前培训上，如何培训在职教师还没有引起足够的重视。《麦

---

① 郝玲玲. 英国中小学教师专业标准研究[D]. 沈阳：沈阳师范大学硕士学位论文，2011：23.
② 保罗·郎格朗. 终身教育导论[M]. 滕里，滕复，王箭，译. 北京：华夏出版社，1988：23.

克乃尔报告》促使了地区培训组织（Area Training Organizations）的建立。地区培训组织的成立，打破了大学与学院长期培训教师的垄断局面，引进了竞争，增加了活力，为地区培训组织与大学的联系奠定了基础。

2. 1963年的《罗宾斯报告》

《罗宾斯报告》是对20世纪60年代至80年代中期英国高等教育发展作的预测和规划。该报告系统地阐述了高等教育的目标和原则。《罗宾斯报告》把英国高等教育分为两大阶段，之前为精英教育阶段，之后为大众教育阶段。《罗宾斯报告》试图把教师培训学院完全纳入大学模式之中。政府没有完全采纳《罗宾斯报告》中的建议，但是同意将培训学院更名为教育学院。该报告促成了教师教育的职前培养与职后培训一体化，为在职教师的培训创造了条件。

3. 1972年的《詹姆斯报告》

20世纪60年代，保罗·郎格朗提出的终身教育主张被推广之后，关于终身教育的讨论在英国重新升温。1970年，以詹姆斯·波特为首的委员会成立，于1972年2月发表了著名的《詹姆斯报告》，建议重新组织英国的教育体系，以适应人们对教育的终身需要。这份报告堪称一份"教师教育宪章"。詹姆斯·波特提出了三段式的师范教育思想，为教师在职进修、在职培训提供了理论依据：第一阶段为个人教育阶段，也是个人通识教育阶段；第二阶段为教育专业阶段，为期两年的专业培训有助于培养教师的基本素质；第三阶段为在职进修培训阶段，这一阶段是教师参加工作后，根据自身工作需要进修、培训阶段，是教师素质提高最切合实际、最重要的阶段，这一部分是整个报告的重点所在。

《詹姆斯报告》首次将教师教育培养连续化、阶段化、终身化，使英国教师教育走向了规范化、科学化、系统化。1972年12月，英联邦政府发表白皮书《教育：扩张的框架》，对《詹姆斯报告》做出了正式回应，基本上认同了《詹姆斯报告》所制定的目标，包括系统地、大规模扩展在职培训，实行见习期计划等。进一步发挥原有的高等教育机构在教师进修培训方面的作用，举办开放大学、教师教育中心负责教师培训进修工作。1976年，英国工党政府发表《绿皮书》，进一步强调在职教师培训进修的重要性，允许培训进修方式多样化。[1]《詹姆斯报告》的影响和意义是深远的，教师在职培训的观念已深入人心。1979年，保守党领袖撒切尔夫人上台之后，在教育领域引入了市场机制。政府越来越强调学校在教师培训中的重要地位。1992年，当时的教育大臣克拉克宣布将引入更多学校本位的教师培训，中小学应在学校和教师培训机构间的合作关系中起到重要作用，大学本位的教师培训应该充分结合课堂实践。

4. 1998年的《教师：迎接变革的挑战》

1998年12月，工党执政后的教育与就业部（DFEE）颁布了一份绿皮书《教师：迎接变革的挑战》。绿皮书把教师的整个职业生涯划分为5个阶段，比《詹姆斯报告》的三段论更为详细具体：（1）获得合格教师资格（QTS）；（2）进入见习期（为期一年）；（3）申请业绩关口评定；（4）取得"高级技能教师"资格；（5）成为校领导（校长）。由于在进入一所学校以前，新教师已经拥有了合格教师资格，正如报告中所说"专业发展从一位新教师第一次进入学校时就开始了"，因此，见习期也可被视为在职培训的一部分。这样，5个里程碑中有4个都与在职培训有关，可见在职培训在整个教师生涯中的重要性。绿皮书建议每年对教师进行一次评估，将教师的评鉴跟专业发展相结合，分为取得合格教师地位与成为新任合格教师的导入阶段。如果教师经过进修培训迈向了更高的专业水准，月薪可立即增加10%，并有可能获得更高的薪酬。另外，特别优秀的教师还可以通过"快车道计划"，快速到达关口并获得加薪。对于大多数教师来说，第4个里程碑——获得"高级技能教师"资格或许是其一生的梦想与职业生涯的目标。"高级技能教师"的年薪可达4万英镑。高级技能教师的职责是：发展和实施教师在职培训；向其他学校的教师培训机构示范良好的课堂教学管理（可通过信息交流技术完成）；设计和检验新教材；在校外时间上观摩课；帮助其他教师树立优良的教学风格；促进中小学之间的衔接。[2]

5. 2001年的绿皮书《学校：建立在成功之上》

2001年的绿皮书《学校：建立在成功之上》中提到："如果所有儿童没有真正地

---

[1] 王承绪，顾明远. 比较教育[M]. 北京：人民教育出版社，1999：243.
[2] 徐梦然. 英国中小学教师专业标准变化发展研究[D]. 北京：首都师范大学硕士学位论文，2014：18.

学会'读写算'并达到较高水平,我们的教育系统就达不到世界一流水平。因此,为了达到这一目标,我们十分重视国家政策,设立2002年的高目标:到11岁,80%的儿童应该达到英语学习目标,75%的儿童应该达到数学学习目标;这些目标只是达到更高水平过程中的预备阶段。"政府运用了一系列规范性的策略,这些策略涉及所有教师的培训以及教学过程中的细节。在新工党政府的第一任政权时期,这些干预政策关注的是初等"读写算"教育策略。这是史无前例的,也是饱受争议的。这是政府首次自己定义初等教育阶段的有效教学。虽然这些策略不是法定必须执行的,但"读写算"策略确实成为教育标准办公室监察的重点。在大多数学校,这些教学策略是必须实行的。

2002年,政府放弃国家课程标准,转向更一般化、更简洁的"标准",以及将标准和国家政策相联系的"指南"。2002年,教育标准办公室和英国师资培训署共同颁布了《合格教师资格标准和教师职前培训要求》,从合格教师、新教师、有经验教师和高级技能教师的发展水平提出了分层的教师专业标准。

6. 2010年颁布的白皮书《教学之重要性》

2010年颁布白皮书《教学之重要性》,为学校和教师教育设立了新的目标,教师教育面临再次改革。

基于教与学是学校教育变革的核心的政治理念,"英国教师教育变革重心从关注教师质量到关注教学质量,强调对教师的培养最终要回归到提高学生学习上"[1]。2011年,英国教育部制定新的教师专业标准——《教师标准》和《杰出教师标准》,对教师教育机构进行合并和重整,减少重复交叉的设置。例如,"2012年,撤销了教师培训和发展机构以及另一个负责对所有教师进行注册、审核和惯例的机构'英格兰教学总会'(the General Teaching Council for England,简称GTCE),并将其《注册教师行为和实践准则》简化后与《教师标准》合并"[2]。

---

[1] 段晓明. 英国教师教育政策变革走向——基于《教学的重要性》报告分析[J]. 比较教育研究,2012(12):35-39.
[2] 徐梦然. 英国中小学教师专业标准变化发展研究[D]. 北京:首都师范大学硕士学位论文,2014:20.

（二）教师发展资金与时间制度

1. 经费支持制度

（1）培训资金。英国在职培训的资金渠道有两个，一是标准基金，二是在职培训基金。标准基金通常针对中、短期课程，直接从联邦政府教育部拨款到地方教育部门，然后分配到学校，与我国的经常性培训经费相似。在职培训基金则针对长期在职培训课程，它以硕、博学位课程为对象，类似于学历培养资金。面对近年来，基础教育教师短缺、供需失衡和素质不高的困境，2019年英国教育部网站发布了《教师招聘与留任行动战略》。推行《早期职业框架》，制定了多项措施，支持教师多元化发展。首先，为《早期职业框架》初期实施拨付1200万英镑；其次，拨付4200万英镑作为教师发展金。待2021年9月《早期职业框架》全国实施后，预计每年至少再增拨1.3亿英镑。同时，还为优质课程资源开发项目提供770万英镑课程基金。[①]

（2）专项培训资金。英国教育部为鼓励教师研究，设立了"最佳实践研究奖金"。允许任何学校的教师以个人或合作组的名义申请奖金，并推选出一名研究辅导员指导监督教师完成整个研究计划。研究期限一般不超过一年，要求与课堂实践紧密联系。例如，2001年，政府投入1200万英镑作为"最佳实践研究经费"和"教师的国际性专业发展"专项基金；3000万镑用于拓展专业奖学金；自2001年9月起投入2500万英镑用于教师的第二年和第三年引导专业发展资金，以巩固其教学经验的掌握。这些政策法规为教师培训提供了动力和质量保障，为教师培训政策的落实提供政策保障。[②] "最佳实践研究奖励金"计划（BPRS），主要是对课堂研究进行奖励，第二轮启动于2001年。第一轮获得此奖金的教师大约有1000人，在这种研究中教师可以充分利用网络资源。为提高优秀教师的地位，英国1998年9月宣布设立"国家教学奖"，对在提高教育质量方面贡献杰出的教师予以奖励。还有名目繁多的"专业奖金计划""早期专业化发展""教育行动区域""在职训练课程奖励""增加教学助理人员计划"等政策。此外，作为英国"产业大学"计划的一部分，英国政府将为教师建立"个人学习账户"，首批目标

---

① 谭娟，饶从满. 英国基础教育教师队伍建设的现实困境与改革对策[J]. 外国中小学教育，2019（10）：64-72.

② 曹梦. 英国教师培训政策的变革历程及对我国的启示[J]. 当代继续教育，2014（2）：38-40.

100万个，个人只需要少量的投入。

（3）校本培训经费的保障。校本培训作为教师在职培训的新概念与新策略最早产生于20世纪70年代的英、美等发达国家。作为最早实施中小学教师校本培训的国家之一，英国的教师校本培训已经较为成熟。现在，英国把校本培训列为一项教育基本国策，校本培训被认为是重建学校的一个重要组成部分。英国校本培训作为教师在职培训的重要方式之一，其经费主要来自政府的拨款。

2. 时间保障制度

（1）1972年，英联邦政府发表白皮书《教育：扩张的框架》，规定教师每工作7年至少有3个月带薪培训进修的假期。

（2）1976年，工党政府发表"绿皮书"，进一步强调在职教师培训进修的重要性，并把教师每工作七年带薪培训进修3个月延长至1年，新教师至少用1/5的时间进修，允许培训进修方式多样化。

（3）地方教育当局是提供教师培训的最大行政机构，主要是举办短期课程培训，期限时常为0.5天或1天，很少超过1周。新教师至少用1/5的时间进修，正式教师连续工作满7年者可带薪进修1学期。

（4）1987年制定的《教师工资待遇法》规定，在一年中固定5天为教师专业发展日，教师必须履行5天的专业发展日计划，政府以立法的形式强制规定了学校在教师培训方面的义务。这5天都为正常工作日，大多安排在周一至周五。每年的这5天，学生放假回家，学校教师和领导必须聚在一起参加培训，培训形式多样，地点通常在本校。

（三）规划支持制度

1. 教师国际专业化发展（Teachers' International Professional development，简称TIPD）计划

该计划启动于2000年5月，计划到2003年将大约7500名教师送到其他国家进行短期研究访问，主要目的是在其他国家的优质教学实践中学习。

2. 早期专业化发展（Early Professional Development）

在第一年入职期的基础上，为进入第二年和第三年的教师提供专业化发展的机会，并提供相应的资助。主要目的在于为教师职业生涯长期的专业化发展奠定牢固的基础。该计划从2001年9月开始实施。

3. 专业化发展记录（Professional Development Record）

专业化发展记录是对教师工作经验的一个汇总，强调教师经验的选择、反思和合作。

4. 标准大纲（Standards Framework）

英国政府已经开发出一套界定优质"实践"标准的大纲，旨在对教师在职业生涯的某一特定阶段应当展现出什么样的能力和行为做出规范，并就如何支持教师专业化发展提出建议。标准大纲的制定将对教师的职业发展计划、业绩管理提供支持，使专业化发展活动建立在教师个体的需要和期望基础上。

（四）激励机制

英国普遍重视建立激励机制，把为中小学教师培训提供机会和条件当作政府应尽的义务，保证了"接受培训"成为中小学教师应有的权利。"没有进修，就没有升薪"是当今英国中小学的现实情况。"经过进修而提高工作能力的教师可以申请增加工资。"[①]

1. 英国发展性教师评价制度脉络

在英国，对教师的评价一直有两种观点：一是教师评价是对教师教学业绩的判断，视评价为教师奖惩的手段；二是教师评价应该以教师发展、学校发展、学生发展为目标。后一种观点被大多数人接受。1985年，皇家督学团发表了《学校质量：评价与评估》的报告。一改过去的论调，明确提出教师评价与教师奖惩分离。报告指出：教师评价是长期、连续、复杂、系统的工程，目的是促进教师个人的发展，帮助教师改变自己，提升素质。20世纪80年代，英国教育部门开始推行"发展性教师评价"制度，即一种促进教师发展为目的的评价制度，是一种相对性、形成性评价制度。

2. 英国发展性教师评价制度原则[②]

（1）与奖惩制度脱离。不与解聘、晋升等奖励、惩罚挂钩，立足教师未来发展，

---

① 教师教育指导全书编委会. 教师教育指导全书[M]. 北京：人民日报出版社，2004：178.
② 教师教育指导全书编委会. 教师教育指导全书[M]. 北京：人民日报出版社，2004：300.

以提高教师知识与技能促进学校、学生发展为目的。

（2）全员评价与全面评价。面向包括领导在内的全体教师，对教师素质及其行为进行全面评价。

（3）全员参与、共同进步。重视领导与教师、教师与教师、教师与家长、教师与学生的关系，鼓励他们积极参与评价，共同发展。

（4）保密性。为保护被评者和参评者，评价的有关材料视为秘密。

（5）民主化。把评价目标、标准、方法、程序、要求等公开征求意见。

（6）定性与定量评价相结合。

（7）单项与综合评价相结合。"单项"指对教师某一方面或某一时段的工作的评价；"综合"指用动态的、发展的对教师工作的各个方面进行长期的、系统地、循环的评价。

（8）信息反馈。一是反馈教师是否需要进修，学校应该给教师提供哪些帮助；二是向教师提供有关自我表现的信息，改善工作。

（9）导向性。在确定评价目标、标准、方法、程序、撰写评价结论等环节，不仅要符合教师的特点而且要考虑教师未来的需要。

（10）科学性。用现代教育理论做指导，坚持实事求是态度，采用科学方法，评出信度、效度。

3. 发展性教师评价过程

（1）评价准备。主要是收集被评价教师的相关材料，确定时间。考虑到时间、经济成本，大多数学校教师评价两年一次。

（2）评价实施。从评价会谈开始，检查教师已经完成的工作以及上次评价应整改的方面，讨论教师应该接受的帮助与支持。

（3）评价结果处理。完成评价报告并不意味着评价的结束，还要跟踪几次会谈，讨论下一步的专业发展、培训以及支持计划。

4. 常规督导、视导

视导制度在现代教育制度中有重要地位。英国是世界上最早建立教育督导制度的国家之一，迄今已有一个半世纪。目前，英国已成为世界上教育督导制度比较完善的国家，对教师的发展起到了重要的保障作用。

《1988年教育改革法》中规定，督学的主要职能是视察地方教育行政当局主管的学校，包括私立学校。鉴于督学职务的重要性，因此，由女王任命。

截至2015年，大约有2700位签约督学，负责组织对2.4万所全部或主要是国家资助的学校进行独立的常规性督导，对学校和教师提出的关于课程和教学方法等方面的改进意见给予指导和帮助，以提高教育教学水平和质量标准。此外，还要检查地方教育局、高校中的职前教师培训课程及质量。

五、英国教师继续教育制度

（一）教师进修模式

英国教师在职进修模式根据性质内容的不同大致可分为以下几种：长期课程、短期课程和专题研讨会。长期课程既包括可以获得硕士、博士学位的课程，也包括文凭课程（Diploma Courses）。其中，学位课程分两种：一种是研究学位（Research Degree），不必上课，完全以撰写论文作为衡量毕业的标准，所得到的学位有哲学硕士（MPhil）、哲学博士（PhD）和教育学博士（EdD）；另一种是修课学位（Taught Degree），只要修满规定的学分，写一篇简单的论文就可获取学位，得到的是文科硕士（MA）或教育硕士（MEd）。正式的学位课程固然很有吸引力，但规定较多，不如文凭课程弹性大。文凭课程所颁发的文凭有的相当于学士学位，有的相当于硕士学位，因此名称各不相同。文凭课程可以只针对教育学中的某个主题来开课，比较贴近教师的实际需要，往往不要求写论文。与长期课程不同，短期课程和专题研讨会通常具有较高的实用导向性，其内容着重于实际问题的解决，而非教育理论的学习。它们形式灵活，涉及面广，并且常年开设，吸引了不少想就某一领域进行学习提高的教育工作者。一些短期课程甚至可以累计学分，用以抵消硕士学位文凭课程所要求的部分科目学分。①

（二）多元化课程

英国向教师提供的进修课程有5种：供学历不合格教师进修补习用的补习课程；供

---

① 范冰. 教师在职培训：英国的经验与启发[J]. 比较教育研究，2004（1）.

已有了三至五年教龄的合格教师研习的高级研修文凭课程；供师范院校毕业的中小学教师进修的教育学士学位课程；供中小学教师攻读的教育硕士学位课程；供各类教师研究解决教育教学实际问题的短期课程。

如果按时间分类，则有短期学习课程、中期进修课程和长期进修课程三种。短期，从半天到几周不等，用于解决课程或教育教学中某些实际问题，或传播某些新的教学方法、经验；中期课程，是一种脱产或半脱产数月以至一年以上的各种文凭证书进修课程，旨在补充学历，或深化某一方面的专业知识，或为优秀教师提供一个深造机会；长期课程，主要是修读学位、高级学位或取得其他高级专业文凭。

（三）开放、灵活的教师培训机构

1. 教师培训机构的层次与类型

（1）长期以来，大学和其他高等教育机构在英国中小学教师教育培训中占有重要地位，主要包括教育研究所、师范学院、大学、理工学院及其他高等教育机构。它们为在职教师提供了丰富多样的课程，从长期的到短期的，从全日制到半全日制的，从面授的到远程的，一应俱全。但随着教育与社会的紧密联系，随着中小学办学自主权的扩大，仅在高教机构的进修学习已呈逐步下降趋势。越来越多的高等教育机构走出象牙塔，亲临中小学教学第一线开展教师培训，实现了大学与中小学教育的交叉、渗透和融合。

（2）地方大学及师范学院提供短期课程，也提供为期一年的长期课程。教育科学部通过皇家督学，筹划提供高素质的短期课程，通常为期一周，利用假期实施。

（3）地方教育行政部门通过聘请专家学者，提供短期课程和设施，以经费支持专业中心和师范学院，并辅助教师参加进修课程所需费用。事实上，地方教育行政部门是提供在职训练的最大行政机构，主要是举办短期课程进修，期限为半天或一天，很少超过一周。据英国全国教育研究基金会（The National Foundation for Educational Research）调查统计，500个以上不同机构（内含162个地方教育部门）提供教师在职训练课程。其中教师中心已有数百所之多，由各地方教育部门设立和维持，服务于教师各项在职进修活动。这些教育和训练机构的经费，由公共财政资助。

另外，教师工会和学科协会等机构也是教师在职培训的重要提供者。英国的全国教师工会（NUT）每年都会有一整套专业发展计划，囊括了教学法、绩效管理及各种热点问题，以报告和专题讨论会的形式为主。各类学科协会通常为某一学科教师的专业发展提供广泛的资源，包括组织课程和研讨会等。

2. 教师培训机构认可标准

英国以明确的任务规范教师教育机构的职能；以通过认定和提升培训机构信誉确保教师教育的质量（表3-15）；以注重能力本位的标准提高教师教育的效果。英国负责教师培训的机构主要是教师培训署（TTA），教师培训包括职前培训以及在职教师的继续教育，TTA把教师职前培训和在职进修作为实施教师教育专业发展的途径，并努力使教师教育机构成为一个不断发展的、专业化的、培养高素质教师的组织。教师培训署每年度制订共同的计划目标。

表 3-15 英国教师培训署（TTA）公布的1996-1998《教师教育机构认可标准》[①]

条件	教师培训质量内容
1	促进各种高质量的新任教师培训活动，以保证教师具备有效教学的知识、能力和方法。
2	保证各校对各类新任教师培训活动中的有效参与。
3	保证教师这一职业能够吸引大批高质量的人才以满足学校的需要。
4	促进教学目的明确有效，使专业水平不断提高。
5	推广有效的课堂教学经验教师培训活动，促进教育教学质量的提高。
6	建议国务大臣和其他有关人员关心师范教育，并保证相关团体的交流渠道畅通。
7	对师资培训署布置的工作进行检查，使全体人员各尽所能。

（四）实践导向的校本培训

20世纪70年代中期，为解决传统教师教育模式中存在的理论与实践相脱节、新教师缺乏教学实践能力等问题，校本培训作为"教师在职培训的新概念与新策略"，最先在英美国家开展，80年代中期开始大规模实施。因此，从某种程度上说，英国是校本培训的"摇篮"。

---

① 张昱琨，张婕．英美教师、教师教育机构认证标准：新要求、新进展[J]．国家教育行政学院学报，2004（2）：96-100．

1. 基本情况

在英国，校本培训是中小学及地方教育部门一项固定的长期工作。"英国积极倡导建立高等院校与中小学的伙伴关系模式。与'高等院校系统培训模式'的区别在于，新的培训模式更加突出中小学校在教师培训中的主导地位，强调中小学校本身的内在要求，即校本教师教育。"[①] 由于中小学对校本教师培训计划的实施负有更大的责任，所以在校本培训活动中，采取什么样的培训方式，主要由中小学根据各自的校本培训实际作恰当的选择。学校在选择校本培训的方式时，都力求达到教与学的统一，立足教师的课堂教学实践，把培训和教师日常的教育教学活动结合起来。每年固定的5天教师专业发展日，学校教师和领导聚在一起，讨论修改既定的教学目标。英国中小学校本培训的方式不拘一格，趋向多元化。各学校会每年、每学期和每周，安排固定的时间用于校本培训活动，让教师可以参与校本培训课程的开发与学习、各种专题研讨会、座谈、优秀教学观摩、与校外来访人士的交流、大学专家教授提供的有关咨询，以及教师个人或团体在教学过程中的校本行动研究活动等。

2. 校本培训计划与政策

与具体的教师培训活动的设计一样，整个学校的培训计划也是在大学、中小学以及地方教育部门的共同参与下完成的，但最后的决定权在中小学。由于各校情况不一，学校计划必须与其所拥有的优势相适应，以便能够充分利用各种有用的资源。因此，不同学校的计划会有一定的差异。为了保证教师培训活动的质量，每所学校的计划都有明确的目标和程序。一般说来，学校的进修计划包括以下几方面：① 制定有关的教师进修政策，包括说明校本进修目的，可供利用的资源，设计、实施以及评价进修活动的要求与程序，教师的时间安排，校领导、教研组长、年级主任的职责等。② 让所有教师全面了解学校的进修政策，尤其是那些负有重要责任的教师明确自己所担负的责任。③ 对学校政策的具体实施做出合理安排，包括分派给副校长（通常是专业指导教师）的责任以及设立学校的教师专业发展委员会和其他工作小组协助副校长的工作。④ 提出年度计划。学校计划要提前一年对教师进修需要做出分析说明，包括学校、教研组和教师个人三方面的需要以及预先计划进修时间、途径、费用等。⑤ 规定进修计划能有

---

① 张妮妮，姚伟. 英国教师持续专业发展的模式研究[J]. 外国教育研究，2012（1）：68-74.

效实施的程序，如先培训教师进修工作的直接负责人，让有关人员能常常得到相关专家的建议与支持等。⑥保留详细的教师进修记录。⑦规定程序对学校进修政策、活动计划、取得的效果、支出的费用等进行即时监控与评价，并听取各方面（包括地方教育部门顾问、大学专家、学校同行）的不同意见。⑧安排反馈，让教研组及整个校内外有价值的观点与实践经验能够得到审慎的考虑与采纳。①

六、英国教师发展支持体系特征

通过对英国教师发展有关方面的审视与分析，我们可以对英国教师发展有一个总体的认识，从中获得一些有益的启示。总体而言，英国教师发展支持体系特征可以概括为以下几点。

（一）健全的制度与督察评估机制相结合

英国是一个依法治教的国家，教师职前、职后教育法规非常健全，"政策法规是英国从事教育活动的重要依据，所以法律规定尤为详尽"②。英国强调督导在提高教学质量上的作用，期望建立一个更加成功、更有效益的教育机制。政府主要通过政策、经费和评估进行宏观管理，经费与评估直接挂钩。

（二）经费支持与院校协作相结合

在英国，教育事业是国家的事业，投资教育，也必然投资教师教育。教师职前职后教育由国家拨款，学校没有经费压力。但在政策和操作层面为政府主导，政府行为、学校行为、教师个人行为三方结合，强调高等教育机构与中小学合作，并把大中小学的伙伴关系视为强化教育理论与实践结合的基本途径。

（三）重视理论学习与实践学习相结合

约翰·洛克的《教育漫话》是一部教育哲学著作，在英国影响颇深。英国教师教育既重视经验，又重视实践环节，注重新理念、新理论与中小学教学实践相联系。

---

① 教育部师范教育司. 教师专业化的理论与实践[M]. 北京：人民教育出版社，2003：324-325.
② 杜静. 英国教师在职教育的特点探析[J]. 教育研究，2010（12）：103-106.

（四）强调实践智慧与校本培训相结合

英国对教师实践智慧和校本培训模式十分重视，对教学多加反思和质疑批判，关注教师实践智慧的生成。

第三节　日本教师发展的支持体系

日本素有尊师重教的传统，儒家文化深深影响了日本人的思维和行为方式，日本的中小学教育无论是质量还是数量都是世界一流的。其主要原因是"日本培养了一支合格的、有献身精神、受人尊重、待遇优厚的职业师资队伍"[1]。

一、日本中小学教师基本状况

（一）基本情况

截至2013年，日本各类中小学校（含幼儿园）共有教师135.6万人，其中男性教师68.2万人，女性教师67.4万人。小学、幼儿园教师中女性占多数，而初中、高中的教师女性比例在减少。由于较低的出生率，学生的数量从1980年开始逐年降低，而教师数量则相对维持不变。因此，日本的学生教师比则在逐渐降低。2013年，小学学生教师比为16.0∶1，初级中学学生教师比为32.7∶1，高级中学学生教师比为46.0∶1。

（二）工资待遇

根据日本1949年颁布的《教育公务员特例法》，中小学教师、专职教育研究人员等"通过教育为全体国民服务的教职员工"为日本的"教育公务员"。为了保证教师的质量，使教师职业成为令人羡慕的职业，日本的法律规定"从事义务教育的教职工的工资要比一般公务员高25%"，日本公立中小学教师的工资一半由中央政府承担，一半由地方政府承担。这样做的目的是：确保每一所学校都有足够的师资；平衡地区间教师工

---

[1] 陈永明. 国际师范教育改革比较研究[M]. 北京：人民教育出版社，1999：233.

资水平和教师配置；促进教育机会均等。教师除工资以外还有各种名目的津贴，在每年6月发放年中津贴，它是教师月工资的190%，年底发放年末津贴，它是教师月工资的250%。工资津贴一般不与工作业绩挂钩，病假也不扣工资。事假需经批准，只是象征性地扣1000~5000日元，分给相关的其他人。

二、日本教师发展支持体系现行结构

日本的教育行政"第二次世界大战"之前是高度集权制，后受美国的影响改为分权制。随着政治、经济、社会的变化，日本在1956年颁布了《关于地方教育行政组织及营运的法律》，确立了中央与地方的领导被领导地位。20世纪80年代以来，日本重新强调地方办学的自主性、灵活性，从而逐步形成了与英国相似的中央和地方协调性行政管理模式。在教师发展管理方面，日本与教育行政体制相适应，采取中央和地方相结合的行政管理模式。地方教育行政部门在中央政策规定下推进在职教师教育。最主要的特点就是从文部省一直到新任教师所在学校，形成了一个责任明确、层层下放的实施体系（参见图3-4）。

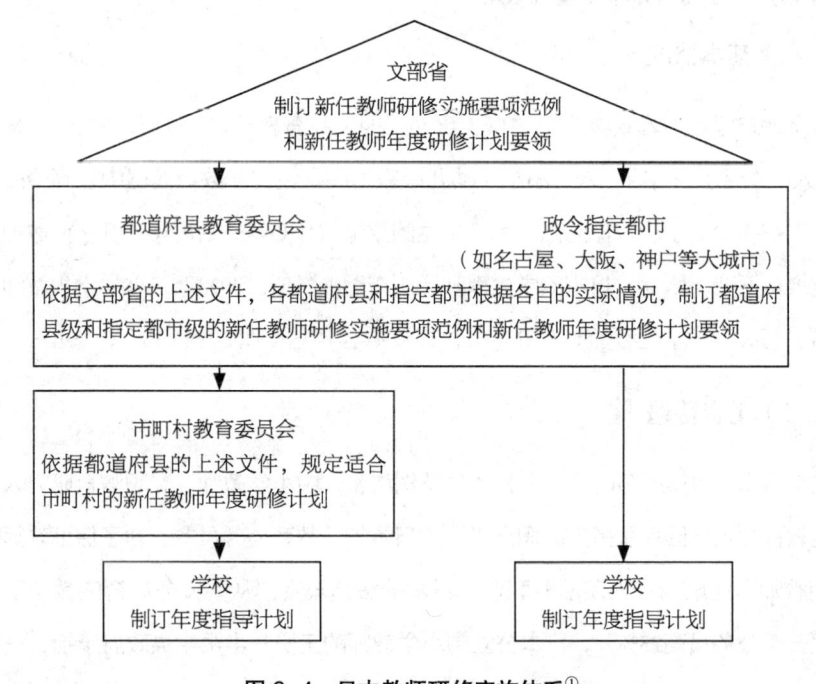

图 3-4 日本教师研修实施体系[①]

---

① 任学印. 教师入职教育理论与实践比较研究[D]. 长春：东北师范大学博士学位论文，2004：133.

文部省负责制定教师发展方面的方针和政策，大学与教师培训机构、道、府、县教育委员会负责实施。这种模式的特点是既有计划性又有灵活性。日本政府的行政指导和调控力度是很强的，教师培训也不例外。自上而下，文部省—都道府县（包括政令指定市）—市町村，有一完整的组织体系，实施主体以政府为主。[1]

三、日本教师岗位职责

（一）确定教师应具备的素质能力

面向新时代，教师应具有哪些素质和能力？1997年，日本教育职员培养审议会对新时代的教师的素质和能力作了描述，提出了"立足于全球视野而行动的素质能力""生存于变革时代的社会所应有的素质能力""教师职业所必然要求的素质能力"三项，并特别强调了今后需要有特长、个性丰富的教师人才的要求。2015年，中央教育审议会教师培养部门会议报告中，提出今后社会发展需要教师应具备的素质能力主要包括以下几个方面：迄今为止反复提倡并被视为教师必备的素质能力，如使命感与责任感、对教育的热爱之情、有关教科和教职的专业知识、实践指导能力、综合素质等；确立持续学习的教师形象；教师在具备探究与持续学习意识的同时，应掌握收集、选择、活用信息的能力及不断深化自身知识结构的能力；应具有培育下一代的明确目标与坚定的信念；教师应提升应对诸多新课题的能力，如教师应与校外相关专业人士组建团队，在有组织地共同致力于新课题研究的同时，更有必要在学校管理中灵活运用监护人与社区的教育力。[2]

（二）与时俱进修订教师专业标准

1987年，日本文部科学省提出教师专业标准，并对其进行了三次修订，最终确立为教师职前教育与教师职后培训的基本要求（表3-16）。

---

[1] 彭新实. 日本的教师培训和教师定期流动[J]. 外国教育研究，2000（5）：49-52.
[2] 王国辉. 日本教师培养与资格制度改革的新动向[J]. 教育学，2017（6）：159-165.

表 3-16　1997年版日本教师专业标准

一级指标	二级指标
国际化视野的思维力与行动力	正确的人生观、世界观
	良好的思想道德修养
	国际交流能力
应对时代变化的社会适应能力	问题解决能力
	人际交往能力
	信息交流能力
教师必备的专业技术能力	了解学生身心发展规律熟知教育法规
	热爱教师职业
	专业知识与技能

2005年，日本文部科学省根据"民众对教师印象调查"所得的结果，在"中央教育省议会报告"——《创造新时代的义务教育》中对教师专业标准进行了补充修订，并在之前的基础上提出了作为教师应具备的三个核心要求：强烈热爱教育工作；过硬的专业技术能力；优秀的思想道德修养。

2006年版"教师实践专业标准"增设一项新的内容——教职实践演习，重点锻炼教师从事教学工作的实践能力。

日本的教师专业标准虽然起步晚，但其既追求传统要求又凸显时代特征的理念值得借鉴与学习。

（三）制定不合格教师评价标准

日本每个县都建立了教师专业发展评价体系，评价委员会成员一般由医生、律师、法官等社会人士组成。2004年，公立学校中被评为不合格教师人数566人。所谓不合格教师是指专业能力欠佳的教师（见表3-17）。

表 3-17　专业能力欠佳的教师的表现[①]

学校	专业能力欠佳的教师的表现
小学	1. 没有足够的基础知识和基本技能，在教授算术和文字时经常犯错误。 2. 不检查学生的家庭作业，以个人的情绪对待学生。 3. 过于顺从学生以致控制不了他们。 4. 不关注学生的理解水平，以教师为中心进行教学。 5. 不听从他人意见，从来不承认错误，被指出错误时充满敌意。
初中	1. 不把专业发展放在心上，不擅于同学生交流。 2. 在课堂教学与批改作业中出现很多错误。 3. 上课时面对黑板而不是面对学生。 4. 不听学生家长的意见也不遵守学校的规章制度。
高中	1. 上课时面对黑板而不是面对学生。 2. 在分组教学时，不能以小组教师的身份与学生交流。

2004年被评为不合格的566名教师中，30%经过培训后重返教学岗位，30%继续接受培训，30%退休或者转行。

四、日本教师发展的制度

（一）教师发展政策与法规

1947年颁布了《教育基本法》，开始间接提出了构建学习化社会的主张，该法规定："一切机会，一切场合，都为了实现教育目的。"

1949年颁布了《公共教育服务人员特别规章法》。该法开篇指出："公立学校的教师是通过教育活动为整个国家服务的，因此他们的责任和义务也与其他公共服务人员不同。其中第十九条规定：① 教育公务员为尽其职责，必须不断地研究和进修；② 有教育公务员任命者，必须提供有关教育公务员的进修所需的设施，制定奖励进修的办法以及有关的进修计划并负责实施。第二十条规定：① 必须向教育公务员提供进修的机会；② 以不妨碍教学为限，在经所属领导人同意后，教师可以脱产进修；③ 根据有任命者的规定，教育公务员可以在岗位上进行长期进修。1988年该法又增加了附则，对

[①] 周南照，赵丽，任友群. 教师教育改革与教师专业发展：国际视野与本土实践[M]. 上海：华东师范大学出版社，2007：136.

部分条款作了必要的调整和补充并有了新的规定。1949年《教育职员许可法》也规定在职教师通过研修可以取得必要的学分，经过学力与学历检定可获得高一级的教师许可证。该法又分别于1954年、1986年、1988年、1989年、1991年增添了附则，以适应新的发展。

1956年颁布的《关于地方教育行政组织及营运的法律》规定：县一级教育主管部门负责教师的培训，可以由下级（市町村）教育委员会来实施；市町村教育委员会对县（都道府）组织的教师培训，必须予以支持和配合；在新教师初任培训期间，市町村教委可以请求县（都道府）教委派遣兼职教师来临时顶替空缺等。

20世纪80年代初，日本"科技立国"战略开始形成，为适应这一战略调整，1981年日本中央审议会提出《关于终身教育咨询报告》，认为终身教育思想由联合国教科文组织提出后，已形成巨大的国际思潮，今后，应改变传统，偏重学术学历教育的不良倾向，广泛立足于终身教育思想，向学习化社会努力。希望从事公共性较强的专门职业，适应对其专业性要求，不断开发、提高自身素质能力。为此，从1985年6月至1987年8月，"临时教育审议会"先后发表了四次咨询报告，对教师教育改革提出一系列建议。文部省根据"临时教育审议会"咨询报告的建议，于1986年5月向"教育职员养成审议会"咨询有关实施教师继续教育的问题。随后公布了《审议经过概要之三》，进一步明确加强在职教师培训。

1996年，中央教育审议会向文部大臣提出的第一次咨询报告中强调有必要建立多样化的在职进修体系。主张在教师培养、任用、在职进修的各个阶段更加有效地提高教师的素质与能力，还必须依靠加强与培养师资的大学及地方教育委员会的密切合作。毋庸置疑，教师在推进国际理解教育上发挥的作用是十分重要的，因此在培养教师过程中应该注意与国际理解相关课程的设置和充实。在高度信息化的社会，无论什么阶段，什么课程，教师通过某种方式应用电脑组织教学的必要性越来越大。1997年，教育职员养成审议会的咨询报告《关于面向新时代的教师培养改善方策》主张今后在思考教师应有素质的基础上，应引导和促进教师个性化、特色化成长。1999年，教育职员养成审议会的咨询报告《关于培养与录用、研修的顺利连接》强调职前培养与选录、培训的依次递进和有机衔接。

2005年，中央教育审议会咨询报告《创造新时代的义务教育》主张教师必须具备作为教育者的使命感、对于人的成长和发展的深刻理解、对学生的教育爱、关于学科等的专业知识、宽广丰富的教养，以及在此基础上的实践性指导能力。咨询报告所理解的专业性的核心就是实践性。2006年的咨询报告《关于教师培养、许可制度改革的应有面貌》要求建设"整合"所学知识平台，提供更广泛的自我反思机会。

2012年，中央教育审议会咨询报告《关于在教师整个职业生涯中提高教师素质能力的综合方策》认为今后日本广大教师应该成为受社会尊敬和信赖的职业，具有能够培养学生思考力、判断力、表现力的实践性指导能力，并且能够与同事和社区合作应对难题。

（二）教师发展经费与时间支持制度

1. 法律制度

法律上规定所有教师有参加研修的义务。与一般公务员研修的相关法律规定只是规定任命权者实施研修的义务不同，有关教师研修的法规不仅规定了任命权者实施研修的义务，也规定了教师参与研修的义务。而且与1949年颁布的《教育公务员特例法》只是规定"教育公务员"具有参与研修的义务不同，2006年修订后颁布的《教育基本法》第9条第1项规定"法律所规定的学校之教师，必须深刻地自觉自己的崇高使命，不断地致力于研究和修养，努力履行其职责"。这意味着包括国立和私立学校教师在内的所有教师都有参加研修的义务。[①]

2. 经费制度

（1）日本政府除了制定各种政策法规外，在进修费用、进修时间上还采取了一系列激励性措施，以此鼓励教师进一步提高专业能力和责任意识。修订后的《教育职员许可法》最新规定，日本各类学校的教师资格证书分为三个级别，教师通过进修取得规定的学分可获得高一级的证书，并以此作为教师升薪晋级的依据。根据实际情况可以享受带薪教育训练休假或优秀教师研究进修休假，在研究生院学习期间可申请3年以内的假期，同时还保有公务员身份。此外，根据不同职称发放一定的"教育研究旅费"以用来

---

① 饶从满. 信息社会背景下的教师终身学习体系建设——20世纪80年代中期以来日本教师在职教育改革与发展[J]. 外国教育研究，2014（3）：100-109.

自主进修或者从事科研活动，还建立了"教育投资减税制度"和"奖学金制度"等。这些对优秀教师在工资、津贴、晋升、休假等方面予以优待的回报与奖励机制既强化了教师进修的责任和义务，同时又为在职进修提供了有力的时间保证和经济支撑，在促进教师参与继续教育方面产生了积极的推动作用。①

（2）文部省从1993年开始拨专款资助在职中小学教师为取得高一级许可证参加的认定讲习和公开讲座等。从1990年到1994年，这种面向在职教师的认定讲习和公开讲座开始的课程数目由551个增加到1024个，听讲者由2.1万人增加到4.4万人。②此外，日本的中小学教师每天还有720日元的教师培训指导津贴；白天、晚上函授课程津贴是每月薪水的6%或者10%。

3. 时间制度

（1）1986年颁布的《审议经过概要之三》明确要求：在公立中小学和特殊教育学校任教的新教师，应有1年左右的研究进修时间；对新教师，校方应派选有指导能力的教师（包括退休教师）对其进行为期1年的指导；新任教师的试用期从6个月延长为1年，试用期与进修期一致；私立学校新任教师参照公立学校办法执行。

（2）1988年颁布的《公共教育服务人员特别规定》中指出，所有国立和私立中小学教师、盲聋哑人学校及其他残疾人学校的新任教师必须接受1年的统一培训。新任教师在为期1年的进修中，要在校内接受每年60天以指导教师为主的进修，又要到高等教育机构、研究中心等部门参加每年30天的进修活动。

（3）"优秀教师研修假"政策。选派那些有5年以上连续教龄的中小学教师，到高校本科、进修班、研究生院和大学所属研究所进修，时间从3个月、6个月到12个月不等。其他教师一般每年派遣到大学和都道府县教育中心参加1个月至1年的中期进修，也可以到大学或高等教育机构进行1至2年的长期进修。

此外，2002年日本修订了地方教育管理法，减轻了教师负担，使教师有足够的时间学习。

---

① 郜枫. 日本在职教师继续教育制度述评[J]. 大学教育, 2018（3）: 179-181.
② 陈永明. 国际师范教育改革比较研究[M]. 北京: 人民教育出版社, 1999: 259.

五、日本教师的继续教育

（一）学校建立培训常规制度

日本的在职教师进修除了由都、道、府、县有组织、有计划的进修外，在职教师的校内进修也表现了合作的制度化特征。校内进修均安排固定的指导教师，指导教师一般由本地学校经验丰富的教导主任、教谕或退休的教师担任。对新教师而言，校内进修主要学习学校内的相关业务。例如，课程计划制订、学生情况指导、教材研究、教学管理、实际技能指导以及各种疑难解答。

（二）教师继续教育机构

1977年，文部省为了进一步提高教师的教学能力，分别对不同水平和职务的教师加强培训。从1978年以来，建立了包括上越大学、兵库大学和鸣门大学在内的，以在职教师进修为主要目的的新型教育大学[①]。

目前，日本提供教师继续教育课程的机构大致可分为五大类[②]。

1. 大学及师范教育机关

有80%以上公立和私立大学经常举办各级教育行政部门委托的教师继续教育活动，例如，专题研究、公开讲座和研究会等。新设立的教育大学主要招收有教学实践经验的教师进行继续教育，合格者可取得硕士学位。修完硕士课程必要的学分，或者修完相当于硕士课程者，就可以获得"专业许可证"资格。这种理论与实践相结合的研修方法为中小学骨干教师提供了良好的学习机会，有助于提高他们的教育理论水平和教学实践能力。

2. 专门的研修机构

1980年前后，日本先后成立了三所教师教育大学：兵库（Hyogo）、上越（Jouetsu）和鸣门（Naruto）。在实施层面，倡导在PDCA循环下开展有效的教育活动，即：计划（plan）—执行（do）—检查（check）—调整（action）四个阶段。这三所学校的唯一

[①] 胡艳，蔡永红. 发达国家中小学教师教育[M]. 海口：海南出版社，2000：125.
[②] 杨荣昌. 教师继续教育课程体系研究[D]. 上海：华东师范大学博士学位论文，2006：95.

目标是培训教师,用自己的研究为一线教师服务。都道府县的"教育研修中心""理科教育中心""教育会馆"是中小学教师研修的主要部门。教育研修中心在各地都设置场所,为中小学教师提供会议室和教学器材等,设有专职人员负责中小学教师的继续教育。

3. 教师专业团体

日教组(日本教职员组合)是日本最大的教师工会组织,每年举办各种教育研究会和讲习会。在争取提高教师待遇的同时,还进行促进中小学教师素质能力提高的研修活动,并出版和发行教育刊物。文部省每年给予全国教育研究团体经费补助,鼓励这些团体积极地开展继续教育活动。

4. 广播电视及函授教育机构

日本在1977年创办的"放送大学"(广播电视大学)是教师继续教育的重要机构。许多中小学教师还通过函授教育进行自主性研修活动。

5. 教师继续教育机构认证

教师继续教育机构认证由日本教育行政部门文部科学省下辖的专门机构"课程认证委员会"具体负责。在认证项目方面,相对侧重候选机构的办学条件及运作,具体而言可分为以下五大项:办学理念——教师培育的理念和课程宗旨;管理体制——大学内部评鉴机制和组织、学生规则;办学条件——硬件设施、师资力量;课程规划与实施——大学所提供师范课程的整体情况、师范课程、选修方法和课程大纲等情况;教育实习与就业辅导——教育实习的实施计划、教育实习学校、教学实务指导、学生未来就业的辅导措施。[1]

认证程序主要有书面材料的审查和实地视察两个环节,具体流程如下:机构提出申请—资格审查—准备申请书—提交申请书—视学委员会实地考察—形成认证结果报告—提交给中央教育审议会审核确定。

(三)教师培训形式

日本的教师培训很好地体现了分层次和多样化。"利用大学实施硕士水平的在职教

---

[1] 张倩. 日本教师教育认证的制度建构及其启示[J]. 教师教育研究,2012(3):85-91.

育；大学与教育委员会合作开展短期培训项目；大学与教育委员会合作开发培训课题；大学协助中小学进行样内研修。"[①]

按任教的年限分类：新任教师的培训、任教5年或10年及20年教师的培训。此类培训为硬性规定，也称行政命令培训。

按职务及资历分类：骨干教师培训及校长、副校长、教务主任培训等。

按培训组织层次分类：中央培训（文部省）、地方培训（都道府县）及市、町、村培训等。

按培训内容分类：在各级教育中心进行的新教育内容、教材教法及学生指导等方面的培训；各都道府县派遣教师到企业、农村的社会体验培训；在大学进修基本课程的培训和获取高一级学位的培训等。

按培训的具体形态分类：校内培训、校外培训、个人自我进修提高和国外培训等。

六、日本教师发展支持体系特征

日本教师发展支持体系特征可以概括为：专业标准化与职后多样化相结合；封闭型与开放型培养体系相结合；管理规范性与地位提升性相结合；公共意识与个性化发展相结合。

第四节 法国教师发展的支持体系

法国是世界级文化艺术大国，在教育与教师发展方面也是走在前列，并一直在世界上保持着相当大的影响力。

[①] 曲铁华，郝秀秀. 日本教师继续教育的特色及对我国的启示[J]. 中小学教师培训，2016（6）：74-78.

一、法国中小学教师基本状况

（一）基本情况

截至2016年，法国公立中学教师共计约53万人，其中小学教师约20万人，女教师占比81.2%，这些教师分为编制教师和合同制教师两类。按照规定，法国编制教师每周教学课时为18小时。具有一定教学经验和能力的法国教师，可以参加高级教师资格会考，高级教师每周教学课时为15小时。

（二）工资待遇

法国在1889年通过立法确定小学教师为国家公务员，其工资由国家财政负担，工资水平同其他公务员基本相同。2011年萨科齐政府以各种措施大力宣传教师职业优越性，提高教师薪资标准，增加教师职业对青年就业者的吸引力。

二、法国教师发展管理机构

（一）教师发展管理体系与机构

与其他发达国家不同，法国是中央集权管理国家，中央教育行政部门专门负责教师发展的统一规划、管理，全面制订全国性教师发展计划并推动实施（见图3-5）。

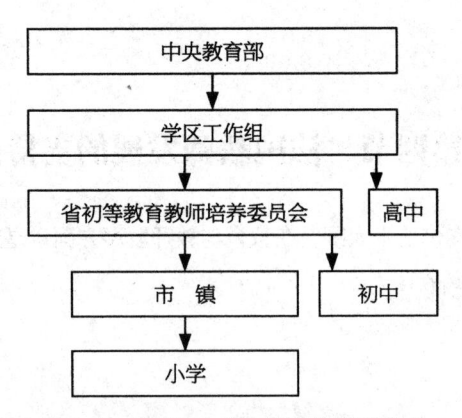

图3-5 法国中小学在职教师管理模式

法国教师发展管理工作有严格的制度，组织性较强，形成了分别由国家、学区、省三级组织实施的体系。学区是教育部设在地方一级重要的教育行政与教师发展管理单位，是教育部派驻地方的直辖机构。省教育局是法国地方基层教育行政管理机构，直接归学区领导。学校是法国教师发展管理体制中的最基本单位，小学从属于市镇，初中从属于省，高中从属于大区。但国家仍负责决定教师发展组织和继续教育教学内容，发放教职工工资等。在中小学，均成立家长委员会，参与学校的管理。

（二）教师培训管理体系与机构

法国中央教育部主要负责教师在职培训的计划制订，其中专业性较强、覆盖面较大的培训由中央教育部各个司组织。例如，行政人事司组织人力资源开发方面培训。学区主要负责中等教育的教师在职培训，学区培训工作组组长由教育部长任命，必须是大学教授，工作组成员8～16人，由组长与学区长确定，1/3为大学教师。主要任务是调查培训需求、制订培训计划、组织落实。省教育局主要负责初等教育的教师在职培训，参与制订培训计划、组织培训与评价。[①]

不管哪一级组织实施的中小学教师培训都要遵守五个原则[②]：其一，将长远目标与近期目标结合起来，既要注重教师基本素质的提高和学校常规问题的解决，又要密切结合当时的教育及科技发展的形势，并在内容安排上以后者为主；其二，制订培训计划时，广泛征求各方面，特别是教师工会的意见；其三，一律免费，必要时国家帮助解决交通和住宿问题；其四，要求各学校校长将本校人员的进修工作纳入学校工作计划中，统筹安排；其五，除计划内的培训之外，还尽量照顾某些特殊需要，如有针对性的专题进修。以此作为各级在职教师培训的基本要求，有利于在职教师的培训工作能更有效实施。

三、法国教师发展的岗位职责

怎样才能成为好的教师？早在1983年，法国著名教育史学者普罗斯特（Antoine Pros）便指出："好教师，不是工作最多的人，而是促使学生学习的人。是学生在学习，而不是教师。教师与整个学校承担着支持、评价和验证这一过程的责任。"[③]法国

---

① 陈永明. 国际师范教育改革比较研究[M]. 北京：人民教育出版社，1999：125.
② 陈永明. 国际师范教育改革比较研究[M]. 北京：人民教育出版社，1999：127.
③ 王晓辉. 法国教师地位的变迁[J]. 比较教育研究，2012（8）：47-50.

的中小学教师作为国家的公务人员,兼具公务员的一般身份和职业教师特殊身份,这两种身份确定了他的权利和义务。法国教育部在1994年和1997年分别颁文,对教师的专业能力标准作了描述和规定,这两套旧标准虽侧重了不同的角度,对教师的知识、技能和态度标准做了规定,但并不缺少系统性。

2007年1月,法国国民教育部颁布了《教师培训大学学院的教师培训管理手册》,从知识、技能和态度三个层面重新建构和表述了中小学教师必备的10项专业能力,更加清晰、系统(见表3-18)。

表 3-18 中小学教师的专业能力标准[①]

一级指标	二级指标
教师作为国家公务员的道德和职责	1.知识:教师应该了解国家价值观——自由、平等、博爱、政教分离,反对任何形式的歧视,男女平等;了解国家及地区制度;熟悉教育体制、教育职业法律法规和相关文件;熟悉学校和公共教育机构的行政和财政安排、运行规则、学校委员会的角色等。 2.技能:教师能够使用公共服务性质的国民教育资源;参与学校或机构的生活;能够发现学生的特殊困难;能和家长以及校内外的伙伴合作,解决学生的具体问题;在合法的情况下,有判断力地使用惩戒手段。 3.态度:教师要能理解并接受国家价值观;在履行职能的过程中,运用国家制度的知识;在日常实践中遵守教师职业作为国家公务员的道德原则;尊重学生和他们的家长;尊重并遵守学校资源使用和共同空间利用的规定;促进教育机构和经济、社会、文化环境之间的和谐关系;时刻考虑到教学的公务维度。
教学和沟通的语言能力	1.知识:教师要具备高等教育文凭所要求的书面和口头语言能力。小学教师还应该知道学前儿童学习语言的特点、小学生阅读学习的原理和障碍、阅读和写作的学习方法、拼写和语法的基本规则。 2.技能:教师能够识别学生的阅读障碍、口头语和书面语使用的不足,以提高学生表达和写作能力为目标,设计教学段落;用恰当的书面语和口头语进行简洁准确的沟通,包括向学生们传授知识、组织课堂、布置家庭作业以及和家长进行单独的或集体的交流。 3.态度:教师愿意帮助学生提高语言技能。具体地说,教师在不同的教学情境下,愿意融入提高学生口头和书面语言能力的目标,随时注意学生口头和书面的语言水平。

———————
① 汪凌. 法国中小学教师专业能力标准述评[J]. 全球教育展望,2006(2):18-23.

（续表）

一级指标	二级指标
学科教学能力和综合文化素质	1.知识：小学教师应该了解小学和初中的学习目标、学科概念和定义以及每个学科的学习方法。中学教师要了解小学、初中和高中的学习目标、学科知识和相关学科的文化知识、所教学科的历史、认识论、教学论方面的问题和该学科常被讨论的问题。 2.技能：小学教师能够在多科教学的情况下，综合组织不同学科的教学；利用多学科教学，培养各科共同要求的基本技能；不断进行具体的、系统的技能训练，培养习惯性教学模式（包括读、写、数学、语法、拼写、体育等）。中学教师要能够使本学科教学和其他学科教学保持连贯。 3.态度：教师需要拥有严谨的科学态度，愿意参与学生综合文化的构建。
计划并实施教学活动的能力	1.知识：教师需要知道在教学和活动中，学生应该达到的水平和所需设定的目标；熟悉中小学各个年级的教学大纲和相关文件；掌握儿童、少年和青年的心理学基础知识，了解学生的学习过程特点和可能遇到的困难；懂得各种教学材料和工具的使用。 2.技能：教师能够参考官方文件，确定教学目标；制定必要的步骤来确保知识、技能和态度的获取，这包括：制订每年和每个周期的进展和计划；考虑到学生学习过程特点以及儿童、少年和青年人的心理特征；在制定教学进度的时候，预先考虑评估结果。 3.态度：教师要有意识地结合不同学科的共同点和互补性，掌握多学科的、交叉的教学方法；通过不同学科教学，设计教学活动，以培养学生的技能；鉴别教学材料的质量。
组织班级工作的能力	1.知识：教师拥有管理班级、解决冲突的知识。 2.技能：教师能够管理一个群体或班级，处理冲突，促进学生间的参与和合作；根据活动需要安排教室空间和学习时间；对一个教学阶段的不同时间进行安排；根据情境和活动的类型使用恰当的介入和沟通手段。 3.态度：教师在任何教育情境下都要保证建立和谐的活动框架。
了解学生多样性的能力	1.知识：教师要掌握社会学和心理学知识，从而在教学活动中理解学生及其文化背景的多样性，能为学习困难和身体残疾的学生提供教育支持的知识。 2.技能：教师能够认识到学生不同的学习节奏；从学生的需要出发，制定知识和技能获取进度的具体步骤；使教学方法符合学生的多样性（如差别教学法、个性化课程等）；参与设计为有特殊需要的学生以及残疾学生提供的课程。 3.态度：教师要维护学生平等、公平的地位，使每个学生都能用积极的心态来看待自己和他人。

（续表）

一级指标	二级指标
评价学生的能力	1.知识：教师熟悉不同的评估方法。 2.技能：教师能够理解评估的功能；设计在不同的教学时间中的评估步骤，也就是说，能够确定评估需要的等级，根据要实施的评估目标和类型设计评估问题，详细说明评估过程，指导学生做评估准备，分析观察到的结果，辨别误差的产生，设计补救活动，帮助学生巩固已学的知识（教学练习，口头或笔头的记忆练习，辅助、支持和加强的活动等）。另外，教师要发展学生在自我评估方面的能力；实践评估认证（如在欧洲共同体语言能力参考框架下的语言能力认证等）。 3.态度：教师要在师生关系和谐互信的基础上实施评估，鉴别评估效果，改善学生学习效果，保证每个学生都能认识到自己的进步和所需做出的努力。
使用信息与通信技术的能力	1.知识：教师必须掌握计算机应用二级水平的知识和使用ICT的权利和义务。 2.技能：教师能够设计、准备和实施教育内容和学习情境；教授ICT使用的权利和义务；使用ICT工具、开放式教学和远程学习方式进行知识更新；使用协同工作的工具进行网络工作。 3.态度：教师要批判性地使用获取的信息，对学生需要的互动工具的使用负责，在实践过程中注意不断更新知识和技能。
与学生家长和学校伙伴协调合作的能力	1.知识：教师要知道学生家长联合会的角色和功能以及他为之工作的校外伙伴和利益相关者，了解国家教育部和其他部门或组织的制度章程，掌握帮助学生融入集体、参与集体生活的方法。 2.技能：教师能够参与学校或教育机构的集体活动，能同其他教职人员（高级教师、教育高级顾问、社工等）协作，和国家服务部门（文化部、就业部等）进行教育合作等；教师要学会与家长沟通，创造积极的对话，使家长了解教学或活动的目标，用合适的语言向家长汇报他们孩子的学习水平、学习中遇到的困难，以及可能的解决方法；运用就业指导领域的知识帮助家长规划学生的职业生涯；在学校内外配合家长，努力解决学生的具体问题，包括健康问题、危险行为、家庭贫穷或者家庭暴力；使用可能得到的由博物馆和其他文化机构提供的艺术和文化教育领域的教育服务；促进家长参与学校生活。 3.态度：教师应该具有集体协作的精神以及不断更新知识和技能的能力。
改革创新能力	1.知识：教师能够了解本学科、教学法和知识传播领域的研究情况。 2.技能：教师能够加大对教学研究和教学法创新的投入，从而更新他们的知识并将其运用到日常的教学实践中。 3.态度：教师应该保持对知识的好奇心，能思考、质疑其教学及方法，并在生活中培养改革创新意识。

四、法国教师发展的管理制度

（一）教师发展的政策与法规

1971年，法国政府首次颁布《继续教育法令》。20世纪60年代，"终身教育理论"的积极倡导者和理论奠基者法国人保罗·朗格朗对法国教师继续教育影响巨大。朗格朗提出，"终身教育不仅对个人有意义，也是作为解决当代社会的一个重要问题的一种合理方法而出现的"[①]。在终身教育思想的影响下，1971年，法国政府首次颁布有关继续教育法令，规定职工有享受带薪进修的假期。从此，中小学教师的在职学习有了法律保障。

1972年，法国教育部和全国初等教育教师工会共同发表了《关于初等教育教师终身教育基本方针的宣言》。宣言明确指出教师培养由职前和在职培养两部分组成，并确定6年内实施全国范围内的小学正式教师再教育计划。

1978年和1984年，法国国民议会先后通过了《继续教育补充法》和《新职业继续教育法》，为继续教育的实施提供了有力的国家法律保障。

1989年7月，法国颁布了《教育方针法》。其中规定：建立"大学的师资培训学院"，取代现有的师范学校、地区教育中心、学徒师范学校、技术教师培训中心等机构，培养初、中等教育教师。其使命在于开展"学士后教师教育"；设计并实施初、中等教育教师的职前培训，参与教师的继续教育，开展相关教育研究。2010年9月，法国正式实施教师教育新模式——"3+2+1"培养模式，教师教育进入一个更高的发展阶段。

2005年，法国教育部提出了一项名为《面向学校未来的方向与计划法》的教育改革计划，强调教师在学生发展方向上的重要性，规定将教师培训学院并入所属学区的大学，并创立了高等教育委员会，负责对教师教育的革新提出建议。[②]2006年，该委员会提交给教育部长的《对于教师培训任务手册之意见》，提出教师必须具备十种关键能力。"2008年5月，前教育部长达尔科斯（Xavier Darcos）发布教师资格硕士化，自此师

[①] [美]保罗·朗格朗. 终身教育引论[M]. 周南照,陈树清,译. 北京：中国对外翻译出版公司，1985：45-47.

[②] 郑婉. 法国教师教育的改革现状及其借鉴[J]. 北京教育学院学报，2011（5）：35-39.

资培训年限延长为5年,取得的文凭亦被认定为硕士学历。"[1]

法国职前教师教育"高标准、严要求"的发展特点是保障法国教师教育质量和促进教师专业发展的重要因素,建立了统一而严格的教师资格证书制度,实现了从传统师范教育向现代教师教育的根本转型,完善了教师教育法令法规,提供了持续的政策保障。延长教师培养年限,提高教师培养的层次和专业机能,实施统一而严格的教师资格证书制度,严把教师入口关,改革教师教育课程教学,突出了教师的专业特性。

(二)教师发展资金与时间支持制度

1. 资金支持制度

在法国,无论是由国家、学区、省三级组织实施的培训,还是暑期大学、暑假对教师进行以互教互学为形式的培训,一律免费,必要时国家还帮助解决交通和住宿费用。

2. 时间支持制度

(1)1972年,法国教育部和全国初等教育教师工会共同发表了《关于初等教育教师终身教育基本方针的宣言》。之后,法国教育部发出通知对在职初等教育教师的在职进修加以规范,其中规定,每位初等教育教师,在工作的第5年起至退休前5年,有权带工资接受累计为期1学年(36周)的继续教育,至20世纪80年代,这一期限增至2学年。[2]

(2)1985年,国民教育部提出1985—1990年的教师继续教育计划,保证每年75%的小学教师得到1周时间的继续培训。80年代末,为了加强对师范教育统一规划与指导,法国在师范教育管理体制上又作了调整。例如:巴黎学区按照1987—1988学年的计划,开设了368个短训班,共有36%的班利用业余时间上课,其他班利用正常上班时间上课。

(3)教师必须参加省与学区组织实施的培训(一般7~42天),暑期大学实际上是各种各样的专题培训班,一般7~14天。学区安排的短训班一般利用业余时间(晚间、节假日等),按小时计算,时间长短不一,最长达200小时。

---

[1] 郑婉. 法国教师教育的改革现状及其借鉴[J]. 北京教育学院学报, 2011 (5): 35-39.
[2] 袁振国. 中国教育政策评论2002[M]. 北京: 教育科学出版社, 2002: 279.

五、法国教师发展继续教育体制

（一）国家主要负责专业化较强、范围较广的进修

法国教育部每年提前公布进修班的目录，使全国教师了解进修班的主题、内容、对象、时间等情况，教师个人则根据自己需要与实际情况决定是否参加。培训重点是各科教学内容和方法，以及科技成果在教学中的应用和工作中经常遇到的并迫切需要解决的问题。

（二）省主要负责初等教育教师在职进修

20世纪80年代以后，各省分别成立了初等教育教师培训委员会，它主要是一个咨询机构，负责在初等教育教师培训的各方面向教育行政当局提出意见和建议，同时也参与制订培训计划、组织培训和进行评价等工作。省培训委员会的成立，使各省的初等教育教师在职进修有了机构和组织保障，有利于初等教育教师在职教育的统一与协调。省教师培训委员会与行政当局共同制订教师培训计划以后，主要由大学的教师学院在本省的教学中心——省教师学校负责实施。内容广泛，针对性很强，同时也介绍社会文化与科技新动向。

（三）学区主要负责本学区的中等教育教师的在职进修

20世纪80年代初，各学区先后建立了"学区培训工作组"，负责中学教师的培训，其任务是根据教师与社会发展的实际需要，设计与安排各级教育工作者的进修课程，确定与邀请有关教学人员，如中小学与大学有经验的教师、学校和行政部门的领导等。1984年底到1985年初，法国教育部具体规定了初中教师在职学习的重点，包括：采用函授形式，实施专业知识弥补性培训，使其达到大学第一阶段水平；开办短期班，对达到大学第一阶段水平的初中教师根据实际需要进行补充性培训。1991年改革后，"工作组"成为本学区大学师范学院的组成部分，培训范围也不断扩大，不仅有各种短训班，也有一些长期进修班，不过以前者为重。

上述由教育行政部门组织实施的三级在职教师培训是法国教师培训中最经常、最核心的培训形式。

（四）暑期大学

"暑期大学"是在"新教育"学派倡导下成立的，主要是利用暑假对教师进行以"互教互学"为形式的培训。20世纪初，特别是"第二次世界大战"结束后，"新教育"在法国各地以各种名义、不同形式发展起来。目前，以新教育联合委员会作为其组织机构，包括教育学研究行动联合会、学校青年保卫会以及父母学校等近20个新教育小组。现在的暑期大学主要是培训有别于国家、省、学区三级机构组织的专题学习，一般时间较短，学员自愿参加，具体由各部、学区以及民主团体主办。1986年以后，培训班全部由学区主办，面向全国招生，它以其灵活性受到了更广泛的关注。

（五）地区教育中心

地区教育中心负责未来教师的培训。起初，地区教育中心是针对当时已被录用的会考教师以及证书教师而设立的，这些教师中绝大多数是高等教育机构培养的，还没有受过教育专业具体实践培训。这些教师要进入中心接受1年的培训，再通过实践考试，才能分配工作。这一规定开始只针对没有受过教育培训的教师，在20世纪60年代其培训对象有所扩大，会考教师也必须进入中心接受1年的培训，但不需经过考试。地区教育中心属学区长领导，是学区的一个办事机构，一般只有一些行政人员和少量办公室，教学人员和教室由本学区的各类教育机构，尤其是中学提供，并特邀部分专家、学者和大学教授为顾问提供业务指导。教学及各类实习指导大都由知识与能力、理论与实践比较强的中学教师承担。80年代以后，地区教育中心理论培训与实践培训更为严格。[①]这一机构的职能相当于我国的新教师岗前培训。

六、法国教师发展支持体系特征

回顾法国教师发展支持体系的演变历程，发现以下几个特点：坚持教师公务员地位与教育机构的公立性质；高质量的教师从业资格与师范教育的毕业证书相关联；统一开放的培养模式与院校合作相结合；健全教师教育专业化的经费投入及管理机制与教师教育专业化的师资队伍相结合。

---

① 苏真. 比较师范教育[M]. 北京：北京师范大学出版社，1991：116-118.

第五节　美、英、日、法四国教师发展支持体系的比较分析与启示

关松林教授认为："教师教育主要体现为以国家为主导的教师教育制度，以教师为中心的教师教育模式，以实践为取向的教师教育课程，以高效实用为特色的教师教育实习，以质量为本的教师教育品牌建设。"[①]美、英、日、法四国教师发展保障机制的制度、结构、运行既有共性也有不同，四国的历史、传统、文化不同，国情不同，造就了四国不同的教师发展保障机制。下面从制度、结构、运行三个纬度对四国的教师发展支持体系作比较分析。

一、美、英、日、法四国的教师发展制度

（一）教师的工资与福利待遇

美、英、日、法四国普遍认识到，教师工资待遇在教师的专业发展中具有重要的杠杆作用。20世纪80年代起，这些国家纷纷采取一定措施改善教师的工资及福利待遇。美国很多州修改了教师最低工资的规定，例如，90年代，威斯康星州规定把教师的起点工资提高到年薪2万美元，佛罗里达州把教师的最低工资提高到年薪2.2万美元。目前，英国伦敦有经验的中小学教师年薪达5.8万英镑。日本一名新教师月薪大约在20万日元，工作30年的老教师一般月薪是45万日元左右，教师除工资以外还有年中津贴、年末津贴等。法国小学教师国家公务员身份的确立，有效地保障了教师的社会地位和各种合法待遇，对教师队伍的稳定和教学质量的提高发挥了明显的作用。

法国初等教育教师，在工作的第5年起至退休前5年，有权带薪接受累计为期1学年（36周）的继续教育，至20世纪80年代，这一期限增至2学年。日本每年选派有5年以上连续教龄的中小学教师，到高校本科、进修班、研究生院和大学所属研究所进修，时间从3个月、6个月到1年不等。美国许多州都建立了优秀教师奖励、休假年、退休金、病休假制度等，以改善教师的福利待遇。

影响县域教师发展的重要因素是工资与福利待遇，这也是我国教师们抱怨最多的问

---

① 关松林. 发达国家教师教育改革的经验与思考[J]. 教育研究，2014（12）：101-108.

题。我国政府教育投入相对较低,财政性教育投入一直达不到世界平均水平(4.1%)。学习借鉴美国的最低工资制度,特别是日本、法国的教师国家公务员制度,是稳定教师队伍,激发教师教学积极性的一大举措。

(二)教师发展政策与法制

从美、英、日、法四国中小学教师管理制度中列举的若干个政策性事件可以看出,四国把教师发展上升为国家意志,用法律的形式固定下来。

1. 立法充足,执法严格

美国地方法律就中小学教师发展以及教师继续教育的主体、权利和义务、学习性质与类型、课程结构与选择、教学设施与条件、投入与回报等方面做出法律上的规定,并以国家的意志力强制性实行。英国加强中小学教师继续教育与培训的法制监督工作,形成中小学教师继续教育与培训的法制监督管理系统。日本、法国对于教师进修投入、教师的权利保护、学校的办学规模等重大问题有着完整的法律体系。

2. 健全教师教育机构的认证制度,严把教师教育质量关

1987年以来,美国教师教育认证委员会(NCATE)分别对从事教师教育的机构、教师教育专业的合格毕业生以及合格教师的培养提出了基本要求。

3. 建立健全教师资格制度

美、英、日、法四国普遍重视教师资格证书的审核制度,并顺应形势发展需要,及时调整教师资格标准。

4. 制定国家教师专业发展标准

美国由全国专业教学标准委员会(NBPTS)实施优秀教师全国性认定制度。这种制度使得教师素质能力全国标准化,既能评价教师的素质能力,又有利于提高教师的素质能力及地位并改善其工资待遇。英国根据《1993年教育法》开始实施对教师进行评价政策,注入竞争活力,取消教师终身制,1995年解雇了7000多名不称职的教师。英国、法国建立了中小学教师专业发展标准;日本每个县都建立了教师专业发展评价体系。

5. 建立健全督导制度，保障教师发展

法律具有强制性、规范性、确定性、公开性的特点，通过立法的形式保障教师发展，既是四国经验对我们的启示，也是我国县域教师发展现实的迫切需求。因此，借鉴四国经验，首先需要根据宪法尽快出台《中小学教师继续教育与培训法》，就我国中小学教师发展与继续教育的主体、权利和义务等方面做出规定。其次，需要加强中小学教师发展与继续教育的执法力度。再次，需要及时调整教师资格标准，完善教师资格的学历和认证标准，加强教师资格证书的管理和实施。最后，借鉴英国加强中小学发展与继续教育的督导工作，形成我国特色的中小学教师发展与继续教育的督导管理系统。

（三）教师发展的资金与时间

美、英、日、法四国积极创造有利于教师发展的环境和条件。四国财政性教育经费支出占国民生产总值的比例一直都排在世界前列，而且教育经费的来源也是多渠道的，比如民间各种资本的掺入。例如，尽管美国长期面临着巨大的福利保障赤字与财源危机的压力，美国《不让一个儿童落后法案》对高质量教师的培养、培训与聘用进行了详细的法律规定，为学前及中小学教师的培养、培训和聘任提供充裕的资金，它对学前及中小学教师素质的提高、教育质量的提升显然是至关重要的。

改善制约教师发展的条件，一方面，适当减少教师工作时间，如美国规定一般中学教师每天教学工作时间为4小时，英国将小学教师的周工作量减少1小时，法国把初中教师的周工作量由21小时减为15～20小时；另一方面，在学生数量稳定的情况下，一些国家适当减小了班级规模，减轻了教师的劳动强度。除此之外，一些国家还为教师的教学研究创造条件，如美国1学年中给教师提供至少两周的时间，用于钻研教学方法，为教师的教学发展提供支持。

由此可以看出，各国的做法主要是针对当时教师发展所面临的现实需要和问题进行的，目的性和针对性较强，重点突出，而不是"眉毛胡子一把抓"。一方面，就当前亟待解决的经费问题通过立法拨款给予有力支持；另一方面，对制约教师学习时间方面的问题着力改进。这种做法既有的放矢、重点突出，使有限的资金发挥其最大效用，也反映了四国在教师发展中现实主义的价值取向。

我国县域教师发展长期缺乏基本的财力保障。加大政府对县域教师发展的支持和投入，不仅是应该的、必需的，而且是迫切需要实现的。

二、美、英、日、法四国教师发展支持体系的现行结构

美国的教师发展管理制度是典型的地方分权制，各个州的教师发展管理处于教师管理的中枢位置；英国实行中央与地方合作机制；日本是中央和地方相结合的行政管理模式；法国是中央集权管理国家。四国普遍重视教师发展管理工作，教师发展得到社会的广泛尊重和普遍认同。在法国、日本，教师地位较高，属于国家公务员。

从教师发展管理的实践来看，中央集权型与分权型教师发展管理体制各有优缺点。中央集权型便于统一规划、统一思想、统一标准，缺点是地方产生依赖思想，失去多样性。当前，我国县域中小学教师发展存在的问题与很多因素有关，借鉴美、英等地方分权的经验与教训，有利于解决我国县域中小学教师发展方面存在的各种问题。

三、美、英、日、法四国教师发展支持体系的运行情况

（一）教师发展的规划与决策

日本、美国的行政当局，重视建立独立的规划机构，强化政府在教师发展规划中的决策工作。美国在州和国家两级，负责全面规划与决策的组织。当然，各国的集权程度不同，教师发展规划管理上有很大差别。不论集中规划与决策还是分层规划与决策，都取决于各个国家的集权程度。为了消除日益扩大的集权与官僚化，法国、日本采取了一定程度的分权措施，将教师发展规划与决策的部分权力移交地方，中央与地方相互渗透、衔接和补充，以赢得地方的支持。充分发挥了联邦政府在教师发展中的导向作用，又赋予地方适当的权利，发挥州与地方教育机构的积极性，具有一定的灵活性。

这一思路和做法显然对我国很有启发。我国县域教师发展规划与决策工作高度集权，借鉴美国地方分权的经验与教训，非常有利于因地制宜、有针对性地开展教师培养、培训工作。

（二）教师继续教育机构与课程

关松林教授指出："美、英、日中小学教师培训，体现出培训制度法制化凸显强制

性、培训目标多元化追求整体性、培训内容丰富多彩体现综合性、培训课程整体设计强调实用性、培训途径多种多样彰显灵活性等特征。"[1]

美、英、日、法四国的教师培训机构开放、多元。美国教师培训机构具有多样性、多层次性。综合性大学及教育学院、教师中心、暑假学校、教师专业团体、大学附设的函授教育机构、教师所在的学校（即教师专业发展学校）共同参与教师培训；英国的大学和其他高等教育机构长期在中小学教师教育培训中占有重要地位，英国的校本培训机构健全；日本有大学及师范教育机关、专门的研修机构、教师专业团体、广播电视及函授教育机构、教师在职学校等机构；法国有暑期大学、地区教育中心。

四国中小学教师继续教育与培训的课程体系是非常系统、完整和丰富的，不管是课程的种类、课时比例与学分比例，还是培训模式、水平等级。例如，英国向教师提供5种进修课程。培训的内容丰富、组织形式多样。美国有教学技能培训、教育技术培训、合作沟通培训、带新教师的"导师制"等。培训内容有专家学者使用的互动式教学、小型团体活动和传统的演讲方式、情境与案例教学、根据学校所在地（真实的世界）设定教学计划进行教学、个案研究（分析优势、劣势、机遇、实施）、阅读、深入研讨、日记要目等。

我国的县域教师培训机构课程体系中，教育类课程知识（条件性知识）的掌握以及实际的教学能力表现薄弱，培训形式单一，教师职业特殊性体现不出来。借鉴四国经验，与大学、社会培训机构合作，建立开放、多元、双选的培训模式，是当前我国县域教师培训机构的正确选择。

（三）教师专业发展组织与社会舆论

1. 积极为教师发展提供资源支持，为教师发展搭建平台

美国的教师发展组织分为国家、州、地方三级，美国的全国性教育组织主要有美国全国教育协会、美国教师联合会；英国的全国教师工会（NUT）每年都会有一整套专业发展计划；教职员组合是日本最大的教师工会组织。各国的教师教育组织提供教师发展

---

[1] 关松林. 发达国家中小学教师培训的经验与启示——以美国、英国、日本为例[J]. 教育研究，2015（12）：124-128.

的机会和资源保障的功能正在逐步加大，这也是一种世界性的趋势。

2. 重视教师专业发展理论研究模式

在美国，专业发展已成为国家级重点课题，一些州和特区建立了必修模式（导师制、硕士学位、个人专业发展计划等）或者把专业发展和教师教学评估联系起来，但理论和实践还存在一定的差距。

日本重视实践的专业发展模式，重视师生关系及社会与道德发展的重要性。在小学阶段，学校强调师生在同一班级的稳定性以及教师随着学生升级而跟班教学的益处。

四国的教师专业组织以有利于教师职业发展的方式争取社会与政府的支持与帮助。例如，美国把有关教师教育的重要报告作为一种舆论思想引导着国家教师专业发展的潮流。以英国教育家詹姆斯·波特为首的教师教育调查委员会的报告，对教师职业发展产生了深远影响。几十年来对教师教育问题的密切关注与持续不断增加的财政支持，足以看出各国政府与社会各界对教师发展重要作用和地位的高度重视及对教育价值的深刻认识。

我国的县域教师专业组织还处于待建状态，县域教师专业组织作为县域教师发展的平台与代言人，国外的实践探索值得我们认真思考和借鉴。

（四）现代教育技术的行动计划

美国前总统克林顿在1996年提出了"教育技术行动"，该行动纲领指出：到2000年，全美中小学电脑都将连上信息高速公路，让每个教师、孩子都能在21世纪的现代教育技术中受到教育。[1]运用现代教育技术不仅是美国中小学教学思想的革命，而且是中小学教师教学手段与教学方法的一次革新。

（五）促进教师均衡发展

美国重视教师弱势群体的培训和学习机会，致力于建立健全有关学习的保障机制，促进培训的公平与公正。2002年，美国通过了《不让一个儿童落后法案》，该法案特别强调资金流向的公平性。它的第一章即促进弱势儿童的学业进步，其目标之一是通过提

---

[1] 耿立明，张艳，孙科. 网络教育在美国[J]. 高等农业教育，2001（126）：90-91.

高"弱势"学校教师的培养、培训质量，确保所有儿童都拥有获得高质量教育的机会，并规定通过满足多种弱势儿童群体的教育需求，尤其是缩小少数民族儿童和非少数民族儿童、处境不利儿童与相对优势儿童群体之间的差异。美国联邦政府的这一做法从法律层面和实践层面保障了处境不利教师的受教育权利，在相当程度上缩小了他们与同伴之间的差距。可以说，保障教育公平已成为美国教育立法的一个重要特点；加强对弱势群体的投入和援助逐渐成为世界各国教育改革与发展的显著趋势。

我国县域中小学教师相对处于"弱势"，既缺少资源，又缺少改变自己教育教学水平的知识、技能、方法与手段。美国的做法对于我们提高教育人力资源的存量价值有积极借鉴意义。

（六）多元化教师评价

美、英等国家倡导教师评价的多元化，评价者和被评价者，教师、学生、家长、评价机构在评价过程中结成一种"交互主体"的关系，其核心是通过促进教师发展，确保所有学生都获得学业进步。

1. 发展性教师评价

英国的"发展性教师评价"是一种以促进教师发展为目的的评价制度，评价结果与奖惩制度符合原则，最大限度地满足教师自我尊重和自我发展的需要，从社会、心理方面来鼓励教师的工作热情和积极性。此外，美国提出优秀教师的五项核心标准。日本在公立学校设置了不合格教师小学五项、初中四项、高中两项标准。美、英等国教师的学历、学分与工资待遇捆绑制，工作也具有独特性。我国应从理论和方法上借鉴英国发展性教师评价与传统型教师评价的比较，总结吸取传统教师评价的合理成分，参照成功的教师评价方法，构建县域教师发展评价的基本框架。

2. 增值性教师评价

增值性评价方式（Value-Addedassessment），由于教师工作的对象是学生，"产品"是学生的学习和变化，所以教师评价的标准和核心是促进学生的学习与发展，学生的学业成绩就是评价教师的重要指标。这种评价方式关注学生每年的学业进步，是一种累计性的得分方式，更能精确地衡量学校或教师对学生成就的影响程度。通过跟踪学生几年的进步情况，并与该时期学生就读的学校和教师联系，从而评价这些学校和教师的教育效果。

（七）区分性教师督导

由于教师的发展水平和需求参差不齐、各具特色，如果按照统一标准和方式来评价教师，即使投入大量的时间和精力，结果也很可能适得其反。针对不同教师的实际情况，区分性教师督导体系，近十年来在美国得到迅猛发展。具体来说，所有的教师参与年度学校教学目标设定，并且教师个体目标应当与教师的个体专业发展计划、学校任务以及督导评价机构的目标相联系、相一致。目标提出以后，每位教师可以根据自己的实际情况，选择适合自己的督导与评价方式。

探索：历史与现实

第四章 县域教师发展支持体系建设的实践探索

半个多世纪的时间里,县域教师发展支持体系建设实现了历史性的跨越,有力地推动了县域教师的发展。如政策学家哈罗德·拉斯韦尔(Harold D. Lasswell)所言:"公共政策是一种含有目标、价值与策略的大型计划。"[1] 理性分析县域教师发展支持体系对县域教师发展的推动作用,有助于更好地发挥政策的辅助、导向、调控功能,促进县域教师的新发展。

第一节 县域教师发展支持体系建设

改革开放40年来,我国县域教师发展支持体系建设,在结构、制度、流程方面取得了长足发展。县域教师发展管理结构、制度、职责、政策、体制是国家教师发展管理制度的有机组成部分。鉴于此,有必要对新中国成立后中小学教师选拔、培养、管理、使用的全貌作一梳理。本节运用政策学和制度变迁的理论,以县域教师发展为主线,回顾和梳理县域教师发展支持服务体系建设的实际,展示我国县域教师发展管理制度的阶段性发展特征。

一、县域教师岗位职责变迁

(一)贯彻中小学教育全面发展宗旨(1952—1962年)

本阶段县域教师主要负责各项教学工作和学生思想行为之指导,以贯彻中小学教育全面发展为宗旨。1952年3月,经政务院批准,教育部颁布《中学暂行规程(草案)》和《小学暂行规程(草案)》。

---

[1] 王富军. 农村公共文化服务体系建设研究[D]. 福州:福建师范大学博士学位论文,2012.

《中学暂行规程（草案）》第四章"教导原则"规定：中学教导工作采取教师责任制，由教师负责各项教学工作和学生思想行为之指导，以贯彻中学教育全面发展的宗旨。中学教师应根据理论与实际一致的教育方法，结合革命斗争和国家建设的实际，进行教学，以达学以致用的目的。

《小学暂行规程（草案）》第四章"教学计划、教导原则"规定：实行理论与实际一致的教学方法。教师应根据学科系统，正确地结合儿童生活经验以及社会自然实际，并适当地运用实际事物，进行教学。以上课为教学的基本形式。教师应在教学方面起主导作用，充分准备功课，掌握教材内容，通过一定的教学过程，有计划、有系统地进行教学，以完成教学计划。

（二）钻研教材，提高课堂教学的质量（1963—1966年）

本阶段县域教师主要职责是钻研教材、了解学生的学习情况、认真备课、提高课堂教学的质量。1963年3月，中共中央批准颁布《全日制中学暂行工作条例（草案）》和《全日制小学暂行工作条例（草案）》。

《全日制中学暂行工作条例(草案)》要求中学教师教好功课，钻研教材，改进教学方法，提高课堂教学的质量。《全日制小学暂行工作条例（草案）》要求小学教师必须根据教育部统一规定的教学计划、教学大纲和教科书进行教学。小学必须贯彻以教学为主的原则，对小学生进行教育应该注意适合儿童少年的年龄特点，研究和改进教学方法。

（三）教师基本不能履行岗位职责（1967—1977年）

本阶段县域教师政治上受迫害、地位低下，教师基本丧失教书育人作用。"文化大革命"期间，学校基本停课，校园荒芜，部分教师下放劳动，甚至遣送回家。教师这个"神圣"职业被贬为"臭老九"，教师的基本职责难以履行。

（四）遵循规律，提高课堂教学质量（1978—1992年）

本阶段县域教师主要职责是遵循规律，提高课堂教学质量，注重方法，扩大学生知识领域。

1978年9月，教育部发布了《全日制中学暂行工作条例（试行草案）》和《全日制小学暂行工作条例（试行草案）》，要求教师必须钻研教材，了解学生的学习情况，改进教学方法，认真备课，提高课堂教学质量。教师讲课要力求用明白、准确、生动的语言，适当运用直观教具，把教材内容讲清楚。要注意指导学生课堂练习和自习。教师应该指导学生的课外阅读和科技等活动，扩大学生的知识领域。此外，还要求教师教学必须遵循的青少年年龄特点、接受能力，注意启发学生的学习自觉性和积极性，不得搞突击教学，不要使学生的学习负担过重，作业的分量、课外活动必须适量等方面做出了具体规定。

（五）为人师表，教书育人（1993—）

本阶段县域教师主要职责是遵守宪法、法律和职业道德，为人师表，教书育人。

1993颁布的《中华人民共和国教师法》规定教师应当履行下列六项义务：

遵守宪法、法律和职业道德，为人师表。

贯彻国家的教育方针，遵守规章制度，执行学校的教学计划，履行教师聘约，完成教育教学工作任务。

对学生进行宪法所确定的基本原则的教育和爱国主义、民族团结的教育，法制教育以及思想品德、文化、科学技术教育，组织、带领学生开展有益的社会活动。

关心、爱护全体学生，尊重学生人格，促进学生在品德、智力、体质等方面全面发展。

制止有害于学生的行为或者其他侵犯学生合法权益的行为，批评和抵制有害于学生健康成长的现象。

不断提高思想政治觉悟和教育教学业务水平。

二、县域教师发展的组织结构

县域教师发展的组织结构所要回答的问题是县域教师发展工作是如何进行分工、分组和协调合作的，中央、地方、学校各自设置什么形式的教师发展管理机构，这些机构之间是否表现出一定的隶属关系。

（一）全国县域教师发展管理结构

根据国务院办公厅《关于印发教育部主要职责内设机构和人员编制规定的通知》，

教育部关于教师队伍建设的主要职责是：规划、指导各级各类学校教师队伍建设；拟订教师教育和教师管理政策法规；拟订各级各类教师资格标准并指导教师资格制度的实施；宏观指导教师教育和教师管理工作以及承担指导教育系统人才队伍建设工作。由此可见，中央教育行政部门专门负责中小学教师发展统一规划、管理，全面制订全国性中小学教师发展计划并推动实施（见图4-1）。

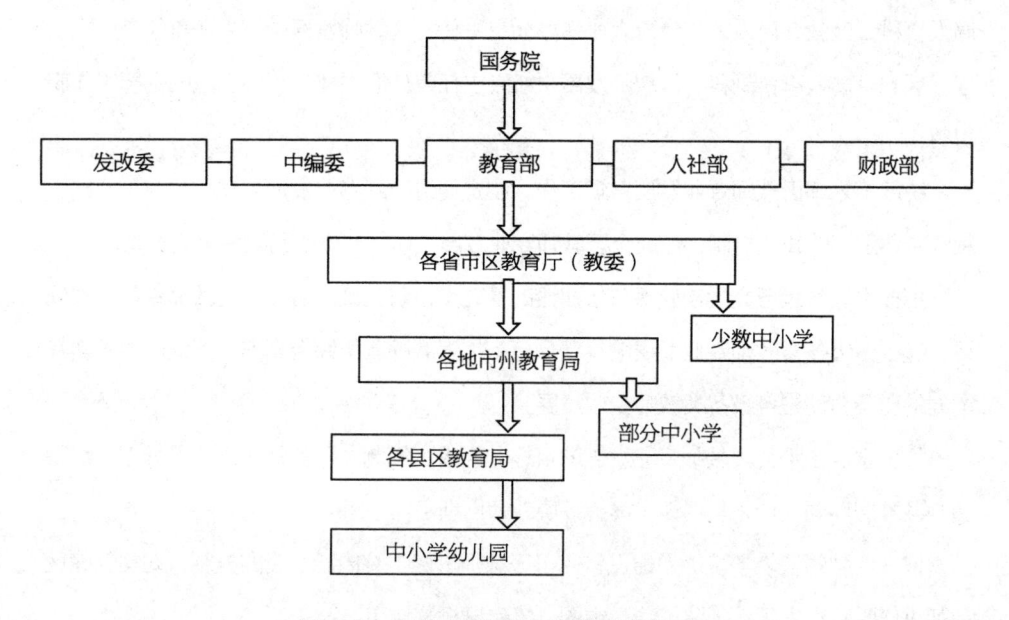

图 4-1 全国县域教师发展管理结构图示

（二）地方教师发展管理机构

2012年，教育部经历了一次较大范围的部门调整。当年7月，为了进一步加强教师工作，教育部将师范教育司更名为教师工作司，并将人事司、职业教育与成人教育司中有关教师的工作职责划转到教师工作司。其主要职能：规划、指导各级各类学校教师队伍建设；拟订教师教育和教师管理政策法规；拟订各级各类教师资格标准并指导教师资格制度的实施；宏观指导教师教育和教师管理工作。为给地方机构改革探索留下余地，地方教育行政部门机构设置不要求完全上下对口。全国省、市、自治区级教育行政部门有一半以上设置了教师工作专门机构，负责中小学教师的选拔、培养、管理等专业发展工作。北京、上海、天津市教育委员会设置人事处，个别省依然延续设置师范教育处。全国大部分的地、市、州、县、区成立了中小学教师队伍建设领导小组或中小学教师继续教育领导小组，负责中小学教师发展及继续教育管理，并对其业务工作进行日常指导、服务。

例如，J省J市Y县成立教师专业发展工作领导小组。组长由政府分管副区长担任；副组长由政府副秘书长及教育局长担任；成员由区发改委、编办、人社局、财政局、教师发展中心主任等担任。教师专业发展工作领导小组下设办公室，办公室设在区教育局人事科。区教育局人才办负责人兼任办公室主任，区教师发展中心主任兼任常务副主任，区教育局人事科副科、区教师发展中心副主任兼任副主任。领导小组的主要工作职责有：

统筹规划本区教师专业发展各项工作，制定促进教师专业发展工作相关政策，建立教师专业发展的长效机制，形成全区教师专业发展工作管理体制和组织协调机制。

把握本区各级各类学校教师队伍建设的着力点，研究确定各级各类教师专业发展项目，编制各级各类教师专业发展的经费预算，加强教师队伍综合素养、育人能力和实践能力的建设，促进各级各类教师专业发展。

提出本区各级各类教师专业发展的目标与要求，编制本区教师队伍建设规划，组织编制教师培训课程计划与活动方案，开展教师培训工作。

推进区教师进修学院能力建设，完善区教师进修学院内涵建设的机制，切实保障区教师进修学院在本区教师队伍建设中的"工作母机"作用。

充分协调区内外优质教师研修资源，努力形成富有"行动教育"特色的，规范、科学、有效的教师培养培训体系。

探索与教师专业发展相关的人事制度改革和政策制定工作，对本区实施的教师资格和注册制度、职务聘任制度、评价考核制度和工资制度等予以指导。

教师专业发展工作领导小组办公室根据领导小组确定的工作目标与需求具体落实日常工作事务。

（三）学校教师发展管理机构

学校教师发展管理机构设置的变化、职责的确定和职能的发挥，对学校的课程教学建设、教学科研和教师发展起重要助推作用。从Z省N市C区H学校教师发展管理机构的职能可以看到，在学校，设立独立的教师发展主管部门是十分必要的。H学校提出工作领导小组及专家组双建设方案，为处理好管理与服务，职能科室与级部，级部与教研组、备课组、班级之间的关系，形成归口管理与部门协调机制，为教师发展提供可靠保障。

H学校领导小组的主要职责是：

规划教师发展，制定相关政策，建立长效机制，形成管理协调机制。

把握各个层面教师发展侧重点，制定分层、分类、分岗的教师发展标准。

开发校本课程，编写校本教材，开展校本教研，培训教师。

教师注册、职称聘任、评价考核和工资待遇等政策的制定与解读。

研究学校教师发展规律，负责教师继续教育工作的规范管理和组织协调。

此外，根据工作需要，聘请教育行政人员、一线名师名校长、教科研人员、专家学者、社会名流作为专家，组成专家组。

负责学校教师发展的政策研究与咨询。

负责学校教师发展的项目评审。

负责学校教师发展的业务指导。

三、县域教师继续教育制度

县域教师继续教育制度是影响县域教师发展的重要因素之一。新中国建立以来，特别是改革开放40年来，我国县域教师继续教育制度获得了长足发展与进步。国家、省、市、县四级网络培训基本覆盖各个层次的县域教师培训，教师持证上岗制度和轮训制度已经确立。深入研究中国特色的县域教师继续教育制度，对于推进国家治理体系和治理能力现代化，具有重要的理论意义和现实意义。

（一）我国教师继续教育制度的主要举措

通过对县域教师继续教育制度的梳理与分析，我们可以更清晰地了解国家对县域教师继续教育制度的要求及未来走向。以下整理我国1953—2018年间颁布的教师继续教育制度（见表4-1），围绕培训的定位、教师资格、培训责任、制度建设等方面，描述并分析县域教师继续教育制度的延续与变革。

1.我国教师继续教育制度的政策文件和主要内容

表 4-1　中小学教师继续教育制度的政策文件及主要内容

政策文件	涉及教师继续教育的主要内容
③1953年7月，教育部、财政部联合颁发《关于1953年中等学校及小学教师在职业余学习的几件事项的通知》	1.中学教师进修主要通过进修学院，小学教师主要通过教师业余进修学校、函授学校等进行。 2.中学教师进修应规定一定年限，按照一定的教学计划，系统地正规地进行，小学教师则学习初师主要课程，分科结业。
③1954年9月，教育部颁发《关于改进中学教师进修学院工作的几点意见的通知》	中学教师进修学院的修业年限为三年，以师专的教学计划为参照，结合中学教师进修学院的特点，按照科目精简与时间集中的原则来研究制定。
③1955年7月，教育部颁发《关于加强小学在职教师业余文化补习的指示》	1.使所有已达初师毕业水平不及师范学校毕业水平的小学教师，逐步提高到相当于师范学校毕业水平。 2.小学教师业余进修学校和函授师范学校均有初级部和高级部之分。 3.未参加正规形式进修的小学教师，鼓励其组成业余文化自学小组，利用业余时间集体自学。
③1955年11月，教育部发出《关于加强中等学校在职教师业余进修的指示》	1.对教师进修学院和高师函授教育的设立、培养目标、修业年限、教学计划、教学形式、招生及毕业等作了全面的规定。 2.对于未能参加系统学习的教师，则鼓励他们成立进修小组，主管教育行政部门要负领导之责。
①1958年9月，中共中央、国务院颁发《关于教育工作的指示》	1.为了培养称职的师资，县以上的各级党委和人民委员会都必须大力发展师范教育。 2.按照"能者为师"的原则就地寻找师资。以大量发展业余文化技术学校和半工半读的学校的形式来普及教育，这种学校将要逐渐成为在课程、设备、师资等方面日益完备的学校。
③1963年3月，教育部颁发《全日制小学暂行条例（草案）》	党、政府和学校都必须按照党的知识分子政策，在政治上关心他们的进步，在业务上积极创造条件，有计划地帮助他们在职进修或脱产进修，提高教学能力。
③1963年3月，教育部颁发《全日制中学暂行条例（草案）》	党、政府和学校都必须按照党的知识分子政策，在政治上关心他们的进步，在业务上积极创造条件，有计划地帮助他们在职进修或脱产进修，增强教学能力。

（续表）

政策文件	涉及教师继续教育的主要内容
③1978年4月，教育部颁发《全日制小学暂行工作条例（试行草案）》和《全日制中学暂行工作条例（试行草案）》	1.教育行政部门和学校要采取切实有效的措施，大力培训师资，提高师资队伍的质量。 2.教师的文化业务进修，应该根据不同的对象具体安排。 3.通过进修达到中师或高师毕业程度的教师，经考试合格，发给证书，承认其学历，在使用上同等对待。
①1983年5月，中共中央国务院颁发《关于加强和改革农村学校教育若干问题的通知》	1.为农村各类学校培训师资。 2.财政部要拨出一笔专款，为少数民族和边境地区建设一两所师资培训中心。
①1985年5月中共中央颁发《关于教育体制改革的决定》	1.提高待遇：采取特定的措施提高中小学教师和幼儿教师的社会地位和生活待遇，鼓励他们终身从事教育事业。 2.发展师范教育，培训和考核在职教师。 3.办好教师进修院校。 4.组织高等学校帮助培训中小学教师的工作。
①1986年4月第六届全国人民代表大会第四次会议通过《中华人民共和国义务教育法》	县级人民政府教育行政部门应当均衡配置本行政区域内学校师资力量，组织校长、教师的培训和流动，加强对薄弱学校的建设。
②1987年12月，国家教委联合财政部等六个部委联合发布《关于开展大学后继续教育的暂行规定》	1.对象：已具有大学专科以上学历或中级以上专业技术职务的在职专业技术人员和管理人员。 2.任务：使受教育者的知识和能力得到扩展、加深和提高。 3.规范：接受适当的继续教育是专业技术人员、管理人员的权利和义务。 4.方式：以短期培训、业余学习为主。 5.管理：颁发与任职资格有关的证明。 6.经费：办学所需经费实行多渠道、多途径筹集。
③1991年12月，国家教委印发了《关于开展小学教师继续教育的意见》	1.对象：取得教师资格的在职教师。 2.目标：提高政治思想、师德修养、教育理论、教育教学能力。 3.原则：政治、业务两手抓；联系实际与因地制宜结合。 4.任务：素质提高；涌现骨干、教学专家。 5.层次：新教师见习期培训、教师职务培训和骨干教师培训。 6.内容：政治思想、师德修养；教育理论、教材教法、教学实践和教师基本功。 7.形式：自学为主、业余为主、短训为主。

（续表）

政策文件	涉及教师继续教育的主要内容
③1991年12月，国家教委印发了《关于开展小学教师继续教育的意见》	8.体系：形成省、县、乡、校四级培训网。 9.保障：组织领导、编制规划、编写大纲、联合办学和校际合作，推动培训、教研、电教等工作互相结合。 10.管理：考核、档案、待遇、表彰。 11.经费：教育事业费、教育费附加以及中央拨给的师范教育补助费。
①1993年2月，中共中央、国务院颁布《中国教育改革和发展纲要》	1.提高教师社会地位，提高教师工资待遇，住房和其他社会福利方面实行优待教师的政策，改善教师的工作、学习和生活条件，使教师成为最受人尊重的职业。 2.建立师范毕业生服务期制度。 3.加强师资培养培训工作。
①1993年10月，《中华人民共和国教师法》	1.教师享有按劳获取工资薪酬的权利，享有国家规定的福利待遇以及寒暑假期带薪休假的权利。 2.参加进修或者其他方式培训的权利。
①1994年7月，国务院关于《中国教育改革和发展纲要》的实施意见（国发〔1994〕39号）	1.要有计划地对中小学校长、教师进行培训。 2.提高教师的待遇和社会地位。
①1995年3月，《中华人民共和国教育法》	1.国家保护教师的合法权益，改善教师的工作条件和生活条件，提高教师的社会地位。 2.国家实行教师资格、聘任制度，通过考核、奖励、培养和培训，提高教师素质。
③1998年12月，教育部制订《面向21世纪教育振兴行动计划》	1.教师进行全员培训和继续教育；重点加强中小学骨干教师队伍建设。 2.巩固和完善持证上岗制度。 3.加强中小学教师继续教育的教材建设。 4.实行教师聘任制和全员聘用制。
①1999年6月，《中共中央国务院关于深化教育改革，全面推进素质教育的决定》	1.开展以培训全体教师为目标、骨干教师为重点的继续教育，使中小学教师的整体素质明显提高。 2.建立优化教师队伍的有效机制。 3.合理配置教师资源。
③1999年9月，教育部颁发《中小学教师继续教育规定》	1.适用范围：国家和社会力量举办的中小学在职教师的继续教育工作。 2.实施原则：因地制宜、分类指导、按需施教、学用结合。

（续表）

政策文件	涉及教师继续教育的主要内容
③1999年9月，教育部颁发《中小学教师继续教育规定》	3.主要任务：每五年为一个培训周期。 4.内容类别：思想政治教育和师德修养；专业知识更新与扩展；现代教育理论与实践；教育科学研究；教育教学技能训练和现代教育技术；现代科技与人文社会科学知识；非学历教育和学历教育。 5.组织管理：国家宏观管理；省级主管；教师进修院校和普通师范院校实施。 6.条件保障：政府财政拨款为主，多渠道筹措；教师学习期间享受国家规定的工资福利待遇。 7.考核奖惩：建立教师继续教育考核和成绩登记制度，作为教师职务聘任、晋级的依据之一；表彰和奖励优异的单位和个人。
③1999年11月，教育部颁发《中小学教师继续教育工程方案（1999—2002年）》及其实施意见的通知	1.目标：1000万名中小学教师轮训一遍。 2.计划：新任教师培训；教师岗位培训；骨干教师培训；提高学历培训；计算机全员培训；培训者培训。 3.项目：中小学教师继续教育法规建设；中小学教师继续教育课程、教材建设；中小学教师继续教育网络建设；中小学教师继续教育监测评估体系建设。 4.保障：成立管理机构；完善开放高效的培训系统；积极开展继续教育科学研究与实践；加强评估检查；保证"工程"经费。
①2010年7月，中共中央国务院颁布《国家中长期教育改革和发展规划纲要（2010—2020年）》	1.完善培养培训体系。 2.做好培养培训规划。 3.完善教师培训制度。 4.组织研修培训。 5.开展大中小学校长和骨干教师海外研修培训。
③2011年1月，教育部颁发《关于大力加强中小学教师培训工作的意见》	1.目标：以农村教师为重点，开展中小学教师全员培训；构建开放灵活的教师终身学习体系。 2.原则：统筹规划、改革创新、按需施训、注重实效。 3.任务：新任教师岗前培训时间不少于120学时；在职教师岗位培训五年，每人不少于360学时的全员培训。 4.重点：农村教师；中青年教师；师德教育；班主任教师；"国培计划"。 5.模式：优化培训内容；创新培训模式；开展远程培训；完善校本研修。 6.制度：规范培训证书制度；严格培训学分管理；建立机构资质认证制度；实行培训项目招投标；强化培训质量监管。

（续表）

政策文件	涉及教师继续教育的主要内容
①2012年8月，国务院颁布《关于加强教师队伍建设的意见》	1.实行五年一周期不少于360学时的教师全员培训制度，推行教师培训学分制度。 2.采取顶岗置换研修、校本研修、远程培训等多种模式。 3.建设教师网络研修社区和终身学习支持服务体系，促进教师自主学习。 4.构建以师范院校为主体、综合大学参与、开放灵活的中小学教师教育体。 5.实施中小学名师名校长培养工程。
②2012年11月，教育部、中央编办、国家发展改革委、财政部、人力资源和社会保障部联合颁布《关于大力推进农村义务教育教师队伍建设的意见》	1.为农村义务教育教师建立网络研修社区。 2.加强音体美、科学、综合实践等农村紧缺薄弱学科课程教师和民族地区双语教师培训。 3.支持农村名师、名校长专业发展，造就一批乡村教育家。
②2012年11月，教育部、国家发展改革委和财政部发布《关于深化教师教育改革的意见》	1.推进县级教师培训机构与教研、科研、电教等部门的整合。 2.建设县（区）域教师发展平台，统筹县域内教师全员培训工作。 3.支持实施幼儿园和中小学教师国家级培训计划。 4.实施中小学（中等职业学校）名师名校长培养工程。
①2015年6月，国务院办公厅关于印发《乡村教师支持计划（2015—2020年）的通知》	1.保证培训时间。到2020年对全体乡村教师及校长进行360学时的培训。 2.优化培训内容。日常教育教学业务能力培训，注重加强师德和信息技术应用能力培训。 3.改进培训方式。按照乡村教师的实际需求，采取顶岗置换、网络研修、送教下乡、专家指导、校本研修等多种形式。 4.调整"国培"方向。从2015年起，"中小学教师国家级培训计划"重点聚焦乡村，集中支持中西部乡村教师校长培训。
①2018年1月，中共中央、国务院发布了《关于全面深化新时代教师队伍建设改革的意见》	1.信息技术与教师培训融合、混合式研修。 2.改进培训内容，紧密结合教育教学一线实际。 3.推行培训自主选学。 4.实行培训学分管理，建立培训学分银行。 5.建立健全地方教师发展机构和专业培训者队伍。 6.逐步推进县级教师发展机构建设与改革，实现培训、教研、电教、科研部门有机整合。 7.继续实施教师国培计划。 8.鼓励教师海外研修访学。

（续表）

政策文件	涉及教师继续教育的主要内容
②2018年3月，教育部等五部门发布《教师教育振兴行动计划（2018—2022年）》	1.加强县区乡村教师专业发展支持服务体系建设，强化县级教师发展机构在培训乡村教师方面的作用。 2.培训内容针对教育教学实际需要。 3.赋予乡村教师更多选择权。 4.推进乡村教师到城镇学校跟岗学习。 5."互联网+教师教育"创新行动。 6.实施中小学名师名校长领航工程。 7.建设研训一体的市县教师发展机构。 8.组建中小学名师工作室、特级教师流动站。

注：①国家宏观性的教育政策文件。②教育部及其他部门颁发的指导中小学校长中长期培训实施的文件。③教育部有关中小学校长短期培训实施的文件。

（二）县域教师继续教育机构评估制度

1. 县域教师继续教育机构形成

20世纪80年代末以来，国家、省、市和县四级教育机构主要承担了四轮我国县域教师继续教育任务，实现了我国县域教师继续教育在数量上的提升。在继续教育实践中，逐步形成省、县、乡、校四级培训网，以适应开展继续教育的需要。

1991年12月，国家教委《关于开展小学教师继续教育的意见》进一步明确"小学教师继续教育的基础在任职学校；建立和完善乡（镇）师资培训辅导站（组）与教研机构密切结合，提倡能者为师，就地就近开展继续教育活动；教师进修学校和中等师范学校师资培训部是开展教师继续教育的重要基地；省、自治区、直辖市或地（市）的小学教师培训中心，要在教育行政部门的领导下，在制订继续教育的计划和规划、指导和实施继续教育的具体工作中发挥作用"。各级培训机构虽不存在行政管理隶属关系，但事实上存在业务上的指导和联系，各级培训机构承担着相对应的培训任务，基本实现分层、分岗、分类培训。

2. 县域教师培训机构建设标准

县域教师继续教育的主要组织者和承担者是县级教师培训机构，其建设与改革的成功，不仅关系着县域教师继续教育的质量，而且关系着县域教师专业化的水平。建设教师培训机构国家标准，建立教师培训机构资质认证制度，既是促进在职教师专业成长的重要举措，也是教师培训机构建设和教师教育国家标准完善的现实需要。教育部于2002年印发《关于进一步加强县级教师培训机构建设的指导意见》，文件对县级教师培训机构的性质和主要任务作了深刻的阐述，对县级教师培训机构建设的基本原则和要求、领导和管理也作了明确的规定（见表4-2）。一级指标：组织领导、基础设施、教师队伍、专业效能、特色影响，分别占比16%、17%、22%、33%、12%。其中专业效能是政府评估的重点。

表 4-2 《2002年示范性县级教师培训机构评估标准》主要内容

一、二级指标		观测点及权重
组织领导（16分）	组织保障（4分）	重视程度（2分） 经费投入（2分）
	机构管理（5分）	机构性质（2分） 资源整合（3分）
	领导班子（4分）	选拔机制（1分） 成员结构（1分） 素质能力（1分） 团队合作（1分）
	经费保障（3分）	办学经费（2分） 经费管理（1分）
基础设施（17分）	校舍条件（7分） 培训条件（10分）	校园建设（2分） 建筑面积（2分）
		培训容量（1分） 专业教室（2分）
		设备设施（1分） 网络环境（1分） 远程支持（1分）
		图书音像（1分） 数字资源（2分） 使用更新（1分）
		设施管理（1分）
		实践基地（2分）
教师队伍（22分）	专任教师（10分）	教师数量（3分） 结构比例（1分） 教师管理（1分） 培训提高（1分）
		学历状况（1分） 职称比例（2分） 名师比例（1分）
	兼职教师（4分）	结构比例（1分） 教师管理（1分）
		工作内容（1分） 目标绩效（1分）
	能力建设（8分）	策划设计能力（2分） 组织管理能力（2分） 研究指导能力（2分） 评估服务能力（2分）

（续表）

一、二级指标		观测点及权重
专业效能（33分）	培训管理（10分）	发展规划（1分） 培训规划（1分） 培训绩效（2分）
		质量监控（2分） 评估制度（1分）
		管理规范化（1分） 管理信息化（2分）
	功能发挥（23分）	全员培训（3分） 专项培训（2分） 管理者培训（1分）
		学历提升（1分）
		课题研究（4分） 研究成果（3分）
		专业指导（3分） 校本研修（2分）
		政策咨询（1分） 专业咨询（1分）
		社会服务（1分）
		表彰奖励（1分）
特色影响（12分）	服务对象评价（2分） 同行评价（2分） 社会评价（2分）	
	特色创新（6分）	

2011年，教育部办公厅印发《关于开展示范性县级教师培训机构评估认定工作的通知》。通知要求各地按照《示范性县级教师培训机构评估标准》，先由省级教育行政部门研究制定具体评估办法，组织实施省级评估，再申报，由教育部组织有关专家对申报机构进行抽查复审后，正式予以认定。《示范性县级教师培训机构评估标准》共分五项一级指标（见表4-3）：组织领导、基础设施、教师队伍、专业效能和特色影响。前四项一级指标分为11项二级指标。在五项一级指标中，"教师队伍""专业效能"和"组织领导"分值分别占总数的22%、33%和16%，观测点数分别占25%、31.67%和16.67%。教师队伍、机构满足需要程度和政府责任是评估的重点。教师队伍要求达到：专任教师数不低于本地区中小学专任教师总数的5%；学科配备齐全；具有研究生学历和硕士、博士学位者达到15%，并逐年提高；兼职教师与专任教师的比例不低于1.5:1。专业效能主要达到：通过"发展规划"引导队伍发展；完善教师培训质量评估机制和体系；参训率达98%以上，合格率达95%以上，满意度在80%以上；强化专题研究，做好参谋和助手。组织领导要求做到"三个到位"：认识到位、政策到位、管理到位。硬指标是培训机构"基本实现与教研、科研、电教等相关机构的职能和资源的有效整合"。《示范性县级教师培训机构评估标准》为县域教师继续教育的管理和发展指明了方向，建立了培

训机构的资质评估与准入制度。有助于引导各地研究制定培训质量评估、培训机构资质准入等办法，建立、完善教育系统干部培训质量跟踪、监督制度，努力提高培训质量与效益，不断规范培训秩序。

表 4-3 《示范性县级教师培训机构评估标准》主要内容

一级指标	分值	二级指标	分值	观测点数
组织领导	16	组织保障	4	2
		机构管理	5	2
		领导班子	4	4
		经费保障	3	2
				10
基础设施	17	校舍条件	7	4
		培训条件	10	8
				12
教师队伍	22	专任教师	10	7
		兼职教师	4	4
		能力建设	8	4
				15
专业效能	33	培训管理	10	7
		功能发挥	23	12
				19
特色影响	12	服务对象评价 同行评价 社会评价	6	3
		特色创新	6	1
合计	100		100	60

"从教育干部培训机构评估的价值出发，提出评估需要从机构的规划发展、管理情况、内外资源、办学水平等方面考虑。以CIPP模式对评估内容的分类来归类教育干部培训机构的评估准则之后，最终确定了四大类评估准则：目标决策、办学条件、办学过程、办学效果，并附上加分项目。"[①]中国是发展中国家，不同区域的历史文化不同、发展阶段不同、县域教师需求不同。各类培训机构受当地政治经济、社会风俗、教育发展水平、教师发展诉求、地理环境等因素的制约，培训机构的硬件、软件参差不齐，

---

① 王徐波. 我国教育干部培训机构评估研究[D]. 上海：华东师范大学硕士学位论文，2008.

差别很大。因此，县域教师培训机构建设应体现东、中、西部的区域差异，围绕基本要求设计基本指标，并根据经济水平、培训机构实际发展状况、教师发展阶段特点，设计灵活动态的发展性评价标准。"不仅各级教师培训机构应有不同的指标及标准，即便是同一级教师培训机构、不同类型的教师培训机构，也应该在设有一般性教师培训机构标准的基础上增加一些特殊的教师培训机构标准。"[①]我国县域教师培训机构建设的思路是："原则上，要处理好共性与个性、自评与他评、静态与动态等几对关系。内容上，建设包含合格标准、优秀标准在内的系列标准。方法上，重点借鉴国外教育培训机构标准建设的成功经验。实施上，包括标准制定、发布和实施在内的系列活动，需要分阶段、分步骤推进。"[②]

四、县域教师发展管理制度

教师培训政策体现了执政党或国家对一定历史时期教师培训工作的基本认识、基本要求，体现着国家对教师培训的指导思想、目标任务和工作部署。通过对"中小学教师国家级培训计划"相关政策的归纳与梳理，能清晰了解国家对教师培训的价值取向和重点任务。

（一）县域教师任职资格制度发展

20世纪60年代以来，西方发达国家掀起了一场声势浩大的教师专业化浪潮，建立教师资格制度成为世界教师教育发展的趋势。教师资格制度是促进县域教师发展的重要举措，是县域教师发展制度化、规范化的重要标志。朱旭东教授认为："教师资格制度具有社会功能性价值和个体发展性价值。"[③]

陈尚琼、余仁胜研究提出我国教师资格考试制度建立过程大致分三个时期：1978—1993年，建立了中小学教师考核合格证书制度；1993—2009年，建立了面向广大学历合格的非师范生和社会人员申请者的教师资格考试制度；2009年至今，逐步建立了全国统

---

① 李中亮. 教师培训机构国家标准建设研究[J]. 中国教育学刊, 2014（6）: 93-96.
② 胡东成, 彭瑞霞. 我国教育培训机构标准建设的研究[J]. 成人教育学刊, 2011（11）: 12-17.
③ 朱旭东, 袁丽. 教师资格考试政策实施的制度设计[J]. 教育研究, 2016（5）: 105-109.

一的中小学教师资格考试制度，推动和引导教师教育改革。[①]教师任职资格制度经历了孕育期、启动期和深化期三个相互依存、相互递进的发展阶段。

1978年9月教育部印发《关于加强和发展师范教育的意见》，1978年1月国务院批转《教育部关于加强中小学教师队伍管理工作的意见》，1983年5月中共中央、国务院发布《关于加强和改革农村学校教育若干问题的通知》，这些文件不同程度地提出了教师专业化和合格教师培养问题，反映出国家对教师专业化的重视，开始孕育教师资格制度建设。

1985年中共中央《关于教育体制改革的决定》提出"只有具备合格学历或有考核合格证书的，才能担任教师"，要求为不具备合格学历的教师提供学习进修的途径，这为我国建立中小学教师资格制度奠定了思想基础。

1986年7月1日起施行的《中华人民共和国义务教育法》明确规定"教师应当取得国家规定的教师资格"，这标志着教师资格制度进入全面依法治教的新阶段，对教师专业化和教师资格制度完善将产生重大而深远的影响。

1993年10月31日通过的《中华人民共和国教师法》规定"国家实行教师资格制度"，明确提出"中国公民凡遵守宪法和法律，热爱教育事业，具有良好的思想品德，具备本法规定的学历或者经国家教师资格考试合格，有教育教学能力，经认定合格的，可以取得教师资格"，首次以法律形式明确国家实施教师资格制度建设。

1994年1月1日起施行《中华人民共和国教师资格条例》共有七章二十三条，分别从总则、教师资格分类与适用、教师资格条件、教师资格考试、教师资格认定、罚则、附则等内容方面做出全面安排部署，促进了教师来源多元化和高质量教师队伍的储备，为建立多元化的教师教育体系提供了制度保障，成为我国提高教师质量的重要途径。

1995年3月18日，第八届全国人民代表大会第三次会议通过《中华人民共和国教育法》指出"国家实行教师资格、职务、聘任制度"。《教育法》是中国教育工作的根本大法，从根本上奠定了教师资格的法律基础。

原国家教委于1995年下发了《教师资格认定的过渡办法》，1998年教育部在上海、江苏、湖北、广西、四川、云南的部分地市进行了教师资格认定试点工作。

[①] 陈尚琼，余仁胜. 我国中小学教师资格考试制度的回顾与展望[J]. 复印报刊资料（教育学文摘），2015（2）：61-62.

为积极稳妥地做好全面实施教师资格工作，教育部在总结教师资格过渡和面向社会认定教师资格试点工作经验的基础上，于2000年9月23日发布实施《教师资格条例》实施办法，共有六章二十九条，内容主要由总则、资格认定条件、资格认定申请、资格认定、资格证书管理、附则组成，进一步完善教师资格管理体制机制，规定国务院教育行政部门负责全国教师资格制度的组织实施和协调监督工作，县级以上（包括县级）地方人民政府教育行政部门根据《教师资格条例》规定权限负责本地教师资格认定和管理的组织、指导、监督和实施工作。

针对教师资格实施中的问题，2001年教育部印发《关于首次认定教师资格工作若干问题的意见》的通知要求"要依法设立教师资格认定机构，规范教师资格认定机构行为；严格掌握认定教师资格人员的范围和教师资格认定条件，杜绝擅自修改教师资格认定条件、扩大或缩小认定教师资格人员范围的现象；严格遵循教师资格认定程序，不得随意变动"。

2010年《国家中长期教育改革和发展规划纲要（2010—2020年）》提出：完善并严格实施教师准入制度，严把教师入口关。国家制定教师资格标准，提高教师任职学历标准和品行要求。建立教师资格证书定期登记制度。

2011年教育部《关于大力加强中小学教师培训工作的意见》明确规定了教师持证上岗制度，提出教师任职五年须参加360学时的培训，与教师资格认证挂钩。

2012年国务院《关于加强教师队伍建设的意见》要求：修订《教师资格条例》，提高教师任职学历标准、品行和教育教学能力要求。把师德表现作为教师资格定期注册的首要内容。

2018年中共中央国务院《关于全面深化新时代教师队伍建设改革的意见》要求：完善教师资格考试政策，逐步将幼儿园教师学历提升至专科，将小学教师学历提升至师范专业专科和非师范专业本科，将初中教师学历提升至本科。新入职教师必须取得教师资格。

（二）县域教师发展标准制度

教师专业发展标准是规范县域教师发展的尺度。《国家中长期教育改革和发展规划纲要（2010—2020年）》提出"提升教师素质，努力造就一支师德高尚、业务精湛、结构合理、充满活力的高素质专业化教师队伍"。2012年《国务院关于加强教师队伍建设的意见》提出"完善教师专业发展标准体系。根据各级各类教育的特点，出台幼儿园、小学、中学、职业学校、高等学校、特殊教育学校教师专业标准，作为教师培养、准入、培训、考核等工作的重要依据"。2013年2月教育部印发《中学教师专业标准（试行）》《小学教师专业标准（试行）》，这些标准是国家对合格中小学教师的基本专业要求，是中小学教师开展教育教学活动的基本规范，是引领中小学教师专业发展的基本准则，是中小学教师培养、准入、培训、考核等工作的重要依据。

（三）县域教师管理规章制度

教师管理制度是规范县域教师行为的准则，并为教师的发展提供支持，最终达到保证、促进教育功能实现和教师自身发展的目的。教师管理制度改革是教育管理体制改革的重要内容，"为使教师管理工作更加合理化和人性化，有必要对当前的教师管理制度体系进行全方位的变革。"[①]因此，我国政府结合国情和教师发展的需求和特色，以对教师、教育、未来社会的全面的、整体的发展为基础，分析教师管理制度改革存在的问题，综合改革教师管理制度，明确教师管理的目标，形成了一套体系健全的教师管理系统。1993年10月通过的《中华人民共和国教师法》共有总则、权利和义务、资格和任用、培养和培训、考核、待遇、奖励、法律责任、附则九章，四十三条，其基本精神就是用法律来维护教师发展的合法权益，加强教师队伍的规范化管理，保障教师待遇和社会地位的不断提高。根据法律要求，各级人民政府应当采取措施，加强教师的思想政治教育和业务培训。自1994年1月施行以来，对加强我国教师队伍建设起到了积极的作用，也标志着我国教师管理步入规范化、制度化、法制化轨道。

党的十八大报告提出"加强教师队伍建设，提高师德水平和业务能力，增强教师教书育人的荣誉感和责任感"。2012年9月7日，国务院召开了全国教师工作暨"两基"工作总结表彰大会，印发了新中国成立以来第一个全面部署教师队伍建设工作的纲领性文件《关于加强教师队伍建设的意见》（国发〔2012〕41号），明确了教师队伍建设的指导思想、总体目标、重点任务和政策措施，为加强教师队伍建设指明了方向，发出了

---

① 陈振华. 中小学教师管理制度建设：问题与改进策略[J]. 教育研究，2015（9）：99-103.

全面加强教师队伍建设的进军令。为贯彻落实国务院文件精神，教育部会同中央组织部、中央宣传部、中央编办、国家发展改革委、财政部、人力资源社会保障部、国有资产监督管理委员会等相关部委分别印发了《关于大力推进农村义务教育教师队伍建设的意见》《关于加强高等学校青年教师队伍建设的意见》《关于加强幼儿园教师队伍建设的意见》《关于加强特殊教育教师队伍建设的意见》《关于深化教师教育改革的意见》和《职业学校兼职教师管理办法》等6个文件。涉及农村义务教育、学前教育、职业教育、高等教育、特殊教育教师队伍建设和教师教育改革等6个方面，以点带面，着力破解涉及教师队伍建设体制机制方面的瓶颈。

党的十九大报告指出要"加强师德师风建设，培养高素质教师队伍，倡导全社会尊师重教"。2018年1月中共中央国务院颁布《关于全面深化新时代教师队伍建设改革的意见》，这是新中国成立以来党中央出台的第一个专门面向教师队伍建设的里程碑式政策文件。

五、县域教师发展管理体制

县域教师发展管理体制所要回答的问题包括：县域教师发展管理权力如何确立和划分；对县域教师的管理总体上是集中管理还是分散管理等。

（一）县域教师由教育行政部门管理（1952—1958年）

1952年3月，经政务院批准，中央教育部颁布《中学暂行规程（草案）》规定："各校除日常行政由各主管业务部门领导外，其有关方针、政策、学制、教育计划、教导工作等事项应受所在省、市文教厅、局的领导。"《小学暂行规程（草案）》规定："小学教师、职员、工友编制标准，由各省、市人民政府教育行政部门按照本省、市情况制定，报告本大行政区教育行政部门备案施行……各级教育行政部门对教师进行考核。"由此可见，1952—1958年全国中小学教师由教育行政部门管理，县域教师也不例外。

（二）县域教师由人民委员会和人民公社管理（1959—1962年）

1959年，国务院规定："公办的全日制小学由公社直接管理，民办的小学由大队直接管理，之后不论公办民办全由地方管理。"由此，1959—1962年中小学教师由人民委员会和人民公社管理。

（三）县域教师由当地党委和教育行政部门管理（1963—1965年）

1963年3月，中央转发的教育部《全日制中学暂行工作条例（草案）》和《全日制小学暂行工作条例（草案）》中规定：教好功课，钻研教材，改进教学方法，提高教学质量。《全日制中学暂行工作条例（草案）》还要求：教育行政部门应该表扬和鼓励优秀教师。对长期从事教育工作的教师，应该实行教龄津贴制度，少数优秀教师可以超级提升。对年老退休的教师的生活，应该妥善安排。

（四）县域教师由革命委员会管理（1966—1977年）

"文化大革命"期间，在"踢开党委闹革命"的口号下，造反狂潮也扩展到教育领域。学校各级党组织陷于停顿、瘫痪状态。革命委员会成为各级政权的一元化组织形式，学校领导权被革命委员会取代。

（五）县域教师由属地人民政府管理（1978—1984年）

1978年，教育部重新颁发了《全日制小学暂行工作条例（试行草案）》《全日制中学暂行工作条例（试行草案）》，全面恢复"文化大革命"前的教育体制，确定了县域教师由属地人民政府管理，并明晰了中小学的基本学制和课程设置。

（六）县域教师由县、乡两级管理，以乡镇管理为主（1985—2001年）

为了适应财政包干的新体制，1985年5月《中共中央关于教育体制改革的决定》中明确提出："基础教育管理权属于地方。除大政方针和宏观规划由中央决定外，具体政策、制度、计划的制定和实施，以及对学校的领导、管理和检查、责任和权力都交给地方。省、市（地）、县、乡分级管理的职责如何划分，由省、自治区、直辖市决定。实施'地方负责、分级管理'的基础教育管理体制。"在具体的实施过程中，分级办学、分级管理，形成了县、乡、村三级办学，县、乡两级管理的模式。县域教师形成了县、乡两级管理，以乡镇管理为主的体制。

1993年10月31日，第八届全国人民代表大会常务委员会第四次会议通过的《中华人民共和国教师法》规定:"国务院教育行政部门主管全国的教师工作,国务院有关部门在各自职权范围内负责有关的教师工作。"

1994年7月中共中央、国务院关于《中国教育改革和发展纲要》的实施意见要求:"县级政府在组织义务教育的实施方面负有主要责任,包括统筹管理教育经费,调配和管理中小学校长、教师,指导中小学教育教学工作等。"

1995年9月1起施行的《中华人民共和国教育法》对中央与地方政府在教师管理方面的职责权限做出了明确规定:"国务院和地方各级人民政府根据分级管理、分工负责的原则,领导和管理教育工作……中等及中等以下教育在国务院领导下,由地方人民政府管理。"

1999年6月,中共中央、国务院《关于深化教育改革,全面推进素质教育的决定》要求:"继续完善基础教育主要由地方负责、分级管理的体制。根据各地实际,加大县级人民政府对教育经费、教师管理和校长任免等方面的统筹权。"县域教师管理在部分地区逐步上升到县级统筹。

(七)县域教师由县级人民政府管理(2002—)

2001年5月,《国务院关于基础教育改革和发展的决定》指出:"实行在国务院领导下,由地方政府负责、分级管理、以县为主的体制……县级人民政府对本地农村义务教育负有主要责任,要抓好中小学的规划、布局调整、建设和管理,统一发放教职工工资,负责中小学校长、教师的管理,指导学校教育教学工作……"2002年4月,国务院办公厅下发《关于完善农村义务教育管理体制的通知》规定"县级人民政府负责农村中小学校长、教职工的管理",农村义务教育实行"在国务院领导下,由地方政府负责、分级管理、以县为主"的体制。县级人民政府对农村义务教育负有主要责任,省、地(市)、乡等地方各级人民政府承担相应责任,中央政府给予必要的支持。2004年2月,国务院批转教育部《2003—2007年教育振兴行动计划的通知》提出:"进一步落实'在国务院领导下,由地方政府负责、分级管理、以县为主'的农村义务教育管理体制。县级政府要切实担负起对本地教育发展规划、经费安排使用、教师和校长人事等方面进行统筹管理的责任。"县域教师由县级人民政府管理。

2010年发布的《国家中长期教育改革和发展规划纲要(2010—2020年)》明确提

出:"县级教育行政部门按规定履行中小学教师的招聘录用、职务(职称)评审、培养、培训和考核等管理职能。"为贯彻《纲要》,进一步深化教育领域综合体制改革,国务院办公厅于2011年1月印发的《关于开展国家教育体制改革试点的通知》要求深化中小学教师职称制度改革[①]。2012年,国务院《关于加强教师队伍建设的意见》提出:"深化全国'县管校聘'人事制度改革,进一步完善激励导向专业发展机制。"

2018年中共中央、国务院《关于全面深化新时代教师队伍建设改革的意见》要求:"实行义务教育教师'县管校聘'。深入推进县域内义务教育学校教师、校长交流轮岗,实行教师聘期制、校长任期制管理,推动城镇优秀教师、校长向乡村学校、薄弱学校流动。"进一步明确了县域教师由县级人民政府管理的责任。

第二节 县域教师发展支持体系建设的地方实践

政策制度是由政府强制力保证实施的具有普遍约束力的行为规则,政策制度是县域教师发展支持体系建设的基本依据和现代化治理的准则。其中,决策与执行的实时协同是保证政策制度供给稳步推进的重要前提。而如何实现驱动下"决策—执行"层面间的纵向动态适应、联动,进而实现县域教师选拔、管理、培养、使用环节间的横向全局协调,最终实现县域教师发展支持体系的多环节动态联动运作,是县域教师发展支持体系建设面临的关键挑战。

案例一

浙江省出台"十项"措施加强乡村教师队伍建设[②]

2016年2月浙江省政府印发《浙江省乡村教师支持计划2015—2020年实施办法》,提出十项主要措施,大力加强乡村教师队伍建设。

---

① 檀慧玲,刘艳. 乡村教师政策发展的特点、问题及建议[J]. 教学与管理,2016(16):13-15.
② 根据浙江省人民政府办公厅《关于印发浙江省乡村教师支持计划(2015—2020年)实施办法的通知》整理。

（一）加强师德建设。

（二）拓宽乡村教师补充渠道。

（三）提高乡村教师生活待遇。

（四）统一城乡教职工编制标准。

（五）职称（职务）评聘向乡村学校倾斜。

（六）积极推动城镇优秀教师向乡村学校流动。

（七）加强乡村教师培养培训工作。

（八）完善乡村教师荣誉制度。

（九）注重人文关怀和心理疏导。

（十）强化责任。

宁波市出台"十二条"措施加强乡村教师队伍建设[①]

宁波市根据浙江省人民政府办公厅《关于印发浙江省乡村教师支持计划（2015—2020年）实施办法的通知》的文件精神，从师德建设、人员配置、待遇保障、职称评审和培养培训等5个方面提出具体的措施对乡村教师队伍建设予以支持。具体包括：

（一）建立完善长效机制，加强师德建设。

（二）拓宽招人用人渠道，优化人员结构。

（三）改善工作生活条件，健全保障机制。

（四）完善教师职评政策，保障专业成长。

（五）加强培养培训工作，促进能力提升。

宁海县出台"十二条"措施加强乡村教师队伍建设[②]

宁海县根据宁波市人民政府办公厅《关于印发宁波市乡村教师支持计划（2016—2020年）实施办法的通知》要求，结合本县实际，从师德长效机制、

[①] 根据宁波市人民政府办公厅《关于印发宁波市乡村教师支持计划（2016—2020年）实施办法的通知》整理。

[②] 根据宁海县人民政府办公室《关于印发宁海县乡村教师支持计划（2017—2020年）实施办法的通知》整理。

拓宽进人渠道、改善生活待遇、完善教师职评政策和强化培养培训等5个方面提出12条具体的措施对乡村教师队伍建设予以支持。具体包括：

（一）建立完善长效机制，加强师德建设

1.健全师德教育制度。

2.完善表彰奖励制度。

3.严格师德考核制度。

（二）拓宽招人用人渠道，优化人员结构

1.统一城乡编制标准。

2.完善乡村学校教师补充机制。

3.促进教师校长双向交流。

（三）改善工作生活条件，健全保障机制

1.提高乡村教师福利待遇。

2.帮助解决乡村教师实际困难。

（四）完善教师职评政策，保障专业成长

1.合理调控教师岗位结构比例。

2.实施乡村教师职称（职务）评聘倾斜政策。

（五）加强培养培训工作，促进能力提升

1.完善乡村教师专业发展培训制度。

2.实施乡村教师（校长）专业发展支持计划。

案例一评析

县域教师发展支持体系建设是一项系统工程，政策制度供给需要省、市、县三级联动。浙江省乡村教师支持计划三级联动，推动乡村教育高质量发展。

第一，公共政策视阈下政府协同治理。"通过协商民主实现国家治理，是当代中国协商治理的基本形式。实现公共利益、集体利益与个人利益的均衡发展，是当代中国协商治理的基本目标。"[1]浙江省打破传统政府结构中的区域壁垒、条块壁垒、管理壁垒制约，根据国家要求"高位介入"来实现乡村教师队伍建设的协同联动运行。

---

① 王岩，魏崇辉. 协商治理的中国逻辑[J]. 中国社会科学，2016（7）：26-45.

第二，政策供给引领乡村教师队伍建设的主题。政府供给政策联动服务形态和渠道，既是开启乡村教师队伍建设活动的新思路，又是解决乡村教师队伍结构性缺编、专业资源不足、工学矛盾突出、待遇地位不高、职称评聘困难供给改革的重要行动。浙江省宁波市宁海县紧抓5项关键方面，践行12项政策供给服务，建设联动长效机制。

第三，引入和调动多部门、多环节、多主体的资源和力量助推乡村教师发展。"乡村教育问题错综复杂，教育政策只有与实际问题相吻合才能有效实施。"[1]浙江省宁波市宁海县针对当前乡村教师队伍建设重"标"轻"本"的症结，将改善生活工作待遇的"标"与加强师德师风建设、形成乡村教师的职业认同的"本"相结合。构建以政府为主导，高校培养、培训为支撑，乡村中小学为重点，社会宣传媒体为参与的五位一体的良性循环。

浙江省、市、县结合乡村教师地域特征差异，采取非常规的刚性举措，多方联动，综合施策，解决当前乡村教师队伍建设实践中存在的突出问题，吸引优秀人才到乡村任教，建设一支结构合理、师德高尚、素质优良的乡村教师队伍，提供福利待遇、荣誉制度、职称评审和教师交流等多方面政策支持。在乡村教师培养、保持、优化等方面采取了有力而务实的措施，造就了一支甘于奉献、扎根乡村的教师队伍，在基本实现教育现代化道路上迈出了坚实的步伐。

案例二

规划路径：上海市教师队伍建设"十三五"规划[2]

（一）规划背景

1.具有全球影响力的科技创新中心的加快建设，为构建高素质、专业化和具有国际竞争力的教师队伍建设提供了千载难逢的历史机遇。

2.上海教育综合改革的深入实施，为教师队伍建设提出了前所未有的新挑战。

3.学龄人口的增长对教师队伍建设提出新要求。

4.新一轮信息科技革命要求教师适时变革传统教学模式。

---

[1] 王鉴，苏杭. 略论乡村教师队伍建设中的"标本兼治"政策[J]. 教师教育研究，2017（1）：29-34.
[2] 根据上海市教委关于印发《上海市教师队伍建设"十三五"规划》的通知整理。

（二）总体要求

1.师德为先。2.追求卓越。3.增强活力。4.终身发展。

（三）主要目标

1.专任教师数量满足各级各类教育发展需要，总规模适度扩大至22万人左右。

2.教师队伍结构不断优化，教师年龄、学历、职务（职称）学科结构以及学段、城乡分布结构与教育事业发展相协调。

3.教师管理体制机制逐步完善。

（四）主要任务

1.完善顶层设计，统筹教师队伍整体发展。加大教师队伍建设统筹力度。促进形成"卓越教师培养计划"校际联盟。构建优质教师资源共享机制。

2.健全长效机制，加强师德师风建设。提高教师思想政治素质和人文素养。提高教师职业道德水准。健全师德建设长效机制。

3.聚焦瓶颈问题，推进各级各类学校教师队伍建设。坚持优质均衡，打造高素质基础教育教师队伍。坚持实践导向，打造职业教育"双师型"教师队伍。坚持内涵发展，打造专业化高校教师队伍。

4.坚持终身发展，完善教师培养培训体系。提高教师培养质量。完善教师培训制度。提升教师的信息化教学能力。加强教师培训机构功能建设。

5.服务国家战略，推进教师交往交流。深入推进"走出去"战略。完善实施"引进来"战略。尽力做好教师对口支援工作。

6.完善配套措施，深化教师管理制度改革。提升编制管理水平。健全教师管理制度。完善教师收入分配制度。

（五）保障措施

1.组织保障。2.制度保障。3.经费保障。

案例二评析

规划是多层次、多主体之间互动、协商、调整政策的循环过程。韩博天等认为："与西方国家以立法为目标的政策过程不同，中国政府自2003年以来一直努力完善规划机制，希望以此建立起一个可预见的政策过程。"①《上海市教师队伍建设"十三五"规划》留给人们的启示有以下几点：

第一，规划工作是一项先导性的工作，在县域教师队伍的发展建设中具有引领、示范、带动的重要意义，是"集思广益"带动大家参与价值认同的过程，是集中各方面参与者智慧、优化决策质量的程序和机制。

第二，省域教师发展规划制定能否体现国家要求的义务教育省级统筹的治理理念，是一个区域教育队伍建设工作主动与被动、战略思维与工作思维自下而上与自上而下的标准区分。

第三，《上海市教师队伍建设"十三五"规划》有"愿景感""主题感""路径感"。各区县、学校政策主体相互链接成为一个庞大的网络，输出更为广泛的政策文本，引导或干预县域教师发展的活动，塑造或制约各级政府和社会的行为，引领并积极推动了所属区县尤其是农村中小学教师队伍建设工作的开展。

王绍光等提出："中国已经形成自身的独特决策模式，我们将其概括为'集思广益'型决策模式，它是指旨在集中各方面参与者智慧、优化决策质量的程序和机制。"②《上海市教师队伍建设"十三五"规划》中的体系构建、事权划分、培养体系、协调机制等方面的经验值得学习借鉴。

案例三

部门协同：广东省教育厅等四厅局落实责任
合力推进县级教师发展中心建设

（一）建设原则

1.坚持政府主导，统筹规划。

2.坚持资源整合，精干高效。

3.坚持因地制宜，积极推进。

---

① 韩博天，奥利佛·麦尔敦，石磊. 规划：中国政策过程的核心机制[J]. 开放时代，2013（6）：8-31.
② 王绍光，鄢一龙，胡鞍钢. 中国中央政府"集思广益型"决策模式——国家"十二五"规划的出台[J]. 中国软科学，2014（6）：1-16.

（二）目标任务

到2018年，全省约30%的县（市、区）建成教师发展中心；到2020年，原则上全省县（市、区）均建成教师发展中心并达到省制定的建设标准。

鼓励和支持东莞、中山市在乡镇（县级别）设立教师发展中心。

（三）主要职责

1. 承担在职教师、校（园）长培训。
2. 开展教育科学研究及成果推广。
3. 促进教师专业发展。
4. 推动教师教育信息化建设。
5. 提供教育决策服务。
6. 积极完成上级交办的工作任务。

（四）人员配备和待遇

县域教师发展中心属于中小学系列办学实体。按照一把手负责制的原则，配备精干、高效、富有创新精神的领导班子。岗位设置要根据教师发展中心高职称人员聚集的实际和事业发展需要予以倾斜。中心教师纳入中小学教师管理体系，在职称评定、工资待遇等方面按照中小学系列对待。聘请兼职教师。

（五）条件保障

1. 统一思想，强化组织领导。
2. 突出重点，加强基础建设。
3. 优化结构，建设研训队伍。
4. 落实经费，确保有效运作。
5. 注重实效，纳入评估验收。

案例三评析

县级教师发展中心在县域教师发展中具有不可替代的地位和作用。针对当前县级教师培训机构在发展中存在的目标不明、职能交叉、师资力量薄弱、办学条件简陋、资源整合困难、办学经费短缺、培训经费紧张、质量堪忧等问题，2017年12月，广东省教育厅、广东省机构编制委员会办公室、广东省人力资源和社会保障厅以及广东省财政厅四部门协同履行职责、明确任务、倒排工、落实责任、合力推进县级教师发展中心建设工作。

第一，纳入教育体系。新型县级教师发展中心是在整合教师进修学校和教研、科研、电教部门相关职能和资源基础上形成的。机构整合后，如何实现小实体、多功能、大服务、高效率、教科研训一体化协同发展？广东省四部门明确功能定位，转变工作重心，规范办学行为，提出构建省、市、县三级教师发展中心定位准确、层次分明、互联互通、资源共享的中小学教师专业发展新体系，使其成为教师教育体系中不可缺少的重要组成部分。中心教师纳入中小学教师管理体系。

第二，建立健全县级教师发展中心标准体系。努力构建新型现代教师培训机构，使之成为广大教师、校（园）长成长的"加油站"，成为名教师、名校（园）长的"孵化器"，成为实施教师精准培训和系统培训的重要阵地。以"管理、资源、信息、施训、效益"五位一体，推动县级教师发展中心运作机制创新。

第三，改革完善教育经费保障机制。各地要在基础教育现代化奖补经费中统筹安排县级教师发展中心建设经费。县级教师发展中心正常运转经费，列入年度财政预算予以保障。重点加强适用于教师研训的学术报告厅、计算机网络平台、多媒体教室、培训功能室、教师培训资源库等设施建设。

第四，加大县级教师发展中心建设专项督导力度。

案例四

一体多元：区域教师发展支持系统的建设[①]

（一）核心概念：区域教师发展支持系统是指在一定行政区域内，以某一机构为主要载体，对教师群体专业发展发挥支撑功能的有机整体。

（二）建设背景：浦东新区教师进修院校的发展大致经历"学历教育—新课程培训—专业化支持—研训一体"四个发展阶段。新时期优质教师培养急需搭建一个更加规范、专业、系统的支持平台。该平台具有以下特点：有力的专业支持；研修模式变革；实现研训一体；推进组织创新的功能。

---

① 朱仲敏. 论区域教师发展支持系统的建设——基于上海市浦东新区的改革实践[J]. 中国教育学刊，2014（3）：18-21.

（三）建设依据：政策依据（教育部促进县级教师培训机构与教研、科研、电教等部门的整合，规范建设县级教师发展中心）；理论依据（协同创新理论、教师发展生态观）；实践依据（教师可持续专业发展的需求、教师发展的业务管理困境）。

　　（四）建设思路：加强整合（人尽其才、优势互补）；完善功能（规划、指导、监测的功能）；凸显绩效（教师发展、课堂变化、质量提升与学生发展）。

　　（五）系统架构：教师发展研究子系统（教师资源开发、课程与项目研发、政策理论研究）；教师专业指导子系统(教师专业培训、学科教学指导、德育活动指导服务)；质量监测子系统（区域教学质量监测、区域教师研训质量监测、系统运行保障）。

案例四评析

　　上海市浦东教育发展研究院教师发展中心把握教师的外控式与自主式的发展相结合的规律，从区域教师发展支持系统建设的核心概念、建设背景、依据、思路、架构切入，构建教师发展支持系统。其建设的经验有：

　　第一，围绕"区域教师发展支持系统"核心概念系统设计框架。通过界定"区域教师发展支持系统"核心概念，表现区域教师发展支持系统之间的逻辑关系，并呈现了背景、依据、思路、架构不同层级的主要内容及各个建设重点之间的逻辑关系。

　　第二，重视政策、理论、实践依据，是上海市浦东区域教师发展支持系统建设的又一个根本特点。浦东区教育发展研究院教师发展中心在深刻总结"学历教育—新课程培训—专业化支持—研训一体"四个发展阶段经验的基础上，将政策、理论、实践依据同浦东区域教师发展实际和时代特征结合起来，推进实践基础上的理论创新。

　　第三，紧扣服务支持区域教师有效学习这一中心。国际教师教育学提倡教师学习的三大定律——越是扎根教师的内在需求越是有效；越是扎根教师的鲜活经验越是有效；越是扎根教师的实践反思越是有效。上海市浦东区域教师发展支持系统的建设对以下问题做出回应：如何根据教师的需求规划区域教师的专业发展工作？如何指导教师基于经验的研修？如何支持教师开展反思与评价？全面实现教师发展支持系统的各项功能，达到业务整合、提升绩效的目标，教师发展支持系统依照"规划—实施—评价"的实践逻辑进行架构，包括教师发展研究子系统、教师专业指导子系统、服务质量监测子系统。[1]

> **案例五**

个性选择：山东省潍坊市构建多元、开放、互动的教师培训体系[2]

（一）背景

传统的教师培训最大的弊端在于教师作为"受训者"，在培训学习过程中几乎没有任何选择权。在学校教育中，尊重学生的主体地位已经成为共识，而在教师继续教育中，"学生"的主体地位却难以落实，其结果必然使教师被动应付，培训效益不高。改变这种现状的关键是让教师拥有选择权，让教师自主选择培训机构，自主选择学习内容，自主选择学习时间。

（二）具体措施

1.构建"超市"模式，让教师有选择权。一是变培训机构单一主体模式为多元主体模式，变独家经营为多家参与。认定4家单位共同参与教师培训工作，形成竞争的态势，让教师自主选择培训机构；二是变单一的行政指令性培训为双向选择式培训，培训内容不再是单方确定，而是了解教师的需求和困惑，根据教师的需求，设计有针对性的培训课程，增强培训的针对性和实效性。具体做法是：各培训机构到学校广泛征求校长、教师意见，生成培训菜单，形成丰富的课程"超市"，经有关部门审批后，通过网络向教师发布，让教师自主选择学习内容，然后按照选课人数进行编班，实施培训；三是延长"超市"营业时间，让教师自主选择学习时间。

2.建立教师培训券制度，合理划定培训范围，确定经费承担比例。教育学段多、教师数量大，市、县、乡、学校各自划分培训范围，发放教师培训券，凡列入市级培训范围的人员经费由市财政承担。

---

[1] 朱仲敏.论区域教师发展支持系统的建设——基于上海市浦东新区的改革实践[J].中国教育学刊，2014（3）：18-21.

[2] 李建平.培训上"超市"，选课点"菜单"：山东潍坊教师培训体制改革带来新变化[N].中国教育报，2005-08-23.

3.建立培训考核评估机制。为检验培训机构"超市货物"是否货真价实，市里组建了教师培训内容审查专家委员会，不经审查或审查不合格的不准"出售"。如何检查培训的质量呢？对培训教师进行学分管理，当教师接受培训后，由教师继续教育机构发放培训券，培训券中注明培训内容、学时、效果等，教育行政部门根据培训券的数量，定期向培训机构支付培训经费。同时，教育行政部门对培训机构进行动态管理，对组织不力、质量不高的机构及时下达整改通知书，对整改不力的机构撤销其培训资质。

（三）培训者心声

赵金英："5天的培训转瞬即逝，但它带给我的影响却是深远的，过去的培训，我们是知识的被动接受者，为什么培训、培训什么是培训组织者的事情，与我们没有关系，我们也没有话语权。这次培训，我选择了教学工作最需要的教学案例，观摩了优秀教师的示范课，聆听了许多高水平老师的讲座和评课老师的精辟点评，可谓收益颇丰……"

案例五评析

潍坊市运用成人教育学的基本原理，采取典型经验研究的方法，整合优化区域教师教育资源，建"超市"模式，让教师有选择权，对丰富和完善教师自主选学的理论和实践具有重要的借鉴意义。

第一，潍坊市面对参训动力不足、针对性不强、内容泛化、方式单一、工学矛盾、质量监控薄弱等突出问题，以实施新课程改革为主要内容，以满足教师专业发展个性化需求为工作目标，保障教师的学习选择权。"探索建立教师自主选学机制，建设'菜单式、自主性、开放式'的选学服务平台，为教师创造自主选择培训内容、时间、途径和机构的机会，满足教师个性化需求。"

第二，潍坊市明晰"供、选、训、管"等方面的操作流程，建立教师培训券，保证县域教师发展的经费投入，根据培训券的数量，建立动态的培训考核评估机制，促进教师培训机构的良性竞争。

第三，靠单纯的行政指令迫使教师参加培训的单一体制应该转向探索教师的成长规律，扎根教师的内在需求，研究和开发适合中小学教师发展的多元、开放、双选的县域教师培训体系。

案例六

学分规范：山东省临朐县中小学（幼儿园）教师培训学习学时管理

（一）实施范围

全县中小学（幼儿园）在职教师和试用期内新教师。

（二）学时类别及标准

1.学时类别：教师参加继续教育培训实行学时管理制，分A、B两类，其中A类为县级及以上教育行政部门、业务部门组织开展的培训学时，B类为各学校自主安排的培训学时，A、B两类不得互通。

2.学时标准：男55周岁、女50周岁以下教师每年参加继续教育学习总学时不得低于72学时（B类不超过15学时），五年一个周期，不得低于360学时。超过上述年龄的，对年度内继续教育学时数不做具体要求，按完成学时任务处理。

（三）年度学时认定时间

每学年度教师继续教育学时认定时间为当年的9月1日至次年的8月31日。

（四）培训项目学时管理

1.教师继续教育项目实行学时证书制管理，培训学时证书由县教育局统一印制。

2.县教育局各科室自主举办或组织参加上级教育行政部门、业务部门举办的各类培训活动时，培训文件、通知中要注明培训的时间和学时数，并持培训文件、参训教师名单到职成教科备案和申领《单项培训学时证》，培训结束后由活动组织科室填写完整后发给参训合格教师，作为年度继续教育学时登记的证明。

3.未提前到职成教科备案和申领《单项培训学时证》，其培训项目及学时不予认定，所发培训合格证书不能作为教师绩效考核、职称评聘、教师资格定期注册以及评先评优的依据。省教育厅每年组织的远程培训，根据省中小学师资培训中心颁发的证书直接认定学时，不再换发《单项培训学时证》。

4.校本研训学时由各校根据每学年初上报县教育局的培训项目，制定培训细则，组织教师开展培训，通过学校考核颁发相应B类学时证书。

（五）学时认定标准

1.县级及以上教育行政部门、业务部门举办的培训活动已经明确学时数的，按相同数量认定并颁发或换发《单项培训学时证》；未明确的，对实际培训时间按每天6学时进行折算（往返交通时间要扣除）。

2.县教育局组织的教师专业知识集中测试，按优秀、良好、合格、不合格四个档次分别计10、8、6、4学时，超过测试规定年龄和借调外系统工作而不能参加的，按成绩合格计6学时，其他情况不参加测试的不计学时。

（六）继续教育证书生成和使用

1.教师继续教育证书分为：《单项培训学时证》《年度培训合格证》《五年周期培训合格证》。

2.教师年度取得所有培训项目累积学时达到72学时的，方可获得《年度培训合格证》；连续五年取得《年度培训合格证》，方可取得《五年周期培训合格证》。长期病假及借调外系统工作的，由各单位申报，县教育局综合研究裁定。

3.《年度培训合格证》记载教师每学年参加各级继续教育的所有信息，是教师年终绩效考核、教师职称评定聘任的必备条件和重要依据。凡未取得《年度培训合格证》者，暂缓其职称评聘，并不得参加评优评先。各中小学（幼儿园）的教师继续教育学时合格率应达到95%，达不到95%的，取消学校年度的评优、奖励和表彰资格。

4.《五年周期培训合格证》是教师资格定期注册的必备条件和重要依据。凡未取得《五年周期培训合格证》者，教师资格暂缓注册。

（七）组织管理

1.教师培训工作由县教育局统一领导，职成教科负责具体组织实施。各教管办、学校应成立教师培训工作领导小组，配备专（兼）职管理员。

2.学校管理员应具备较强的责任心，工作认真细致，负责教师学时互认申请原始材料、信息的审核、汇总、上报，以及本校教师培训信息的管理、查询和继续教育证书管理、发放等。

3.教师培训学时实行年度登记制度，每年组织一次认定，达到学时标准的，发给《年度培训合格证》。

4.对在教师培训学时登记工作中弄虚作假的,除纠正学分外,视其情节轻重对单位主要负责人、直接责任人及当事人,进行批评教育直至给予相应行政处分。

案例六评析

教师培训以统一学时来衡量学员培训效果,是否科学合理?对于学时来源的课程教学,其执行主体和监管主体是谁?怎样才能更有效地执行和监管?现行的学时管理模式是否有利于教师的发展?

基于临朐县结合教师全员培训360学时一周期和2011年我国试点推行教师资格定期注册制度,我们对培训学时管理模式的科学性进行了思考和探索。

第一,为应对培训存在的资格证书、职称评聘、考核与培训学习之间难以衔接的问题,山东省临朐县建立了一套完整的管理制度来促进课内培训、课外学时和校本教研一体化学时管理改革。

第二,在"定期注册"制度下,目前的教师继续教育实践主要存在培训学时管理不规范、继续教育评价重量不重质、培训结果运用缺乏严肃性等问题。针对这些问题,需要进一步完善继续教育制度,规范培训学时管理,优化继续教育评价机制,加快继续教育制度与教师退出机制的有机结合。

第三,临朐县教师培训学时管理,其最大的优点是将管理重心转移到培训课程的管理和学时管理上,在实现管理有效性的同时,促进培训课程的建设、培训质量的提升。

第四,临朐县经过近4年的探索,制定了学分认定标准,构建了教师培训学分结构体系,完善了教师培训的"国培、市培、区培、校培和校本研修"五个层次学分管理的机制。通过建立分级的教师培训学分管理系统,强化了教师培训学分考核管理的激励和约束。

第三节 县域教师发展支持体系建设的教师发展机构实践

教师是教育改革与发展的第一资源。推进公平有质量的教育提升,教育内涵式发展，体现了我国教育发展的新要求，这取决于教师的发展水平。教师发展机构是我国现代教育体系的重要组成部分，肩负着为县域中小学教师终身学习提供信息资源服务的任务。新时期，教师发展机构被赋予了新的历史使命——从学历提升走向培养高素质、专业化、创新型教师的新目标。本节介绍教师发展机构在教师发展中工作的思路，并展示一些教师发展机构的有益尝试，在"术"与"道"两个层面讨论教师发展机构地位作用，希望能对县域教师发展支持体系建设有所帮助。

案例七

创新机制：东北师范大学"U-G-S"教师教育模式[1][2]

东北师范大学与地方政府签订协议共建基础教育服务区和教育改革实验区的工作始于1988年。在总结经验的基础上，基于时代发展的需要和对教师教育发展趋势的准确把握，2007年12月，东北师范大学与黑龙江省教育厅、吉林省教育厅、辽宁省教育厅分别签订协议，进行"大学—地方政府—中小学"协同开展教师教育的新模式（U-G-S模式）探索。"U-G-S"模式探索，合作实施"优秀教师与教育家培养工程"，在东北三省境内选定若干个县（市）作为东北师大"教师教育创新东北实验区"，以"大学主导、地方政府协调、中小学校参与"的合作体制和"目标一致、责任共担、资源共享、互利共赢"的合作机制为保障，三方协同开展师范生教育实践、在职教师教育、教育课题研究、教育信息资源平台建设等工作。

（一）"同课异构"扎根课堂

（二）"双向挂职"优势互补

（三）"名师工作坊"引领发展

（四）建设"互联网+'U-G-S'"教师教育者专业发展平台

（五）建设"大中小学课堂对接"基础教育资源服务平台

---

[1] 刘益春，李广，高夯."U-G-S"教师教育模式实践探索——以"教师教育创新东北实验区"建设为例[J]. 教育研究，2014（8）：107-112.
[2] 李广. 教师教育协同创新机制研究——东北师范大学"U-G-S"教师教育模式新发展[J]. 教育研究，2017（4）：146-151.

案例七评析

长期以来，教师教育领域有两个重大难题：一是理论与实践有机融合的问题；二是教育实习开展难的问题。如何实现理论与实践的有机融合，是教师教育领域中的永恒话题，也是一个世界性难题。东北师范大学在为农村基础教育服务的办学思想基础上，创造性地提出并实施了"师范大学—地方政府—中小学校"（"U-G-S"）合作教师教育新模式，不断完善"U-G-S"教师教育协同培养新机制。教师教育创新实验区建设不断深化，实现由"东北区域运行"到"全国布局规划"。

第一，三种模式创新。遵循"理论与实践高度融合"的教师教育理念，构建并实施了"教育见习、模拟教学、实地实习、实践反思"的实践教学体系和"县域集中、混合编队、巡回指导、多元评价"的实地实习模式和全程、全方位指导的"双导师"实践指导模式。

第二，省、地方政府的职责。省教育厅负责在本省辖区内为东北师大落实实验的县市，作为实验区的县市政府，负责为东北师大选择若干所实习基地校并协调东北师大与基地校间关于学生实习的有关工作，包括基地校每年接收实习生的人数、实习的工作计划、实习的保障措施等。

第三，东北师大的职责。一是实习期间，组织基础教育专家为实验区免费做学术报告和优秀教师公开课；二是师范生定岗实习期间，免费为原岗位在职教师提供一个星期的离岗培训；三是吸收基地校教师参加东北师大相关专业科研课题的协作研究，并合作开展基础教育领域的课题研究工作；四是每年接收基地校若干名教师到东北师大免费进修；五是优先安排国家公费师范研究生到基地校进行顶岗实践。

第四，取得的成效。一方面，"东北区域运行"走向"全国布局规划"。"U-G-S"教师教育模式的探索，不仅提高了学校的教师培养质量，而且为新形势下我国教师教育改革探索出了一种新的模式。《国务院关于加强教师队伍建设的意见》（国发〔2012〕41号）将其上升为国家政策，明确提出要"创新教师培养模式，建立高等学校与地方政府、中小学（幼儿园、职业学校）联合培养教师的新机制"。2018年，中共中央、国务院《关于全面深化新时代教师队伍建设改革的意见》将推进地方政府、高等学校、中小学"三位一体""协同育人"作为实施卓越教师培养计划的必要条件。协同培养教师已经成为全国普遍性的实践。另一方面，"教师教育创新东北实验区"的工作获得了多方共赢。一是提高了师范生教育实践能力。截至目前，共有上万名师范生在实验区进行教育实习，毕业生受到用人单位的普遍好评。二是提高了学科教育教师的实践指导能力与教学科研能力。东北师范大学派出实习指导教师，带动中学教师开展校本研修。三是促进了实验区教师的专业发展，提高了新课程实施水平。东北师范大学共组织讲师团到实验区开展巡回讲座百余场次，听课教师达24000人次。通过顶岗实习、专业集中培训、订单式培训等方式，培训实验区教师近千人次。四是带动了地方教师进修机构的工作，增强了实验区教师培训机构的"造血"功能。

案例八

导师引领：促进中国首期名校长工作室效能优化[1]

特级教师、教育部首期中小学名校长领航班学员、北京教育学院培养基地、云南省昆明市滇池度假区实验学校校长杨立雄认为，学习贯彻落实十九大精神，就是要积极投身到广阔的乡村学校、乡村课堂中去，合力营造乡村教师发展新生态，在帮助乡村校长、乡村教师中实现新成长。

2014年教育部中小学名校长领航班启动以来，按照教育部《关于进一步完善中小学名校长领航班工作室建设的指导意见》，着力帮助乡村校长提高治校能力和提升乡村教师专业发展能力，杨立雄校长工作室、昆明市滇池度假区实验学校，以共同承办"国培计划"乡村教学副校长访名校、特岗教师访名校项目为纽带和桥梁，积极推动乡村校长、教师充分发展。三年来共有97个县、300多所乡村学校、200名副校长、110名特岗教师来参训。

（一）领航名校长帮扶乡村学校发展中的问题及思考

……

（二）领航班名校长帮扶乡村校长充分发展的实践探索

1.培训思路：乡村价值、乡村思维、乡村实践相结合。

2.培训内容：专业理论、专业能力、专业实践相结合。

3.授课示范导师：学校的名师名班主任与工作室成员相结合。

4.城市学校生态教育实践经验与乡村学校可利用的丰富生态资源相结合。

---

[1] 杨立雄. 合力营造乡村教师发展新生态[J]. 中国教师, 2018（1）: 25-27.

在中国特色社会主义新时代，乡村教育的发展应当具有新文明、新生态的意义。领航校长应履行新使命、实现新成长，助力乡村校长、乡村学校开启新征程，让乡村教育发展进入新常态，让贫困地区孩子能够享受公平而有质量的教育，让乡村学生也有人生出彩的机会。

案例八评析

近年来，名师、名校长工作室在我国方兴未艾，但其运行效能差异很大，"名师、名校长工作室"为何而设立、如何定位、有何功能以及如何审视"名师工作室"在运行过程中所遇到的问题等，杨立雄校长工作室、昆明市滇池度假区实验学校做了有益的尝试。

第一，主持人领导行为对工作室效能优化极具意义。"团队领导是影响团队效能的关键因素之一。"[1]杨立雄校长从工作室领导者角色、工作室目标和工作室运行方式三个方面组织工作室成员带领学校课题团队边研究、边实践、边总结、边辐射。

第二，以乡村学校如何"重塑乡村教育文明"为主线，贯彻落实立德树人的根本任务，培育共同愿景。形成生态教育与自然资源合作文化；实现人际互动，展现乡村魅力；开展反思性对话，鼓励新知识的创生；实行个别化指导，给予成员人文关怀。

第三，工作室建设融入乡村文化习俗与乡村教育现状。实现与乡村教师专业理论、专业能力、专业实践相结合；实现与乡村学校校本研修、教学管理相结合。通过"备课+听课+评课""论坛+培训+推广""调研+指导+展示"等多种方式，搭建领衔人与成员、成员与成员以及成员与专家之间的对话平台。

案例九

分段跨域协同：京苏粤浙卓越教师分阶段跨地域协同培养模式

（一）项目背景

1.东部卓越教师发展计划——京苏粤浙中小学卓越教师高端研修项目是北京市教育委员会、江苏省教育厅、广东省教育厅、浙江省教育厅贯彻十八届三

---

[1] 谢晔，霍国庆. 科研团队领导力结构研究[J]. 科研管理，2014（4）：130-137.

中全会精神，建设高素质、现代化的教师队伍，推进立德树人、促进教育均衡而实施的一项中小学高层次人才培养的联合行动。

2.根据1986年由全国人大六届四次会议通过的"七五"计划，北京、江苏、广东、浙江四省（市）均属于"国家东部"，是中国基础教育发展中最具特色的地区。四地中小学中青年骨干教师汇聚一个研修平台，凝练跨区域文化背景下的教师教学风格，对于促进四地中小学教师的专业成长，促进四地基础教育优质、均衡发展，具有重要意义。

3.承办"东部卓越教师发展计划"的北京教育学院、江苏第二师范学院、广东第二师范学院、浙江外国语学院均为当地省级教育行政部门直属的培训教师的专门学院，也均为区域内中小学教师培训格局中最具特色、最为专业的培训基地，四方强强联手，将为本期研修班学员提供优质资源互补的专业支持和服务。

4.坚持网络协同下的培训合作和培训模式创新，致力于培训专业化建设及促进名教师群体的形成，进而推动区域教育均衡发展，将是我国中小学教师培训协同创新的一次有益尝试。

（二）研修主题、目标

研修主题：跨区域文化背景下的教师教学风格凝练

研修目标：让骨干教师成长为名师

1.引导和帮助学员置身教育前沿，学习研究当代教育教学的最新成果，知悉国内外教学改革与发展动态。

2.引导和帮助学员走进优质学校，走近卓越教师，结识良师益友，组建专业发展共同体，学习鲜活的教育教学经验。

3.引导和帮助学员用心品味不同地域的独特文化，学习良策，切磋教艺，博采众长，提升能力。

4.引导和帮助学员系统梳理教学理念，准确把握专业成长中的关键问题和成长路径，凝练教学风格，形成自己初步的研究成果，为骨干教师成长为名教师奠定坚实基础。

5.共享四地优质培训资源，共同探究教育改革与发展中出现的新情况、新问题，搭建教育合作发展的平台；探索网络协同、区域合作、省级教师培训机构携手促进中小学教师专业成长的培训新模式。

（三）研修对象

本研修班计划培训北京、江苏、广东和浙江的小学语文、数学、英语三个学科骨干教师，每个学科10人。选拔条件如下：

1.自觉贯彻党的教育方针，热爱教育事业，具有良好的思想品德和职业道德，教书育人成绩突出。

2.在教学一线任教，具有小学高级以上专业技术职称的地市级骨干教师，年龄不超过40周岁。

3.具有较强的教育教学科研能力和较好的专业发展潜质，有主动发展的强烈愿望，能代表本省市优秀小学骨干教师参与全国高水平教师研修、交流、展示。

4.学习主动积极，能坚持参加全部学习活动，所在学校支持并协调好工作与学习时间。

（四）研修原则

1.共同学习。互为师生，取长补短，文化交融，共生发展。

2.资源共享。体现各地教育特色，展示各自最高水平，拓展整合优质资源的半径，实现优质资源的深度融通。

3.整体设计。整体谋划，分步实施，分段推进，循序渐进。

4.多重结合。理论与实际相结合，面授与自修相结合，主题研讨和专项阅读相结合。

5.研训一体。研究在培训中进行，培训在研究中实现。

（五）培训课程

四地各集中培训7天，共28天。培训内容基于培训方案，也可根据各区域及各阶段特点灵活调整。主要培训课程有4个板块：

理论学习。旨在使学员熟悉现代教育基本理论，进一步转变教育理念，把握基础教育改革的前沿动态，全面提高素质教育水平。分为教育理论、学科研修、课题研究三个模块，内容涵盖前沿理论、学科动态、教育科研方法、现代教育技术、案例研究等。

跟岗研修。采用导师制，学员进入名师工作室跟岗学习，同时完成研究任务。

名校参访。考察优质学校，观摩名师教学风采，研究名师成长规律。

总结展示。学员和导师集中到培训院校进行阶段总结和成果展示，具体活动可采取专题学术研讨会、小结性论坛、优秀课例展示、教学风格案例观摩等。

（六）研修形式与时间安排

采用京苏粤浙联合培养的模式，四地学员按学科混合编班分组，建立四地学习共同体，跨地区、分阶段进行。研修主要采用集中培训、跟岗学习、名师指导、经验分享等形式。

1.分阶段、跨地区进行：研修时间为期一年（2017年10月至2018年10月），分四个阶段进行，每个阶段集中研修7天。

第一阶段（2017年10月）在杭州开班并启动研修；第二阶段（2017年12月）在广州集中研修；第三阶段（2018年4月）在南京集中研修；第四阶段（2018年10月）在北京集中研修并结业。

2.研修方案设计。江苏承担研修总方案设计，北京、浙江、广东分别承担语文、数学、英语学科的方案设计；四地根据研修总方案和学科方案的要求，制定阶段性实施方案。

3.网络协同。由江苏教师教育网全程提供支持。

具体安排见分项目实施方案。

（七）培训师资

本项目将整合各地优质资源，组建理论与实践相结合的导师团队，为学员搭建一个高端宽广的研修平台。培训专家将由高等学校和科研院所的专家及卓越的中小学教师等实践领域的专家构成。

实行双导师制：教师工作室主持人为实践导师，学科专家为理论导师（同时也是工作室主持人的理论导师），导师全程指导。

（八）研修成果与学业考评

1.学员需要提交以下研修成果。

（1）每个阶段的学习结束，要完成1篇论文。

（2）每阶段在网络平台上提交学习札记、反思日记、读书心得或专题小论文1篇。

（3）结业时，要完成系统总结性研究论文1篇（或一份异地教学风格比较的研究报告）辑集出版；展示一堂课或一个优秀实例（含视频）。

2.完善学业考评制度。

为优秀研修成果和优秀学员搭建更高、更宽的平台，帮助其提升影响力和社会美誉度。

（九）绩效指标

1.完成既定培训任务，面授累计168学时。

2.形成《研修成果集》。

3.培训取得成效，实现预期目标，学员满意。

4.考核方法：专家评估。

（十）研修的组织与管理

1.成立三方项目领导小组组长。

2设立项目办公室主任。

3.组建学科首席导师。

项目团队在各负其责、分工协作的基础上，实行主场项目团队第一责任制。

主场项目团队为第一责任人，客场项目团队积极配合，保证项目有序有效实施。

案例九评析

中共中央、国务院《关于全面深化新时代教师队伍建设改革的意见》明确提出："推进地方政府、高等学校、中小学'三位一体'协同育人"，促进中小学（幼儿园）教师的专业化发展。京苏粤浙各自区域的教育发展特点及已形成的优势和国家区域协调发展战略相结合，实施中小学卓越教师分阶段、跨地域协同培养模式探索。主要做法如下：

第一，京苏粤浙卓越教师分阶段跨地域协同培养，坚持顶层设计与区域协同相一致，信息共享、平等协商与互利共赢。在近期目标与中长期目标相结合原则的基础上，统一编制中长期培养规划，建立长效协调机制。哪些是集体要做的，哪些是分区域要的，哪些是要调动学员参与的，规划中有一个明确的界定。

第二，京苏粤浙分阶段跨地域协同卓越教师培养模式是区域多目标下的共赢，意味着各地教育、教师之间能够相互影响，相互感召，相生相长。能有效破解由于所处地理位置的局限性和主客观条件的限制而普遍存在的区域教育发展价值取向类同、各自为政、资源分散、培养模式单一、办学体制不灵活、学习成果孵化迁移差等困境。

第三，京苏粤浙打破藩篱，形成合作共赢的发展格局。基于全面渗透的资源共享机制、基于互利互惠的评价动力机制、基于时空灵活的项目调控机制、基于培养目标的成果考评机制。关键是要找到最核心的内容，要协同什么？创新体制机制是实现京苏粤浙分阶段跨地域协同培养的首要步骤和切入点。

案例十

信息化助推：山东省探索教育信息化+教师专业发展之路

山东省是人口大省、教育大省，全省共有中小学、幼儿园专任教师86万多人。中小学教师信息技术应用能力提升工程实施以来，仅2014年一年，培训中小学教师就达到32万人。能力提升工程在一个教育大省整体启动，动作之快、规模之大，引人瞩目。

（一）课程套餐

"技术改变教学"系列课程共包含两个套餐，分别是"信息技术支持的教学环节优化"和"微课程的设计与应用"。每个套餐均分为理念篇、热点篇、方法篇、技术篇四个篇章，合计约40个专题150多个学时的内容，教师可选择适合个人的课程进行学习。

理念篇，阐述技术在教育变革中的作用；热点篇，用微课程的方式讲述学校技术应用热点；方法篇，信息技术应用在教学中的方法策略；技术篇，结合教学案例讲解技术工具的操作。

套餐1：信息技术支持的教学环节优化

"信息技术支持的教学环节优化"是以多媒体教学环境中运用信息技术优化课堂教学为探讨对象，帮助教师掌握信息技术应用于教学的一般原则，规避常见误区，同时结合大量典型案例对教学导入、课堂讲授、教学评价等课堂教学主要环节的技术资源的应用方法和策略进行深入、细致地讲解，支持实现信息技术与各环节融合的深入与突破，促进信息技术与学科教学的深度融合。课程设置及学时如下：

- 理念篇包含1门课程：《教育变革中的技术力量》，共计2学时。
- 热点篇包括4门课程，共计8学时。
- 方法篇包含1门课程：《信息技术支持的教学环节优化》，共计12学时。
- 技术篇包括20余门、100多学时的课程。

套餐2：微课程的设计与应用

微课程是现代教育理念与互联网技术结合的典型代表，"微课程设计与应用"是以微课程在中小学教学中的应用为探讨对象，结合典型案例帮助教师掌握微课程设计的基本流程、内容呈现的策略，微课程开发的方法及技术工具，微课程实施的思路及要点等。同时呈现了来自微课程先行者们（行政管理者、教师以及学生）开展微课程实践的行动方案及反思，以启发与开阔教师们开展微课程实践的思路。课程设置及学时如下：

- 理念篇包含1门课程：《微课程应用实践与思考》，共计2学时。
- 热点篇包括4门课程，共计8学时。
- 方法篇包含1门课程：《微课程的设计与应用》，共计12学时。
- 技术篇包括20余门、100多学时的课程。

（二）主要举措

1.全员培训："一个都不能少"。山东省能力提升工程提出了"以集中研修为导向，以个人自主选择为动力，以促进信息技术应用为目标，以校本研修为基本组织形式，以网络研修社区为支撑"的指导思想，借助本省成熟的网络研修平台，开展"以技术改变教学"为主题的信息技术能力提升全员培训。采取分年度、分学段逐步推进的方式。到2017年，将实现山东省中小学及幼儿园教师信息技术培训全覆盖。

2.培训课程："学校点餐＋个人定制"。针对学校信息化基础设施参差不齐，教师信息技术能力千差万别的实际情况，为提升培训的针对性和实效性，山东省和华东师范大学为中小学教师联合开发、量身定制培训课程。学校依据本校信息化技术环境和条件，选择不同的"套餐"，再组织教师借助评测工具对自身信息技术能力进行诊断测评，基于测评结果自主选择学习专题。山东省每年开设34个专题150学时的超量课程，可选课程与自选课程比例达到4：1。"我的地盘我做主"，个性化菜单式的培训课程极大地调动了教师的学习热情，也有利于学校用足、用好现有信息化设备，彰显学校的特色追求。

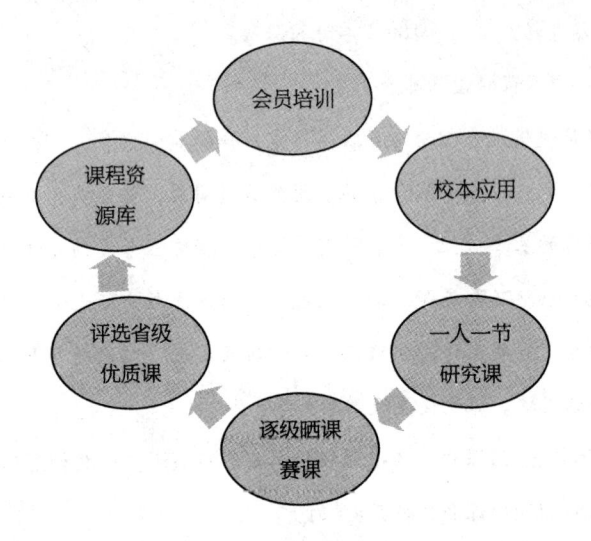

```
       会员培训
   ↗           ↘
课程资源库       校本应用
   ↑              ↓
评选省级优质课    一人一节研究课
   ↖           ↙
       逐级晒课赛课
```

3.顶层设计："应用为本，一线贯通"。2014年，山东省教育厅下发《关于深入开展"一师一优课"和"一课一名师"活动的意见》，将信息技术应用能力提升工程与"一师一优课"和"一课一名师"活动融为一体，将促进信息技术应用作为一条主线，贯通工程的始终。时任山东省教育厅副厅长的张志勇说："我们要求每一位教师在参加研修学习、实践应用的基础上，每学年每人至少要上好一堂应用信息技术的研究课，在校内进行'亮课'，组织交流研讨，并通过县、市、省三级'晒课'和'赛课'活动，评选出省级优质课，用优质课评选来激发、调动教师主动应用信息技术改变教学的积极性、主动性，用信息技术助力整个教育教学改革。"

（三）培训者心声

山东沂蒙革命老区临沭县，是一个拥有8万多名在校生的省财政困难县。

临沭县白旄镇朱崔完小57岁的教师解现任原本是一个网络教学的"门外汉",前几年在镇教委的推动下尝试建立了自己的网络教育空间,没想到一发而不可收。他通过网络让自己和学生突破了农村小学的地域界限,指导的学生有130多篇作文被省内外报刊选登,还出版了个人专著《沭河岸边追梦人》,被评为临沂市首届"最美乡村教师"。解现任说:"如果不是信息技术能力提升工程的推动,像我这样的老教师也许就会一生与网络无缘,更谈不上出版个人专著了!"

青岛市永平路小学的3D打印机旁围着一群即将毕业的6年级学生,在他们小学校园生活的最后一学期,一台刚刚配置的3D打印机摆在面前,作品"一个绿色的笔筒、一套黄色的茶壶",在老师的指导和学生的不断钻研中将梦想变成现实。小小的"创客"活动悄然走进校园,每校一台3D打印机让爱动手、爱动脑的大小朋友聚在一起,开始了新一代的"自己动手制作"。

济南五中、文东小学等四所中小学率先加入了华东师范大学组织的"C20慕课联盟"。该区80%以上的教师已经开始了自己的翻转课堂探索,在慕课中心2014年底组织的"我的翻转故事"活动中,300多位教师踊跃投稿。在历下区第二届系列微视频评比活动中,教师们提交了1770件视频作品。

昌乐一中实现了"翻转课堂"创新发展。该校85.06%的教师可以独立熟练地制作微课。在山东省首届优秀微课程大赛中,昌乐一中有29位教师脱颖而出,荣获大奖。教师们在信息技术能力提升、教学水平提高的同时,他们的翻转课堂给学生的学习也带来了可喜的变化,81.02%的学生认为翻转课堂之下的学习很有乐趣,翻转课堂极大地激发了他们的学习兴趣。

山东省中小学教师信息技术应用能力提升工程的有效实施,有力地促进了全省教育信息化的推进。仅2014年,30多万中小学教师通过山东省教师教育网研修平台提交信息技术应用教学设计720580个,其中优秀教学设计54371个。信息技术应用在中小学引发的巨大作用,正在山东省中小学的每一间教室、每一所校园涌动、扩展……

案例十评析

第一,理念创新。一是以信息化带动教师专业化,充分借助现代远程教育手段,打破时空阻隔；二是"师教无类"使不同地区的教师共享优质教育资源，为大规模、低成本、高效率培训教师，为解决县域教师居住分散、经费不足、工学矛盾，为大幅度提高教师尤其是县域教师队伍整体素质提供了有效途径；三是为构建县域开放灵活的教师教育新体系提供了范式。

第二，模式创新。省级大规模实施远程研修模式的第一次尝试，全员远程培训实现了五个结合：国家与地方相结合；实体组织与虚拟组织相结合；虚拟"远程研修"与实体"校本培训"相结合；学员参与——虚拟网络学习与实体同伴学习相结合；个人专业发展与学校教师队伍建设相结合。

第三，管理与保障创新。行政组织，统一平台，共享资源，分级负责，共同实施。

案例十一

区域协作：吉林省学区教师继续教育模式创新[①]

（一）核心内涵

义务教育均衡发展的关键是学校均衡，学校均衡的关键是教师均衡。学区教师继续教育模式核心理念为：均衡普惠、多元互动、资源共享、提高质量。

学区视角下教师继续教育模式，即以区域为蓝本，将教育均衡发展的重心下移至教师，通过学区化管理，构建有利于教师专业发展和终身学习的教师继续教育管理体制。

（二）顶层设计

"顶层设计"是以区域内的学校合作为基础，扩大到区域与区域之间跨县、市的合作，最后形成"省、市、县、学区、学校"五级区域教师继续教育新的管理体系。

省、市教育行政部门负责宏观的协调与管理，省、市教育学院负责业务指导，县区教师进修学校结合本区域实际设计区域协作方案，加强对学区和基层学校培训的指导、监督和检查。师范大学、研究机构等介入学区或学校之中，形成合作伙伴关系。在这个管理体系中，增加了"学区"。

"学区"，即根据行政区划和优质教育资源的分布情况，将区域划分为几

[①] 宋海英，张德利. 学区视角下教师继续教育模式的改进[J]. 教育研究，2013（10）：103-110.

个大学区。学区作为教师管理的新组织形式，不是"省、市、县"行政管理链条中的一个层级，而是构建教师专业成长的学术联盟组织。

（三）组织载体

学区教师专业学习社群：以中小学校为协作基础的主题式校本研修。以学区协作为基础的问题式学区联动。以创新实验区和实习支教为基础的发展式伙伴合作。以追求实践智慧为指向的教师自主学习。

广域教师专业发展社群：教师牵手联盟。学区互动联盟。名校城乡联盟。城乡百校联盟。教育区域联盟。

（四）行动策略

文化融合：观望困惑—适应接受—协作认同—发展融合。

教研联动：集体备课—课例研究—学生作业分析—同伴观察—问题探究。

专家介入：北京师范大学、华东师范大学等校的专家学者介入。

评估跟进：对教师个体专业发展的评估。对学校的评估的改进。

（五）资源支持

技能实训系统。教师进修学校。

（六）保障措施

行政推动。制度驱动。竞争拉动。强弱互动。

案例十一评析

秦俊巧认为："教师继续教育模式一般有学历教育、非学历培训、合作教育、校本教育和网络研修等五种，这五种模式均存在一定的问题。因此，需要构建学区视角下的教师继续教育模式，此种模式的内涵是倡导学区范围的教师个体经验的互动和共享、培训模式的仿真性以及培训内容的综合化和多元化。"[1]吉林教育学院从理念、内涵、设计、内容、资源、环境、管理等方面系统推进学区教师继续教育模式创新。

第一，政治站位与结合省情相结合。2012年《国务院关于深入推进义务教育均衡发展的意见》指出："发挥优质学校的辐射带动作用，鼓励建立学校联盟，探索集团化办学，提倡对口帮扶，实施学区化管理，整体提升学校办学水平；推动办学水平较高的学

---

[1] 秦俊巧. 学区视角下教师继续教育模式的发展路径[J]. 继续教育研究，2017（7）：98-100.

校和优秀教师通过共同研讨备课、研修培训、学术交流、开设公共课等方式，共同实现教师专业发展和教学质量提升。"吉林省提高政治站位，结合缺乏区域联动协作机制、资源不能共享、教师专业发展的多样化需求得不到满足的省情，通过建立学区化管理，在学区视阈下实践探索区域协作的教师继续教育模式，构建了有利于教师专业发展和终身学习的教师继续教育管理体制。

第二，"顶层设计"与"摸着石头过河"相结合。吉林省学区教师继续教育模式妥善处理"顶层设计"与"摸着石头过河"的关系。"顶层设计"依赖于"摸着石头过河"的经验，"摸着石头过河"经验需要"顶层设计"归纳凝练。以一线教师发展为本、面向学校、重心下移，改革取得预期成效。

第三，行政统筹与协同推进相结合。把建立基于区域协作的教师继续教育新体制的改革纳入吉林省推进义务教育均衡发展的总体规划。既强化区域行政的服务职能，加强对改革试点的组织领导，积极稳妥地推进改革工作，又倡导学区之间相近学科教师就学情问题中某一项内容，通过学区集体备课、联动展示交流、共同撰写教研简报、固化讨论成果等方式，实现教研共享。

案例十二

以课领训：安徽省祁门县打造乡村教师培训生态体系[①]

安徽省祁门县教师进修学校从2007年开始，探索"从本土出发、以学习者为中心"的培训模式，先后立项研究了6项省级课题，在建立区域教师培训体系中，创设了"学习共同体"等教师培训学习研究型组织。2018年，胡来宝校长申报的"基于'以课领训'的乡村教师专业常态化发展'生态圈'模式"荣获教育部教学成果二等奖。

（一）核心概念

以课领训，用真实学习情境推动农村区域内教育管理和学科各层次教师教育教学行为变革，达到育人和学生学习方式转换，最终实现区域教育优质均衡和公平。

---

① 根据安徽省黄山市祁门县教师进修学校2018年国家级教学成果申报材料（基础教育）整理。

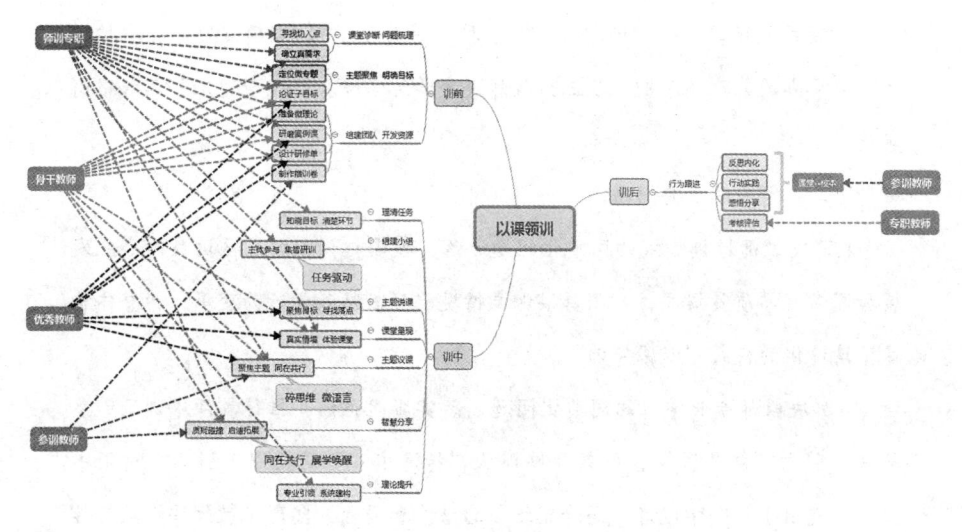

以课领训图

  该成果历经5年的实践探索和6年的实践检验，最终形成了"用骨干、优秀引领全员，使优秀成为骨干，让骨干走向卓越，实现全员提升"的教师专业发展路径；建构的体系模式将教师培训从"参与式"引向了"拓展式"，实现了把教师培训从"传递中心"的授课，引向了"对话中心"的学习转变。通过突出每个学习者高阶思维的培养和提升，建构形成了教师"思维型学习文化"，推进了教师教育改革向纵深发展和教师培训向素质能力提高的全面转型，建起了区域内教师专业常态化发展"生态圈"这一总体目标。

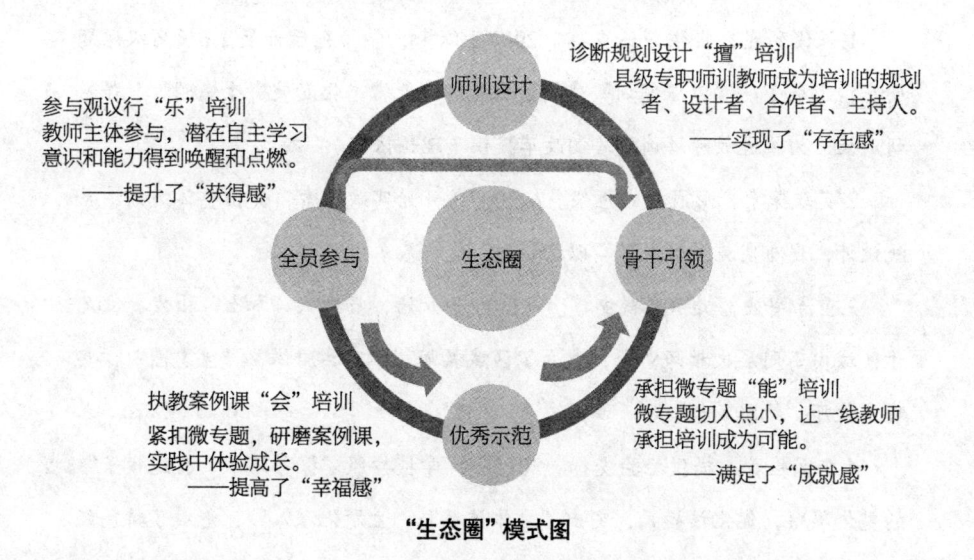

"生态圈"模式图

县域教师发展支持体系建设的实践探索 ｜ 第四章　　171

该模式荣获教育部"国培计划"首批优秀典型案例等4项奖励,并承担了教育部举办的第7、8两期"长三角教师进修学院名院长高级研究班"高端跟岗实践。

(二)解决的主要问题

1.解决教师培训模式的同质化问题。落实按需施训,聚焦区域教师专业发展和课堂教学质量提高,"用真实课堂情境引领教师教学行为变革",整体构建了情境化的模式"以课领训"。

2.解决教师专业学习的同质化问题。落实协同施训,推行教师培训从"参与式"引向"拓展式",把教师培训从"传递中心"的授课,引向"对话中心",突出了每个学习者"高阶思维"的培养和提升,实现了教师培训从"传递型培训文化"到"思维型学习文化"的建构。

3.解决教师专业对话的同质化问题。落实分层施训,依托教师学习文化体系建立区域教师"学习共同体",实行教师梯级培养,"用骨干、优秀引领全员,使优秀成为骨干,让骨干走向卓越",促进教师"抱团成长"。

4.解决教师培训学习的偶发问题。把研修中的问题生成为教师学习的主题,用身边的教师培训身边的人,实现了教师培训学习从"低效、偶发"走向"高效、常态",形成良性"生态圈"。

(三)解决问题的过程与方法

1.强化研究,提供理论支撑。2007年以来,学校先后开展了6项省级课题研究,形成了"'以课领训'建构区域教师专业常态化发展'生态圈'"等科研成果,为推进教师培训供给侧改革提供了理论依据。

2.实践探索,形成模式框架。从2007年开始实践探索,突出整体规划,系统设计,发布实施,形成了"以课领训"这一基本框架。

3.重点突破,提供实践支撑。从2012年开始,坚持从"本土"出发,立足于区域内不同层次教师需求,建立了区域教师"学习共同体""生态圈",实现了教师"抱团成长"。

4.全面检验,提供经验支撑。2015年,学校按照"探寻路子、打造模子"的整体思路,优化该模式,突出"主体性参与、主题化深入",形成了特色经验，使培训更具活力。

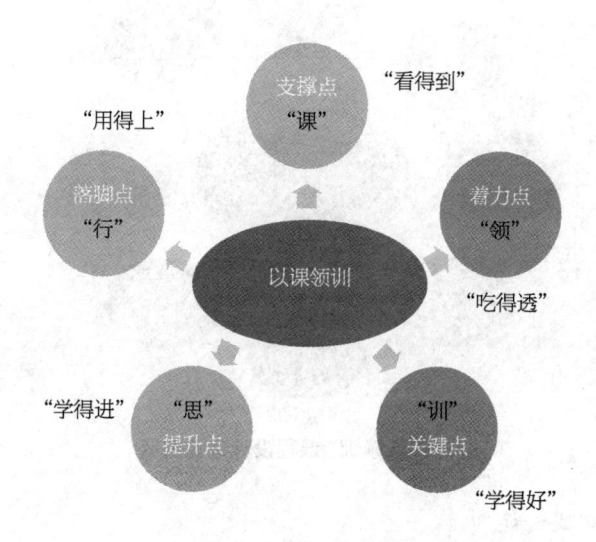

"以课领训"力点图

5.建构文化，确立发展方向。2017年以来，更加关注教师培训学习过程，突出每个学习者"在场"的学习力的培养和提升，实现了教师培训从"传递型培训文化"到"思维型学习文化"的建构。

（四）理论创新

1.创立了教师学习"生态圈"理论。师训教师规划设计实施——"擅"培训；区域内学科骨干教师承担微理论提升——"能"培训；优秀教师研磨呈现案例课——"会"培训；全员教师主体参与——"乐"培训。形成了区域教师专业发展常态化"生态圈"。

2.创立了基于情境的"五点"理论。"以课领训"模式支撑点在"课"，着力点在"领"，关键点在"训"，提升点在"思"，落脚点在"行"。

3.创立了教师学习"文化路径"理论。让教师成为培训的主体，成为自我行动学习的设计者、主动自我学习的践行者，形成了教师自我学习提升的强大内驱力。

```
        问题引领
        有精度
          ①
行为跟进              主题聚焦
有力度                有难度
  ⑧                   ②

专题理论      以课领训      课堂情境
有宽度                    有亮度
  ⑦                       ③

   引领提升          任务驱动
    有高度            有梯度
      ⑥                ④
           科学展学
           有深度
             ⑤
```

"以课领训"课程设计建构路径

（五）实践创新

1.建立了教师梯级培养实践模型。师训教师转变为"设计者、合作者、引领者"；骨干教师朝着"学者型、专家型"迈进；优秀教师更好地走向"学习型、研究型"；全员教师紧扣研修主题，行动实践，潜在的自主学习意识和能力得到唤醒。

2.建立了教师协同学习实践模型。提升了师训教师的"设计力"、骨干教师的"研究力"、优秀教师的"实践力"、全员教师的"行动力"。

3.建立了教师自我学习提升模型。紧扣教师学习思维型文化建构，形成了"专注力、捕捉力、理解力、思维力、反思力、领导力、转化力"一体的教师"在场学习力"提升模式。

案例十二评析

目前，要提高县域教师队伍素质和整体师资水平，主要依靠加大教师培训力度来实现。从一定意义上讲，有什么样的培训，就会造就什么样的教师队伍。

近十年来，安徽省黄山市祁门县教师进修学校在建构县域内农村教师培训体系上做了一些尝试和努力，聚焦教师培训课程体系建设、模式创新、评价变革等方面进行建构，取得了较为丰硕的经验和成果。

第一，"以课领训"有机地将"训—研—教"融于一体。其本质与核心是：问题引领、体验课堂、唤醒意识、引发思考、质疑碰撞、启迪思维、点燃智慧、获取知识、提升素养、发展能力[①]。

第二,"以课领训"是基于"训—研—教"为一体的教师集中校本培训模式。构建了以安徽省祁门县教师进修学校为主导,以课题为主要载体,以学校为主阵地,对教师群体专业发展发挥支撑功能的有机整体。既有利于区域内教师均衡、常态化发展,又有助于加强县级教师培训机构自身的"造血"功能。

第三,"以课领训"是历经实践探究形成的适合县域教师有效学习的培训模式,具有相对稳定、可操作性强等培训文化性质。"看与听""观与议""研与思"三个维度设计的实践研修,能唤醒教师的职业认同和行业归属,激发教师潜在的职业意识和潜能,让教师的观察、学习、思考和行动在文化熏陶中成为一种习惯。

第四节　县域教师发展支持体系建设的学校实践

习近平总书记曾说,一个人遇到好老师是人生的幸运,一个学校拥有好老师是学校的光荣,一个民族源源不断涌现出一批又一批好老师则是民族的希望。学校是县域教师发展的主阵地,校长是教师发展的第一责任人。

案例十三

唤醒激情:山东省潍坊市广文中学建设教师幸福团队行动研究[②]

潍坊市广文中学全校200多名教师中,教龄不满3年的约占22%,教龄不满5年的占30%,教龄在20年以上的老教师由于家庭负担重、职业倦怠等因素,幸福感偏低。为此,学校确立了"发展教师,成就学生,服务社会"的办学理念,每位教师都有展示自己的舞台,每位教师也可以通过承办项目为同事搭建

[①] 胡来宝,石博."以课领训"夯实教师培训主体性实践[J].中小学教师培训,2015(12):28-30.
[②] 材料来源:根据赵桂霞校长《战战兢兢做教育》和《一所学校的课程建设》整理。

展示的舞台。一大批教坛新秀、未来名师、教学能手、学科带头人、广文名师脱颖而出，极大地鼓舞了教师们。

（一）从调研入手，探究教师幸福感的八个来源

从调研教师的幸福指数入手，探究教师幸福感的来源，一步步深入了解教师专业发展的内核。调研结果显示，教师的幸福感来源于教师的成就感，主要来自八个方面。

1.教学质量。社会、学生、家长最看重教学质量，如何在规范布置学生作业的前提下，通过课堂教学这个主渠道提高学生的成绩，成为教师要解决的主要问题。

2.教师素质。家长、社会对教师的期望值很高，希望教师是个"完人"，教师在既教书又育人的前提下，需要不断学习，提高修养，完善自我。

3.广泛认可的"好老师"。得到他人认可，是教师成就感的重要原因，学生、家长、同事、学校和社会对"好老师"的标准越来越高。

4.教师的自主时间。教师需要发展，就需要自主发展的时间。教师工作的特殊性，决定了教师自由支配的时间不多，读书、反思的时间不足，影响个人发展。

5.办公条件。教师希望在宽敞明亮、设施先进的办公室工作，以达到心情愉悦、身心健康、提高工作效率的目的。

6.身心健康。教师是精神压力和工作压力较高的职业，教师渴望劳逸结合、身心放松。

7.工资待遇。教师渴望获得更高的经济收入，不断提高生活水平。

8.对"问题学生"的管理。由于社会、家庭等方面的原因，班级总有个别"问题学生"。这些学生在学习、思想等方面的表现令人不满意，甚至影响到其他学生的健康成长，而家长在教育方面的不配合，使教师产生"不快乐、不幸福"的感觉。

决定教师成就感的要素排在前三位的是教学取得高质量、受到学生喜爱和教师的个人发展。

（二）建立八个标准体系，强化标准实施与监督

1.好老师的三底色：爱、尊重、激情。

2.好课设计三标准：问题导向、服务目标、自我反思。

3.课堂实施五要素：全员参与、状态积极、能动思维、教师主导、检测反馈。

4.阅读教学三境界：赏读、品读、悟读。

5.班级管理三台阶：规则管理、情感管理、价值管理。

6.质量保障三指标：教师质量、学生质量、教室质量。

7.校长办公会研究四内容：课程、教学、教师、学生。

8.学校发展三逻辑：局长在乎校长、校长在乎教师、教师在乎学生。

9.未来发展两趋势：控制替代、推动下属思考；制度第一、校长第二。

（三）建立八大发展平台，体验成长快乐

学校根据教师发展需求，制定《教师发展学分管理办法》，引领教师走进各种发展平台，教师自觉地提高自己，发展自己。

1."周四沙龙"。每到周四晚7点，教师如约走进各种沙龙。每月的第一个周四晚上，是"校长视线"；每月的第二个周四晚上，是"作业组沙龙"；每月的第三个周四晚上，是教师们非常盼望的"自由沙龙"；每月的第四个周四的晚上是"班主任沙龙"。

2.常态课堂开放。学校建立了"推门听课制度"和"每日公开课制度"。每位教师每周确立一节允许任何人进入的"推门课"，所有教师之间的"推门课"不交叉，每一天的每一个课时都有"推门课"，为所有教师的学习提供了机会。

3.专家月报告。学校还经常利用沙龙时间邀请全国著名教育教学专家来校作报告，根据教师需求确定报告内容。

4.教育随笔日交周评。建立反思平台，促进教师养成反思习惯，学校建立了教育随笔（反思）的周评选制度，教师随时把完成的反思递交教师发展部，每周六教师发展部组织专家组评审，在下周一的《教师发展简报》上公布优秀反思随笔获奖名单，并登载部分反思案例。

5.《教师发展简报》每周大盘点。建立教师发展成果的展示平台，让教师体验到发展所带来的成就感，《教师发展简报》成为展示教师发展成果、交流分享课堂经验的最好平台。"校长随笔""建英在线""特约稿件""成长路上""美文共享""好书推荐"等都是平台中的常规栏目。

6.校长随笔每周一篇。为更好地引领教师的专业发展，随时为教师的教育教学工作指明方向，校长每周一篇校长随笔，成了每期《教师发展简报》的必备内容，深受教师欢迎。"校长随笔"从老师们关心和关注的问题入手，既体现着新的教育教学理念，又有充足的事实例证，还有解决问题的方式方法。教师们在分享这些校长随感的同时，更加明确了工作目标，增加了前进的动力。

7.课题研究。把教学中的问题转化为课题，围绕课题进行研究，是教师专业发展的必由之路，也是促进教师成长的最有效方式。广文中学通过征集问题、筛选问题、发布问题和问题招标等方式，建立"问题台账"，确定每学年重点突破的关键问题，把这些问题确立为市级以上课题，组织骨干队伍进行研究。

8.每月一周时间纪实。每一位优秀教师都是卓有成效的自我管理者，良好的工作习惯是教师成长的重要因素。通过对年轻教师与名师的一周工作纪实进行比较，我们发现，教师在时间的利用上还有很多潜力可挖。我们要求教师每月对其中一周工作进行纪实，并对自己的工作纪实进行反思，在反思中发现问题，改正问题。

（四）创设五个关键要素，加快迈向名师步伐

追寻名师的成长轨迹，找到名师成长的一般规律，那就是：关键事件促进教师成长，关键人物帮助教师成长，关键书籍伴随教师成长，个人因素决定教师成长，适应期是教师成长的关键期。

1.给教师创造关键事件。我们以学年为单位大力开展各类评选表彰、公开课展示等活动。如学期结束时，评选最多借阅图书奖、最多参加沙龙奖、最细研读简报奖、最多撰写案例奖、教师发展先进个人、优秀作业组团队、优秀备课组团队、优秀教师、周反思案例评选奖、校创新燎原奖等。上学期，教师获奖人次占教师总数的142%。本学期，仅在首届课堂教学研讨月活动中，我们就设立了五大类项目的奖项，教师获奖人次达107%，最多的教师获得6个单项奖、1个综合奖。各种获奖表彰机会大大激励了教师，成为教师发展过程中的关键事件。

2.给教师配备关键书籍。名师都是伴随着关键书籍成长起来的，比如霍姆林斯基的《给教师的建议》，几乎所有的名师都读过，而且不止一遍。一方

面，我们在图书馆配备了有关教师发展的各类图书上千册；另一方面，考虑到教师课时量大、教学任务重，能够到图书馆的时间有限，我们为教师配备图书，方便教师阅读。每学年，为每位教师配备图书7册，为每位班主任老师买书2册。有一位教师说："2011年，一位学生的事情，使我对教育深感迷茫，《赏识你的孩子》和《快乐教育》这两本书使我的教育境界有了很大提升。自己在教育教学方面的特殊贡献，得到了社会的认同，收获了更多学校教育不能给我带来的成就感。"

3.给教师创设关键人物。名师成长的背后都有关键人物的指导和帮助，关键人物在教师成长过程中起着不可或缺的作用。每学期，我们邀请教研员到校指导不少于4次；建立"课程对话"制度，校长在每周二下午与教师进行课程对话，有针对性地解决教师在教育教学方面的困惑；来校报告的专家，也成了教师成长过程中的关键人物；建立名师工作室，带领年轻教师致力于教学研究，一大批青年教师正迅速成长起来。

4.抓住教师成长的关键期。入职适应期，是教师成长的关键时期。只有在教师适应期做好综合素质各方面量的储备，才能实现日后质的飞跃。错过关键期，即使日后付出百倍的努力，都不可能出现理想的效果。针对我校青年教师比重较大的实际，我们专门制定下发《潍坊广文中学青年教师培养方案》，对青年教师给予特别的发展支持。一是从年轻教师的需求入手，编印《初任教师手册》，通过大量鲜活的案例指导他们如何与人沟通、如何有效管理课堂；二是研究制定《教师工作常规》，引导他们关注课堂管理，关注教学本身；三是为青年教师搭建更多的发展平台；四是鼓励他们参与教师成长的关键性活动，促成他们自己的关键事件，帮助他们走近关键人物。

5.激发个人发展的内动力。有了个人目标，才有发展的方向和动力。我们要求教师人人制订成长计划，包括五年发展目标、发展规划、计划采取的措施等，学校针对教师个人提出的措施要求提供发展条件。老师们学会了"站在终点思考问题"，发展有了动力，内在的潜力得到挖掘，从而实现了又好又快的发展。

（五）建立四项长效工作机制，保障教师持续发展

1.排查教学难点，建设引桥课程，防止学生分化。入校"引桥课程"，帮

助新生尽快适应新学校；学前"引桥课程"，为学生学习初中各学科知识而搭建；难点"引桥课程"，为解决学生的两极分化问题而设置；发展"引桥课程"，为学生尽快适应高中学习而设计。

2.研究教学流程，改进自身教学，提高课堂效率。落实三讲三不讲，删除无效教学环节等教学要求，精讲多练已经成为课堂的主旋律。

3.开展"习题训练知多少"行动，控制作业量，解放教师和学生。数学、物理、化学、生物等学科在梳理知识点的基础上，根据学生调查问卷和座谈了解到的学情，确定习题量和习题的难度，教师精选试题。

4.导师引领，消除成熟教师的职业倦怠，增强其成就感。通过对在职教师现实心态的调查发现，青年教师渴望成熟教师在备课、上课、教研等各个方面的指导。基于此，学校实施导师引领制，在学期末评选"黄金搭档"，并且给老教师设立了引领学分。

（六）评优树先，成就学生体验成功

首先在校内开展各类评选，给教师创造成功的机会，大力宣传和表彰先进，让优秀教师首先体验到成就感。然后，提取这些优秀教师的共同特征，内容包括：学生最喜爱的教师十大特征、学生喜欢的课堂十大特征、最和谐班级的十大特征、最希望教师改正的十种行为以及理想学校的要素、教师幸福感的要素、决定个人成就的因素、名师的成功规律等，以文件的形式印发给全体教师，并制作宣传板，张贴在教师办公室，让教师入眼入心，创设良好的氛围。创设"教师沙龙"和《教师发展简报》，作为教师发展的信息交流平台。形成了发展教师—成就学生—体验成功—收获幸福的良性循环机制。

案例十三评析

书有千般，人有万种，教师的所教学科成绩，恐怕没有一个教师、家长、校长不关心。但是，教师在学校里幸福吗？可能就很少有人关注了。山东省潍坊市广文中学面对"老校长＋新学校"的现状，从行动研究切入，研究教师成长之根、幸福之源。秉承"适才教育"的教育理念，注意结合教师、学生的实际情况，立足于实际，充分挖掘学校内涵，弘扬学校办学特色，聚焦培养"大家风范、人文底蕴、科学精神、国际视野"目标，从影响教师的幸福指数的主要因素分析切入，调研教师发展需求，为教师发展搭桥铺路。

第一，把学校行动作为研究对象，用研究的结果指导教师的行动。这是教师发展中始终不渝的原则。

第二，优化结构、优化功能。整合优化学校资源，将教、科、研融为一体，设置了"教师发展部"专人、专岗承担促进教师发展的重任。

第三，一个不幸福的老师，难以培养出幸福的学生；一个不幸福的教师团队，难以推动学校内涵发展。潍坊市广文中学把教师的幸福作为第一追求，"把学校办成教师最幸福的心灵花园"作为理想追求。优化标准体系，为教师成长搭建多元、多层次、多结构创业发展平台，为各层次教师提供适合发展的用武之地。

第四，关键要素催生教师成长。主要是：预设关键事件、配备关键书籍、创设关键人物、抓住教师成长的关键期。

第五，提升教师课程领导力。"吃什么远比怎么吃重要"，对学科教师而言"教什么比怎么教重要"。建设大家系列、文化系列、科学系列、实验探究系列、国际政治文化有序衔接、前后贯通系列校本课程。

第六，高期望、高激励实现高位发展。评优树先利益驱动到位，建设欣赏、开放、快乐的工作环境，关注员工内在需求及感受。

案例十四

自我评价：江苏省张家港市泗港实验小学教师评价的"四个转变"案例[1]

客观、公正地对教师工作进行评价，是优化教师管理的有效手段。科学合理的评价，能激发教师工作的积极性、不断进取的上进心，形成正确的价值取向，建设优良的教师群体，提升学校的办学水平。在实践中，张家港市泗港实验小学大胆进行了探索，取得了良好效果。具体做法是"四个转变"。

（一）评价内容：由综合转变为分项

"德、能、勤、绩"的综合性评价，是全面考评后得出具体结果。这种综合性的评价，往往会因教师某一方面或几方面的因素而影响整个评价结果。其弊端为：一是教师"只缘身在此山中"，不明自身不足，当然也就不清楚改进和努力

---

[1] 赵建华. 教师评价的"四个转变"[N]. 中国教育报, 2005-03-22.

的方向；二是综合评价"优秀"者往往为数不多，这样，无疑会挫伤教师的积极性，导致教师因其中某一方面或几方面的因素而影响整个评价结果。

张家港市泗港实验小学"化整为零"，设立了"师德之星""教科之星""教学之星""德育之星"和"出勤之星"（以下简称"五星"），从五个方面对教师进行分项评价，既肯定教师某一方面做出的努力、取得的成绩、获得的进步，又鼓励教师全面创优。这样，使每位教师都能体验到成功感和成就感，从而自觉地、努力地从一个成功走向另一个成功，从小的成功走向大的成功。

（二）评价标准：由定量转变为定性

"百分制"的定量教师评价，即对教师工作按量化的标准逐项打分，或加或扣，最后计算出总得分，将"分数"与奖金的"钱数"进行换算。这种评价方式虽然操作比较方便，结果一目了然，但也存在许多问题。首先是对教师各项工作分值、权重等的确定缺少科学依据，容易"误导"教师，斤斤计较于考评的得分。这样，"经济意识"是强化了，"奉献精神"却淡化了。

张家港市泗港实验小学采用了"等级制"，即对教师"五星"中每一"星"的评价，都设立"金星奖""银星奖"和"铜星奖"三个等级，只要教师达到某一"星"的有关要求，即可获得相应等级的奖励。如"教科之星"，我们确定了做读书笔记、写随笔或论文、参加教科活动、成果发表获奖等6条要求，达到所有要求的为"金星奖"，达到其中四至五条的为"银星奖"，达到其中三条的为"铜星奖"。凡达到星奖的，即可获得相应金额的奖金。

（三）评价主体：由单一转变为多元

避免教师工作的评价由学校领导"说了算"，因为"一锤定音"影响评价的公正性，导致学校领导和教师间产生隔膜。张家港市泗港实验小学在对教师工作进行评价中，尽可能地让教师、学生以及学生家长参与其中。

首先是组织教师自我评价，让教师对照标准"照镜子"，正确认识自我；其次是部门进行评价，由工会、教科室、教导处、德育处等部门，分别通过开学生座谈会、对家长进行问卷调查、平时检查记载等掌握的情况对教师"五星"进行客观评判；最后是考核小组评价，由学校领导、教师代表组成的考核小组，对教师"五星"进行评定。

（四）评价时间：由集中转变为分散

学校一般在学期结束时才对教师工作进行评价，一是评价不及时；二是评价作用发挥不及时，尤其是评价的导向、督促、教育、激励等功能大打折扣；三是评价调整不及时，集中在期末进行评价，一旦发现了问题也只能到下学期加以改进，这就像人确诊患了什么病却不能马上得到治疗一样，遗憾而痛苦。

张家港市泗港实验小学将评价时间"集中转变为分散"，就是每月对教师工作考评得出"师德之星""教科之星"等五星的获奖等级，期末考核确定教师学期"教学之星""德育之星"等五星的获奖等级。每月评价，"短、平、快"；学期评价，以每月评价为基础，有根有据，如"德育之星"的学期"金星奖"就需月考评都达"金星奖"或只有其中某1月为"银星奖"。

案例十四评析

在教师因考核、聘职等压力导致患有心理问题的比例上升的趋势下，张家港市泗港实验小学不仅招聘、培养好教师，还充分发挥评价杠杆的引领作用。

第一，"柴也愚，参也鲁，师也辟，由也喭"，不同的教师有不同的个性禀赋，有的教师善于书面写作，有的教师善于口头表达，有的教师能歌善舞，还有的教师擅长研究。张家港市泗港实验小学尊重教师素质的多元化与能力的多层次结构，善于发现教师的长处，让每位教师都能体验到评价带来的成功感和成就感。

第二，教师评价标准采取"适度模糊""只有奖没有扣""只有奖没有罚"的方式，为教师创设了心理承受的空间及自我追求的目标与台阶。

第三，引入学生以及学生家长参与教师评价，引导教师价值取向偏向学生的发展与进步，内化了工作要求，评价已不再仅仅是区分和甄别，而更多的是体现了其导向、督促、教育、激励等功能。

第四，将教师评价视为一个过程，评价过程是督促教师"三省吾身"、引领教师自我完善、激励教师不断超越的过程。

思考：

第一，评价目的：是把优秀教师遴选出来，还是提供不同的评价标准参照系、宽裕的时间和充分的机会，让教师去"悟出"教什么、怎么教、怎么教得更好？

第二,评价作用:是为了改变教师的不足,还是帮助教师找到或学会树立自己的特点和长处,并把这些特点和长处发挥到最佳状态?"补短"固然会影响教师的发展,但"扬长"更是教师自我价值实现的关键。

第三,评价结果:是学校期待、依赖更多的评价制度,还是发现教师自我更新的动力和自我提高的路径?

案例十五

城乡同堂:成都七中"互联网+"教学精准帮扶

看中国的教育,不仅看城市,更要看农村,不仅看名校,更要看普通学校,不仅看发达地区,更要看贫困地区。精准扶贫、全面小康、普及高中教育、公平有质量等是时代耳熟能详的热词。成都七中是一所薪火相传、责任担当的世纪名校。作为历史名校与教育扶贫,与教育信息化建设,与未来学校建设的责任担当等有关。

(一)百年名校 成绩辉煌

成都七中源于成都市著名的墨池书院和芙蓉书院,已有113年的办学历史。机器人、校园足球、男子排球、管乐团、健美操、定向越野、体育舞蹈、未来课堂、翻转课堂、分层走班教学、艺体和技术课的模块教学(加照片)等等都是成都七中素质教育和课程改革的靓丽名片。办学思想:整体发展、个体成才、主体作用"三体"教育思想;校训:审是迁善,模范群伦;办学目标:建设为拔尖创新人才和领军人才奠基的卓越高中;培养目标:全球视野,中国脊梁学生。

(二)"互联网+"教学目标

全日制远程直播教学帮助远端薄弱学校的初期目标(契合远端学校最近发展区)是用成都七中积淀的教学理念和资源为薄弱地区学校服务,助力薄弱地区学校教育教学质量的跨越式发展。

终极目标是在长期的协同教学过程中培养大批当地教师,实现薄弱学校"自我造血"的可持续发展。

(三)城乡同堂 精准帮扶

2000年,成立成都七中东方闻道网校;2002年,启动"全日制远程直播教学"，借助卫星通信技术，将成都七中9个高考学科原汁原味的课堂教学常态化地在薄弱地区学校课堂上呈现。实现了薄弱地区学校的学生与成都七中学生"异地同堂"，薄弱地区学校的教师与成都七中的教师一起协同完成教学活动。

1."双四"模式，共享优质。

首先，全日制远程直播教学以"四个同时"为标准，开展日常教学活动，即"同时备课、同时授课、同时作业、同时考试"，其他各地的学生和成都七中的学生一样，听成都七中同一位教师的课，完成同样的作业，作答同样的考卷。其次，以"四位一体"为要求保障教学质量，即"七中授课教师、七中把关教师、薄弱学校协同教师、网校技术教师"在相同的时间内、不同的空间中完成授课、监督、辅导和技术支持工作。

2.八省一市，万人课堂。

目前，四川、云南、贵州、甘肃、陕西、江西、广西、青海、重庆8省区1市的239所高中学校，每天7万余名学生实时与成都七中异地同堂，7000多名教师与成都七中教师全日制地开展协同教学。

3.提升学业，培育素养。

全日制远程教学的成效最直接地体现在教育薄弱地区学生升学情况方面。自2005年首届接受远程教育的学生毕业至今，已有89名教育薄弱地区的学生升入清华、北大。2018年，全日制远程直播教学协作体中共有175所学校、397个班级参加高考，涉及四川、甘肃、贵州、广西、云南、重庆五省区一市。网校共收集到161所学校、315个班级的成绩反馈，学校成绩反馈率92%，班级成绩反馈率79.3%。反馈的数据中，网校文理本科上线率72.8%，网校文理重本上线率31.3%。截至8月7日统计，2018年高考，网校有10名同学考入北京大学，有16名同学考入清华大学，还有34名同学考入C9名校。在四川省民族地区，一些以往连专科生都没有出现过的学校，如阿坝州松潘中学、小金中学、甘孜州康北中学等，在接收直播教学以后，不但有了本科生，他们的学生考上重点大学也已不再稀奇。

通过全日制远程直播教学，偏远地区的教师、学生直接观看原汁原味的七中课堂，听七中优秀教师的讲授，与七中教师、学生成为"朋友""同学"，优秀的远端教师、学生还有到成都七中"游学"的机会。在这样的环境下，薄弱地区学校教师、学生不断地得到身为七中教师、学生必须自我优秀的心理暗示，自觉以七中优秀学生为榜样和成长的参照系，重塑自身行为并许以更高的成长目标。全日制远程直播教学的成效显性的指标是学生的升学率，更重要的是远端协同教学的教师的专业成长。

4.双师协同，陪伴成长。

在全日制远程直播教学环境下，薄弱地区教师通过与成都七中教师的协同教学，结成了一届三年的稳定的"师徒"关系，不离校，不离岗即可全程参与成都七中的教学教研。他们通过同时备课，了解七中的教学安排，领会重难点的教学设计；通过同时上课，每天与七中教师在课堂中"双师协同"，学习和掌握了最新的信息技术，教学理念，也学会了名校教师的职业规范和隐性知识（现代的知识观，知识也有显性和隐性之分，一些隐性知识要在特定条件或者特定情形下才能呈现和学会），获得自身发展的最佳"营养"。这种结对研修的方式，切合了"学中做，做中学"的学习理念。"双师协同"的师徒结对方式让薄弱学校教师的教学理念得到了快速更新，专业能力得到了快速提升。

5.师、生、校发展，实现梦想。

全日制远程直播教学帮助薄弱学校解决了师资配套、学科完整和工学矛盾，教学水平持续稳定地提升，带动一批边远贫困地区的薄弱学校走出了办学困境。薄弱学校的直播教学班在当地形成了优势教育品牌，受到家长学生的认可，减少了薄弱地区优质生源的流失。四川省甘孜藏族自治州康定中学从2002年开办高中直播教学以来，学校管理效率、教师专业水平、学生的综合素质和学习成绩不断提高，已经连续几年实现了直播班100%的本科升学率，并不断刷新他们学校高考历史记录。康定中学借助直播教学平台实现了成为我国藏区第一基础教育品牌的理想，已经成为四川省一级示范学校。四川仪陇中学王大军说："通过引进成都七中的教学资源，让偏远农村学校的学生目睹了名校名师风采，让教师得到培训，有效促进了学校的发展。"广西平果高级中学张华涛校长感慨地说："感谢成都七中和东方闻道网校提供的绝佳平台，直播教学促进了学校发展,让平果人民实现了几十年的梦想!"云南禄劝彝族苗族自治县第一中学刘正德校长说:"直播教学不仅让我校教师、学生享受到优质教育资源,也让学校走上快速发展之路。"

6.兼济天下,大爱无疆。

2012年9月,全国教育信息化电视电话会议上,国务院副总理刘延东在发言中对"四川探索了城乡学校利用直播教学,同时备课、同时授课、同时作业、同时考试"的做法给予肯定。

2013年11月、2015年5月,教育部分别在亚太地区教育信息化高层专家会议和国际教育信息化会议上,将成都七中的全日制远程直播教学作为中国教育信息化的成功案例向世界介绍。

2014年,美国总统奥巴马的夫人米歇尔走进网校直播班,通过闻道网校的视频系统与贫困地区远端学校学生实时交流。

2016年9月,在四川省甘孜州召开了"全国边远、民族地区教育信息化现场会",全国各省的分管领导考察甘孜州高中直播、初中录播、小学植入式全日制远程教学的成功经验。

(四)泛在七中,共创共生

成都七中全日制远程直播教学是教育信息化V1.0背景下,通过卫星技术手段实现了优质资源"到校""到班"的精准扶贫,受到了社会的广泛认可。

成都七中作为教育信息化的领跑者并没有止步不前,在信息技术与教育教学深度融合的时代背景下,成都七中教育信息化建设也在持续升级。通过"云端学校,泛在七中"的建设,响应教育信息化V2.0发展方向,进一步提升学校的信息技术现代化,实现教师转型,发挥名校高位引领的优势,推进教育改革的创新和科学发展,实现"卫星+互联网"技术载体,建设"人人皆学、处处能学、时时可学"的泛在七中,在自身发展的同时,为教育扶贫,为社会进步做出贡献。

1."泛在七中",搭建混合学习的最佳平台。

"泛在七中"以学生学习为核心,探索混合学习模式下相关要素的关系。一是学习空间:固定学习空间与自主学习空间的关系;二是学习时间:固定学习时间与自主学习时间的关系；三是学习方式：集体学习与个体自主学习的关系；四是学习载体：信息化条件下，学生线下学习与线上学习的关系。四个要素体形成一对多、多对多的关联，最终形成混合学习的最佳路径，提高学习效益，服务个性成长。

2."泛在七中"，服务学生的成才成长。

"泛在七中"不仅服务于本校学生，还探索学生个性化的拓展课程、选修课程、校本课程的混合学习模式，探索线上、线下跨行政班级的同时、同步混合学习模式。在教师的指导下，针对不同的学生群体特点，采用不同的学习路径，精准提高个人学习效益。"泛在七中"为学生课外的校内、校外个性化学习提供有力支撑，学生除了可以同步在线自主学习选修、拓展课程外，还可以在校内自习时间、回家或假期自主预习、复习课程重难点。

3."泛在七中"，同时服务于校外学生。

"泛在七中"站在历史的新起点，聚焦新时代对人才的培养需求，以公益为先，经营为用，践行名校的责任与担当，回馈社会，建设共创共生的"泛在七中"。远程直播教学在原有卫星网的基础上，技术升级增加互联网同时、同步传输，双网的高普适性，将会让更多远端受益，精准扶贫再上台阶！"泛在七中"面向整个社会开放，学习主体除拥有本校学籍的正式学生外，可以是成都七中网校的学生，还可以是任何愿意参加到"泛在七中"学习的学习者，受益群体从校、班级直达学生个体！学生可以通过跨平台、跨终端的设备实现个性化的自主学习。"泛在七中"学习面向社会全面开放，首期受益人群包括了本校的4600多名师生和七中网校的83000多名师生，未来还会有更多社会化的学生、教师和家长群体受益！

4."泛在七中"，共融·共创·共生·共享。

"三人行，必有我师焉"，"泛在七中"将对教师群体开放，教师除校内的优秀教师外，可以是优秀校友、特聘教师、客座教师和优秀学生等。"泛在七中"整合能够代表七中形象的各方面的资源为社会提供符合七中认定的课程，彰显七中的价值观、教育观。输出即输入，成都七中承担了社会责任，自身也有很大收获：传播了七中的文化，增加了七中的美誉度。对自己教师的信息化水平的提升,对自己教师的专业成长(天天都是现场直播),对成都七中教学质量和队伍建设的提升都有很大帮助,建立了239个校外观测点。赠人玫瑰,手有余香,帮扶别人,成就自己。

案例十五评析

党的十九大报告提出:"努力让每个孩子都能享有公平而有质量的教育……实施乡村振兴战略,利用信息技术提升义务教育均衡发展水平。"偏远薄弱地区的教育急需改变的现状是什么?首先是师资缺少、优生流失、理念落后、资源缺乏;其次才是硬件提升。成都七中结合移动化和泛在化、教学信息的大数据化和教学服务的个性化、人工智能等发展趋势,重新定义学校。智能化将帮助教育实现真正的个性化,泛在教育将推倒传统学校的围墙,网络就是学校,移动终端就是课堂,能者即为教师。其精准帮扶经验如下:

第一,成都七中运用信息技术帮扶薄弱学校,构建了"学习空间人人通""区域空间校校通""服务、管理时时通"的教育形态。

第二,在全日制远程直播教学过程中培养大批当地教师,实现薄弱学校的"自我造血"的可持续发展。帮助偏远薄弱地区的远端学校走出困境,成为品牌,铸就优秀,从而达到教育精准扶贫的目的。

第三,需要加快推进教育信息化的进程,强化信息技术在教育、教学、教师、学生发展中的有效应用,促进教育、教学、管理的持续变革,同时需要更多社会要素的支持。

易国栋校长认为:成都七中已有全国名校的美誉度,但成都七中的发展依旧面临挑战,还必须进一步提升学校的核心发展力。满足于当下,可能要输掉未来;美誉度代表着过去,如果不思进取,老树不发新枝,完全可能被人弯道超车,同样会被时代淘汰。全日制远程直播教学也必须与时俱进,升级换代。

第五节 县域教师发展支持体系建设的社会参与实践

20世纪80年代,美国对高质量教师的需求急剧增加,美国民间组织"为美国而教"

应运而生。经过二十余年的发展，该组织已成为美国在基础教育教师补充方面最有影响力的民间教育公益组织，并对缓解美国基础教育领域师资紧缺的压力、促进美国基础教育资源均衡配置和教育公平性的实现起到了积极的作用。[1]在我国县域教师发展支持体系建设中，从供给侧来看公办机构是长板、民办机构是短板，公办机构与民办机构在基本属性、建设指标、环境设备以及人员构成等情况上的差异较大。特别是政府财政投入在公办机构的日常收入来源中占了相当的比重，而对民办机构的财政补贴则微乎其微。通过对我国民办机构的形态、功能与作用形式的调查研究，发现教师发展一定程度上依赖于社会参与的程度，需要通过良好的政策培育，尽可能地将更多的社会组织吸引到支持县域教师发展中来。

案例十六

铁肩道义：中国教育学会举办"智慧领航·教师专业发展高峰论坛"[2]

2018年6月29日，"智慧领航·教师专业发展高峰论坛"在华东师范大学举行。中国教育学会、上海市教委、超星集团、华东师大的领导和专家出席论坛。来自北京、浙江、江苏、山东等21个省市教育局、教研室、教师发展中心、教师教育学院、教师进修学校的管理者和教研员，以及来自上海各中小学的校长、教导主任和骨干教师等共计500余人参会。

论坛聚焦"新技术新媒体与教师教育发展""数据驱动的区域教研与校本教研""面向智慧教育的教师专业发展"等核心议题，旨在深入探究如何利用人工智能、大数据、互联网等技术引领和优化教师专业发展的环境与路径。

华东师范大学副校长戴立益，中国教育学会副会长、上海教育学会会长、教师培训者联盟理事长尹后庆，超星集团董事长史超先后致辞。开幕式由华东师范大学教育学部党委副书记、开放教育学院党总支书记万明霞主持。

戴立益强调，"互联网+"中的"+"并不是简单的数学意义上的加法，而是化学意义上的化合与新生。日新月异的信息技术使教育从面向群体、以教

---

[1] 景小涛. 美国民间组织参与基础教育教师补充的经验及启示——以"为美国而教"为例外[J]. 外国中小学教育，2016（11）: 6-11.

[2] 华东师范大学新闻中心：http://news.ecnu.edu.cn/7b/ce/c1835a162766/page.htm，2018-07-02.

育者为中心、以学科体系为出发点的封闭形态，逐步走向关注服务、以学习者为中心、以个性化需求为出发点的开放形态。这种质变的实现在更大程度上呼唤着协同创新和跨界融合。

华东师范大学终身教授祝智庭作了《教育信息化2.0：智能教育启程，智慧教育领航》报告。他把信息化视为"人类的第二次进化"，认为信息技术促进教育的作用包括了替代作用、增强作用、调整作用以及重构作用，根据变革的结构变化和功能变化的不同，会发现越往上，变革风险越大。国家出台文件推行教育信息化的发展，既体现对教育变革的重视程度，也体现了我们国家体制优势和政治优势，但教育探索、推行和实践的过程，应保持一个平稳的速度，不能过急或过慢。对于智慧教育，祝教授提出了自己的定义：精准、个性、优化、协同、思维、创新——智慧教育是通过人机协同作用，以优化教学过程和促进学习者美好发展的未来教育范式。

案例十六评析

《教育部关于大力推行中小学教师培训学分管理的指导意见》指出："以教师发展阶段为基础，以能力诊断为依据，根据教师年度发展和周期性发展需求，进行递进式设计，推动教师持续成长。"县域教师发展中的民间组织对保障和提高教师发展水平发挥着不可替代的作用。但目前我国各级教育学会、教师教育学会和学科专业委员会等组织机构存在行政依附性过强、权威性不够等问题，缺乏相对独立性、自治性、多样性等特征。结合我国国情，民间组织在助推教师发展方面的作用是：

第一，充分调研地方教师及各级教育行政机构状态及需求。

第二，吸收世界各地教师发展先进理念和方式方法。

第三，和地方专家共同成立课题组，对县域教师发展路径与策略进行专项课题研究并形成学术成果。

第四，组织国家及地方专家，针对不同教师群体，形成分层、分类、个性化的解决方案。

第五，定期举办县域教师发展有关活动。

第五章 我国县域教师发展支持体系建设的现状与问题

> 分析县域教师发展支持体系建设的现状，离不开对我国政府、教师发展机构、学校、教师及社会的调查研究。这些主体构成了县域教师发展支持体系建设的宏观背景。因此，本章试图以东、中、西区域县域教师发展的访谈情况为资料开展分析，关注下列问题：县域教师发展现状如何？存在的突出问题是什么？制约因素是什么？不同的区域，县域教师发展有什么差异？

第一节 县域教师发展支持体系建设的现状

一、全国中小学教师队伍建设的基本情况

（一）分析维度

人口自然特征。男女性别不仅在思维、行为、生理、心理及工作方式等方面具有显著差异，而且在教育、工作平等机会获得方面也存在差异。不同职业对性别有一定要求。

区域分布。作为人类经过长期发展而形成的稳定区域，不同区域在语言意识、文化风俗、历史宗教和地理环境等方面与其他区域有所不同。处于不同地区的教师，其个性直接表现为语言思想、生活方式、风俗习惯、感情心理等的不同。

教育背景。教育水平是人的知识结构、素质、能力的重要体现。学历不仅代表一个人受教育的程度，而且代表在某一学科领域里已经达到的水平。不同学历是教师职业发展的重要基础，对其职业生涯规划和职业发展有重要影响。

任职情况。不同学段、类型和层次的学校对教师发展具有不同影响。教师会对自己所处的地域、办学层次、发展阶段等因素进行分析，寻求职业发展机会。

职务与职称。职务与职称是一个人研究能力与阅历的综合体现。教师的职务与职称高低，不但与工作资历、教育业绩、科研成果等有关，而且是专业水平、工作能力和是否具有独立思考能力的重要体现。因此，任职情况是分析教师特征的重要维度。

"生师比"与"班师比"。"生师比"是指国家或地区的学生数与该国家或地区的总教师数的比例，简单讲是学生和教师之比。"班师比"即班额和教师之比，"生师比"与"班师比"是一种传统的核编方法。"生师比"与"班师比"是国家或地区的教师相对数量指标，体现了当地教育人力资源的投入情况。"生师比是反映教育投入和教育质量的指标之一，也是衡量教师资源配置状况和教师工作负担的重要指标。"[①]

每万人口中的中小学教师数量。"每万人口中的中小学教师数量，是指国家或地区的教师数与该国或地区的总人口万分比，是国家或地区的教师相对数量指标，体现了当地教育人力资源的投入情况。"[②]

（二）全国中小学教师队伍

1. 基本情况

截至2016年，全国各级各类学校共有约1572.8万专任教师，其中普通高校教师约160.1万人（本科院校教师约113.4万人、专科院校教师约46.7万人）；普通高中教师约173万人；中职教师约83.5万人；普通初中教师约348.8万人；小学教师约578.9万人；学前教育教师约223.2万人；特殊教育教师约5.3万人。

表 5-1　2016年全国学前教育教师基本情况表[③]

性别		年龄		区域		学历		职称	
男	2.06%	24岁及以下	32.1%	城区	47.96%	研究生		中高以上	0.37%
		25~29岁	27.98%			本科	17.21%		
		30~34岁	17.14%	镇区	35.73%	专科	53.68%	中一	9.46%
		35~39岁	9.76%					中二	12.66%
女	97.94%	40~45岁	6.26%	乡村	16.31%	高中	26.52%	中三以下	77.51%
		45~49岁	4.04%						
		50岁以上	2.72%			高中以下	2.59%		
每万人口中中小学教师数量95.58						生师比21.97:1			

---

①② 杨晓琳等. 各省份中小学教师发展水平比较研究[J]. 教育研究，2013（10）：84-94.
③ 资料来源：2016年全国教育事业发展统计公报。

表 5-2 2016年全国小学教育教师基本情况表[①]

性别		年龄		区域		学历		职称	
男	37.87%	24岁及以下	5.03%	城区	27.68%	研究生	0.48%	中高以上	2.26%
		25~29岁	13.35%			本科	41.2%		
		30~34岁	17.67%	镇区	34.77%	专科	48.16%	中一	51.66%
		35~39岁	18.04%					中二	33.13%
女	62.13%	40~45岁	14.64%	乡村	37.55%	高中	10.04%		
		45~49岁	12.22%					中二以下	12.95%
		50岁以上	2.83%			高中以下	0.12%		
每万人口中中小学教师数量95.58						生师比16.98:1			

表 5-3 2016年全国初中教育教师基本情况表[②]

性别		年龄		区域		学历		职称	
男	47.42%	24岁及以下	3.57%	城区	38.84%	研究生	1.57%	中高以上	16.8%
		25~29岁	13.16%			本科	76.32%		
		30~34岁	18.4%	镇区	49.93%	专科	21.64%	中一	43.25%
		35~39岁	21.01%					中二	31.37%
女	52.58%	40~45岁	18.24%	乡村	11.23%	高中	0.45%		
		45~49岁	14.13%					中二以下	8.58%
		50岁以上	11.49%			高中以下	0.02%		
每万人口中中小学教师数量95.58						生师比12.52:1			

---

① 资料来源：2016年全国教育事业发展统计公报。
② 资料来源：2016年全国教育事业发展统计公报。

表 5-4　2016年全国高中教育教师基本情况表[①]

性别		年龄		区域		学历		职称	
男	49.39%	24岁及以下	4.02%	城区	47.9%	研究生	6.36%	中高以上	26.9%
		25~29岁	15.73%			本科	90.89%		
		30~34岁	23.12%	镇区	44.24%			中一	36.47%
		35~39岁	19.4%			专科	2.70%		
女	50.61%	40~45岁	15.57%					中二	28.89%
		45~49岁	13.7%	乡村	7.86%	高中	0.05%	中二以下	7.74%
		50岁以上	8.73%			高中以下			
每万人口中中小学教师数量95.58						生师比13.39:1			

2. 山东省中小学教师队伍基本情况

截至2016年山东省各级各类学校共有约115.71万专任教师，其中普通高校教师约10.77万人（本科院校约7.18万人、专科院校教师约3.59万人）；普通高中教师约12.96万人；中职教师约4.82万人；初中教师约26.78万人；普通小学教师约40.89万人；学前教育教师约18.49万人；特殊教育教师约0.5万人；民办教育教师约0.5万人。

表 5-5　2016年山东省学前教育教师基本情况表[②]

性别		年龄		区域		学历		职称	
男	3.66%	24岁及以下	23.9%	城区	46.43%	研究生	0.13%	中高以上	0.79%
		25~29岁	27.03%			本科	18.92%		
		30~34岁	15.96%	镇区	32.97%	专科	56.57%	中一	6.88%
		35~39岁	9.9%					中二	8.44%
女	96.34%	40~45岁	8.79%			高中	21.93%		
		45~49岁	8.26%	乡村	20.6%			中二以下	83.89%
		50岁以上	6.16%			高中以下	2.45%		
每万人口中中小学教师数量99.12						生师比14.68:1			

① 资料来源：2016年全国教育事业发展统计公报。
② 资料来源：2016年山东省教育事业发展统计公报。

表 5-6　2016年山东省小学教育教师基本情况表[①]

性别		年龄		区域		学历		职称	
男	39.72%	24岁及以下	3.69%	城区	30.76%	研究生	1.45%	中高以上	2.91%
男	39.72%	25~29岁	15.22%	城区	30.76%	本科	57.33%	中一	42.58%
女	60.28%	30~34岁	14.09%	镇区	36.5%	本科	57.33%	中一	42.58%
女	60.28%	35~39岁	16.61%	镇区	36.5%	专科	33.57%	中二	39.55%
女	60.28%	40~45岁	14.02%	乡村	32.74%	高中	7.62%	中二以下	14.8%
女	60.28%	45~49岁	11.83%	乡村	32.74%	高中	7.62%	中二以下	14.8%
女	60.28%	50岁以上	24.54%	乡村	32.74%	高中以下	0.03%	中二以下	14.8%
每万人口中中小学教师数量99.12						生师比14.68:1			

表 5-7　2016年山东省初中教育教师基本情况表[②]

性别		年龄		区域		学历		职称	
男	46.72%	24岁及以下	2.23%	城区	41.88%	研究生	2.88%	中高以上	14.5%
男	46.72%	25~29岁	10.15%	城区	41.88%	本科	83.35%	中一	45%
女	53.28%	30~34岁	12.13%	镇区	50.43%	本科	83.35%	中一	45%
女	53.28%	35~39岁	19.61%	镇区	50.43%	专科	13.57%	中二	32.97%
女	53.28%	40~45岁	23.27%	乡村	7.69%	高中	7.61%	中二以下	7.53%
女	53.28%	45~49岁	17.49%	乡村	7.69%	高中	7.61%	中二以下	7.53%
女	53.28%	50岁以上	15.12%	乡村	7.69%	高中以下	0.01%	中二以下	7.53%
每万人口中中小学教师数量99.12						生师比11.94:1			

---

① 资料来源：2016年山东省教育事业发展统计公报。
② 资料来源：2016年山东省教育事业发展统计公报。

表 5-8　2016年山东省高中教育教师基本情况表[①]

性别		年龄		区域		学历		职称	
男	48%	24岁及以下	2.42%	城区	42.79%	研究生	9.14%	中高以上	21.51%
^	^	25~29岁	12.16%	^	^	本科	89.50%	中一	37.66%
^	^	30~34岁	18.09%	镇区	49.41%	专科	1.29%	^	^
女	52%	35~39岁	25.19%	^	^	^	^	中二	33.04%
^	^	40~45岁	17.12%	乡村	7.8%	高中	0.06%	中二以下	7.79%
^	^	45~49岁	14.42%	^	^	^	^	^	^
^	^	50岁以上	10.6%	^	^	高中以下	0.01%	^	^
每万人口中中小学教师数量99.12						生师比12.31:1			

3. 济南市莱芜区中小学教师队伍建设的现状

截至2016年，全区各级各类学校共有专任教师13627人，其中，普通高中教师1905人；中职教师401人；初中教师4121人；小学教师4341人；学前教育教师2683人；特殊教育教师49人；民办教育教师127人。

表 5-9　2016年济南市莱芜区学前教育教师基本情况表[②]

性别		年龄		区域		学历		职称	
男	5.51%	24岁及以下	26.95%	城区	37.65%	研究生		中高以上	1.71%
^	^	25~29岁	23.70%	^	^	本科	20.61%	中一	2.8%
^	^	30~34岁	16.62%	镇区	33.44%	专科	65.04%	^	^
女	94.49%	35~39岁	10.51%	^	^	^	^	中二	0.96%
^	^	40~45岁	9.47%	乡村	28.91%	高中	14.35%	中二以下	94.9%
^	^	45~49岁	8.09%	^	^	^	^	^	^
^	^	50岁以上	4.66%	^	^	高中以下		^	^
每万人口中中小学教师数量95.25						生师比16.00:1			

---

① 资料来源：2016年山东省教育事业发展统计公报。

② 资料来源：2016年济南市莱芜区教育事业发展统计公报。

表 5-10　2016年济南市莱芜区小学教育教师基本情况表[①]

性别		年龄		区域		学历		职称	
男	51.64%	24岁及以下	0.48%	城区	29.1%	研究生	0.46%	中高以上	4.26%
		25～29岁	5.85%			本科	62.55%		
		30～34岁	13.95%	镇区	39.8%	专科	25.13%	中一	46.19%
女	48.36%	35～39岁	21.35%					中二	42.02%
		40～45岁	22.3%	乡村	31.1%	高中	11.86%		
		45～49岁	19.39%					中二以下	7.53%
		50岁以上	16.68%			高中以下			
每万人口中中小学教师数量95.25						生师比15.38:1			

表 5-11　2016年济南市莱芜区初中教育教师基本情况表[②]

性别		年龄		区域		学历		职称	
男	46.72%	24岁及以下	2.23%	城区	42.56%	研究生	1.36%	中高以上	13.59%
		25～29岁	10.15%			本科	89.88%		
		30～34岁	12.13%	镇区	50.04%	专科	8.06%	中一	44.57%
女	53.28%	35～39岁	19.61%					中二	39.11%
		40～45岁	23.27%	乡村	7.4%	高中	0.7%		
		45～49岁	17.49%					中二以下	2.73%
		50岁以上	15.12%			高中以下			
每万人口中中小学教师数量95.25						生师比12.04:1			

① 资料来源：2016年济南市莱芜区教育事业发展统计公报。
② 资料来源：2016年济南市莱芜区教育事业发展统计公报。

表 5-12 2016年济南市莱芜区高中教育教师基本情况表[①]

性别		年龄		区域		学历		职称	
男	48.29%	24岁及以下	0.26%	城区	41.88%	研究生	11.71%	中高以上	24.35%
		25~29岁	13.96%			本科	87.66%	中一	35.85%
		30~34岁	19.11%	镇区	50.43%	专科	0.63%		
女	51.71%	35~39岁	23.31%					中二	34.01%
		40~45岁	20.37%	乡村	7.69%	高中			
		45~49岁	15.32%					中二以下	5.79%
		50岁以上	7.67%			高中以下			
每万人口中中小学教师数量95.25						生师比13.11:1			

（三）全国中小学教师队伍基本情况分析

1. 学前教育、小学教育教师，女性多，男性少

全国学前教育、小学教育教师女性居多，占比分别高达97.94%、62.13%。

结构性比例严重失调。在一个学校里，有多少教师，就有多少性别意识、行为方式乃至成长特点方面迥然不同的个体。女性教师过多，会影响社会角色意识，不仅对"阳刚男生"的塑造和开设"性别教育课"带来主流引导和实际困难，而且阴盛阳衰现象让学校差异互补文化塑造任重道远。人员配置互补、人力资源开发思路难以落实，很容易造成谁也不服谁，较难形成一个积极向上、奋发创新、目标一致、齐心协力的团队。有调查称，少数中小学有"中性化"倾向的学生已经约占学生比例的30%，男生说话嗲声嗲气、"翘兰花指"的为数不少。

2. 青年教师多，中年教师少

从全国基本情况可以看出，各地共同的趋势是：35岁以下的专任教师占的比重较大，大约都在60%以上，并且各地35岁以下的教师所占的比例逐年增加，而36岁到45岁之间教师的比重逐年减少。35岁以下幼儿教师占比高达77.1%，35岁以下高中教师占比也高达43%。不过，由于各地的经济发展情况不同，年龄结构有很大差异。

---

① 资料来源：2016年济南市莱芜区教育事业发展统计公报。

3. 城区教师多，乡村教师少

从区域分布看，学前教育阶段，城区教师占47.96%；镇区占35.73%，乡村教师占16.31%。小学教育阶段，城区教师占47.96%；镇区占35.73%。初高中教育阶段，城区教师占比更高，一方面说明城镇化快速发展，另一方面形成"下得去、留得住、教得好"的良好局面仍需时日。如何贯彻国务院办公厅《关于全面加强乡村小规模学校和乡镇寄宿制学校建设的指导意见》提出的"科学合理设置两类学校，妥善处理好学生就近上学与接受良好义务教育的关系，切实保障广大农村学生公平接受教育的权利"是县域教师发展的重中之重。

4. 本科以上学历的教师占的比重逐年增加

从全国情况看，本专科学历教师多，研究生学历教师少。普遍存在的现象是各地本科以上学历的教师占的比重逐年增加，学历层次从总体上来说逐年提高。其中，在幼儿园的专任教师中，专科学历超过一半，占53.68%，小学教师专科学历占的比重大，接近一半，达到48.16%；初中教师本科学历占的比重大，远远超过一半，高达76.32%；高中教师本科学历占比高达90.89%；研究生学历的教师高中、初中、小学分别占6.36%、1.57%、0.48%。城市幼儿园专任教师学历水平高于县镇及农村。2016年，城市幼儿园专任教师本科学历占22.7%，县镇和农村幼儿园专任教师的本科学历分别是13.6%和9.9%。

从山东省情况看，各级学校高学历层次的教师数量及比例在逐年上升，山东省幼儿教师中高中以下学历的教师数量及所占比例已在逐年下降；中小学教师中，中专学历的教师数量及所占比例也在逐年下降，各级学校高学历层次的教师数量及比例在逐年上升。从总体来看，山东省的教师学历层次在不断提高。小学教师老化现象突出，幼儿园和中学教师年轻化趋势显著。

从不同区域看，城乡之间教师学历层次存在较大差异。山东省中小学、幼儿教师虽然学历层次有了较大提升，但是由于省域经济发展水平不平衡，不同地区的教育发展水平和教师学历层次也存在着不同程度的差异。各市普遍存在的现象是：在幼儿园专任教师中，高中和专科学历的教师几乎占80%；而高中以下和本科以上学历的教师占的比重很小。另外，各市本科以上学历的教师占的比重逐年增加，学历层次从总体上来说逐年提高。

各市之间也存在差异，经济发展程度不同，学历水平差距很大。经济发达的市县教师学历层次相对来说较高，本科以上学历的教师比例较大。例如，东营市的幼儿专任教师学历层次最高，2016年，本科以上学历的教师比例就已经达到了38.23%；而菏泽市、德州市、烟台市的幼儿教师学历层次较低，2016年，本科以上学历的幼儿教师比例分别为8.62%、13.02%、14.1%。

5. 中级以下职称多，高级以上职称少

从国家到山东省再到济南市莱芜区，中小学教师中，中级以下职称的占多数。高中分别占73.1%、78.49%、75.65%；初中分别占83.2%、85.5%、86.41%；小学分别占97.74%、97.09%、95.74%。高级以上职称少与中小学教师职称岗位设计的金字塔型结构有关联。中小学教师能评上副高级或正高级职称的人数很少。日常教学工作中，中小学高级教师和中级教师，没有差别，一样的分工，一起"比学赶帮超"。就工作业绩看，也没有根本的差别，但不可否认，晋级高级职称之后，有一部分教师不思进取，更有甚者直接请病假或病休。工作积极的，往往是没晋级的年轻人。笔者接触的农村中小学校长普遍认为，小学、初中阶段的高级教师，多数已经不在一线，只领高工资，不干活或干轻快活。再者，中小学教师职称与工资待遇直接挂钩，职称级别对应不同的岗位级别，中级以下职称多，高级以上职称少，导致中小学教师工资待遇偏低。

6. 生师比仍然较高

数据显示，我国国家、省、县幼儿教育生师比分别是：21.97:1，14.68:1，16.00:1。小学教育生师比分别是：16.98:1，14.68:1，15.38:1。据教育部数据，2017年初中生师比为12.52:1。其中，江西、广西、云南、河南、贵州、河北、宁夏、湖南、安徽、重庆、海南、青海、广东13个省市生师比远高于全国平均水平。江西生师比最高，达到15.85:1。广西第二，生师比15.68:1。云南第三，生师比14.52:1。相比之下，天津、辽宁、吉林、北京生师比较小，均小于10:1。其中北京最低，仅为7.73:1。生师比，是指在校学生数与学校专任教师数的比例，"生师比"一直是学校教学工作中的重要数据。它在一定程度上体现了我国教育规模的大小、人力资源利用效率，反映了社会资源利用率与办学质量的一般关系，也从一个侧面反映了学校的办学质量。

二、中小学教师继续教育的现状

（一）国家级中小学教师培训现状

1. 调研设计

针对西部教师远程学习的适应情况，以参加"国培计划"的82041名中小学教师为调研对象，从四个方面，调查教师研修、影响因素、课程改革和研修趋势的实施现状。发放电子调研问卷100000份，共回收问卷82041份，其中有效问卷82041份，有效率达82.04%。

2. 样本情况描述（单选题）

（1）性别分布。在性别比例上，女性占比重稍大，女性与男性教师比例分别为50.26%、49.74%（图5-1），年龄结构比例关系基本平衡。

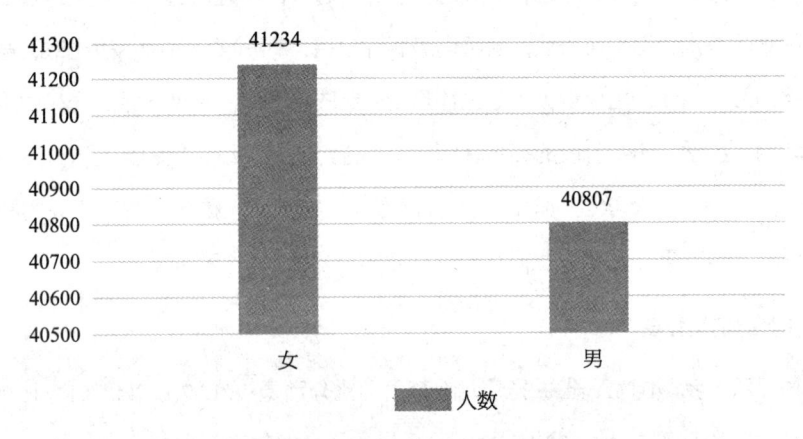

图 5-1　中小学教师国家级培训计划学员性别情况调查

（2）年龄分布。20-30岁、31-40岁、41-50岁、51-60岁，依次所占比例为24.51%、51.56%、22.80%、1.13%。31-40岁教师占一半以上，调研对象相对年富力强（图5-2）。

（3）教龄分布。在教龄比例上，1-5年教龄教师占比为14.64%，6-10年教龄教师占比为30.45%，11-15年教龄教师占比为23.37%，16-20年教龄教师占比为16.89%，20年以上教龄教师占比为14.65%。6-15年教龄教师占一半以上，调研对象教学经验相对丰富，教龄结构比例较为均衡（图5-3）。

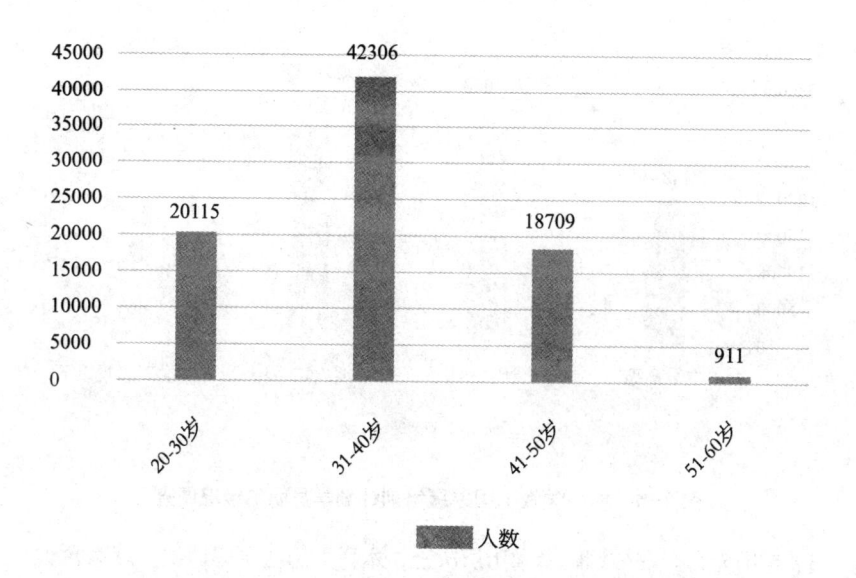

图 5-2 中小学教师国家级培训计划学员年龄情况调查

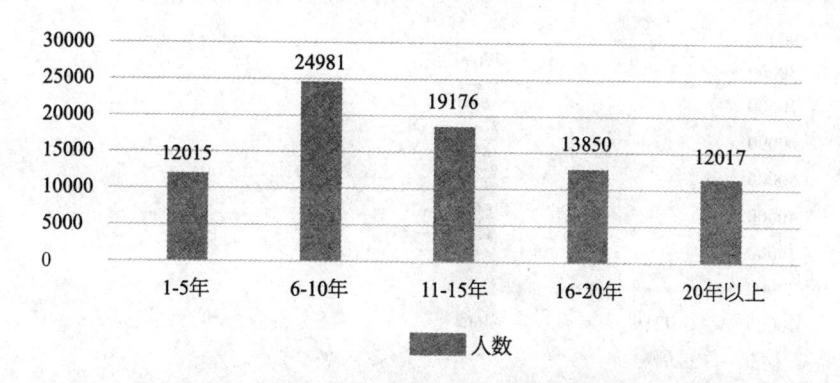

图 5-3 中小学教师国家级培训计划学员教龄情况调查

（4）职称分布。在职称结构比例上，从高到低依次为中学二级、中学一级、中学高级、中学三级及以下，分别占比41.63%、39.06%、18.09%、1.22%。中学二级与中学一级职称的教师占比较高，也与调研对象的教龄与年龄结构基本匹配（图5-4）。

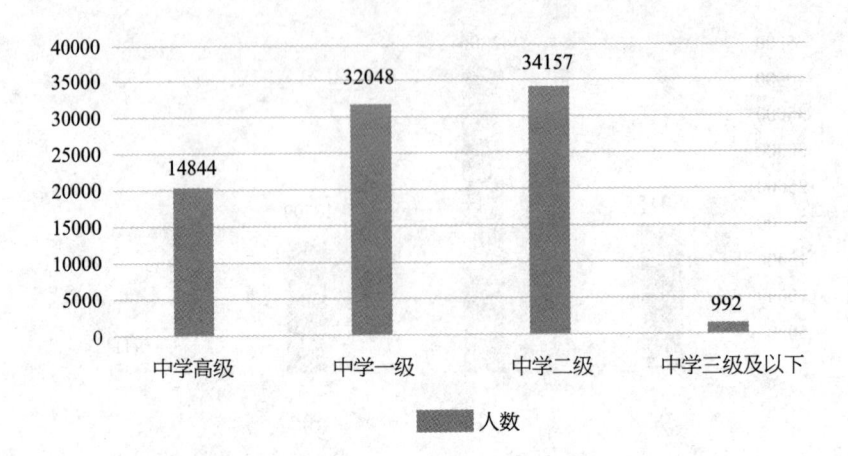

图 5-4　中小学教师国家级培训计划学员职称情况调查

（5）学历分布。在被调研者学历层次上，本科学历占主导地位，高达93.97%，本科以外的学历所占比例由高到低分别为研究生、专科、中师或中专学历（图5-5）。这从另一个角度说明我国中小学教师近几年素质水平有较大幅度的提升。

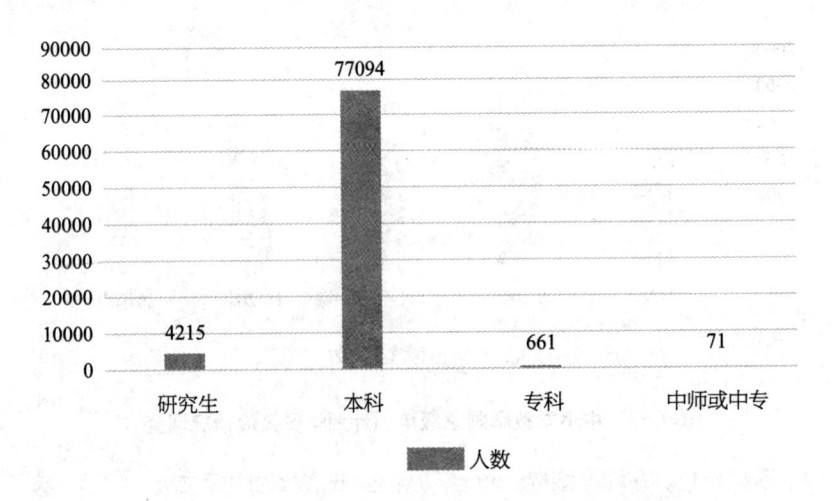

图 5-5　中小学教师国家级培训计划学员学历情况调查

（6）学科分布。被调研者学科结构比例文理科基本平衡，分别占46.32%和42.66%，其他学科占比11.02%（图5-6）。

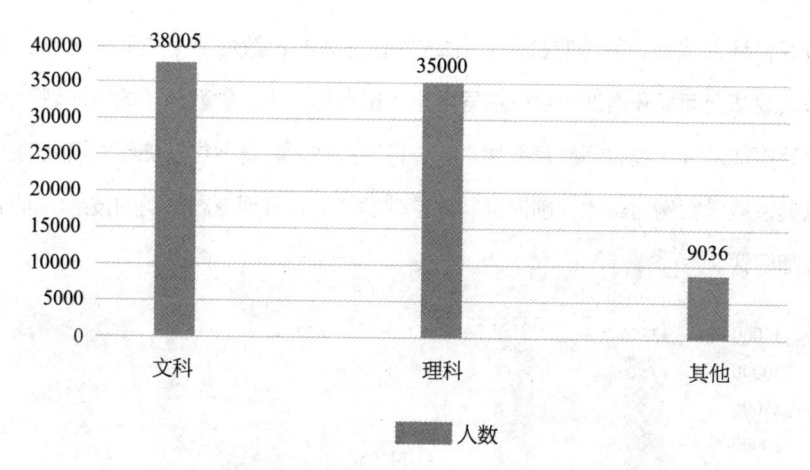

图 5-6　中小学教师国家级培训计划学员学科情况调查

3. 教师研修情况描述（单选题）

（1）从图5-7可以直观地看出，中小学教师"国培计划"国家级培训计划的效果各个选项中，36.00%的中小学教师认为参加"国家级培训计划"收获非常大，41.45%的中小学教师认为收获比较大，收获很少和没有什么收获仅占4.08%。从总体看，中小学教师国家级培训计划的总体满意度较高，达到77.45%，这与教育部的网络匿名评审结果基本趋同。

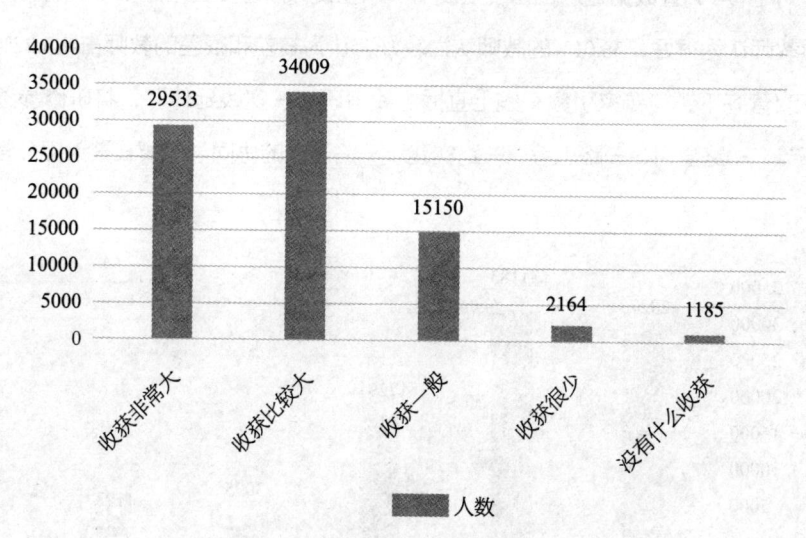

图 5-7　中小学教师国家级培训计划总体调查

（2）图5-8调查数据显示，在中小学教师"国培计划"课程的内容设计满意度各个选项中，有39.46%的中小学教师认为参加"国培计划"课程的内容很好，40.65%的教师认为较好，认为较差、很差的教师仅占2.57%。总体看，教育部《关于深化中小学教师培训模式改革全面提升培训质量的指导意见》出台后，中小学教师"国培计划"课程的内容设计更加贴近一线教师教育教学实际，把提高教师教育教学技能作为培训的主要内容，以典型教学案例为载体，创设真实课堂教学环境，开展主题鲜明的技能培训深受中小学教师好评。

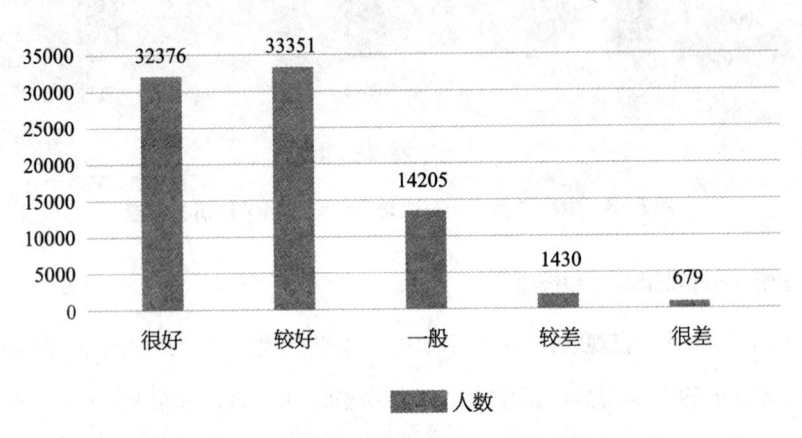

图 5-8　中小学教师国家级培训计划课程设计调查

（3）图5-9调查数据显示，在线上线下一体化设计满意度各个选项中，有35.69%的中小学教师认为很好，38.01%的教师认为较好，认为较差和很差的教师占比5.22%。线上线下双管齐下，"专家引领—线上直播—线下研讨—实践延伸"，将研修渗透到每一个环节，一路学习、一路思考、一路实践、一路改进的协同学习模式被大部分教师所认同。

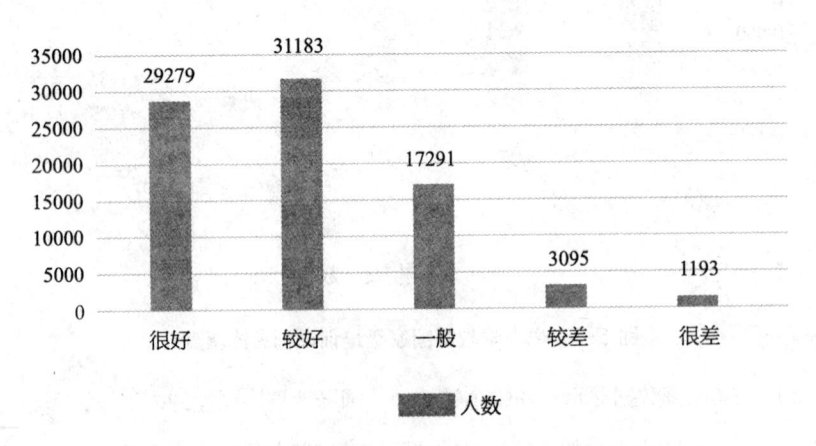

图 5-9　中小学教师国家级培训计划线上线下设计调查

（4）从图5-10可以直观地看出，中小学教师"国培计划"课程专家团队满意度各个选项中，48.75%的教师表示满意，37.13%的教师表示较满意，认为满意与较为满意的教师占比高达85%以上。一般、不太满意和不满意分别占比11.99%、1.40%、0.73%。黑格尔曾说过，"对于同一句格言，出自饱经风霜的老人之口和出自缺乏阅历的青少年之口，其内涵是不同的"[1]。"什么人讲"比"讲什么"更为重要。近几年各级教育行政部门加强培训者队伍建设，增强为教师提供优质培训的能力。统筹建设培训专家库，并实行动态调整，建立了一支专兼职结合的优秀培训者队伍，充分发挥专家在全员培训的规划设计、组织实施和服务指导等方面的功能。

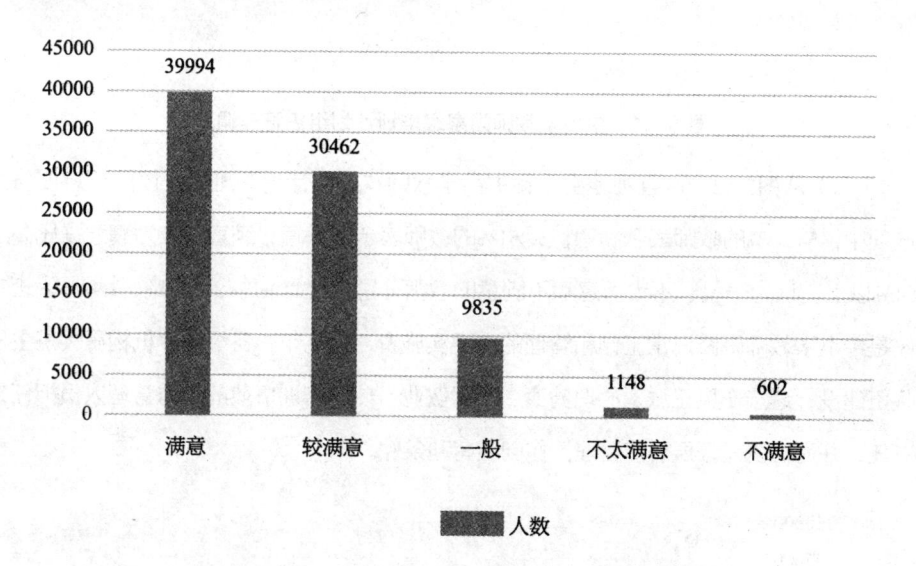

图 5-10 中小学教师国家级培训计划专家团队调查

（5）图5-11调查数据显示，在研修的组织管理工作满意度各个选项中，50.60%的教师表示满意，35.34%的教师表示较满意，满意与较为满意占比高达85%以上。认为一般、不太满意和不满意的教师分别占比11.57%、1.46%、1.03%。可见，各级培训机构把为教师提供多样化优质服务作为培训工作的出发点和落脚点，建立灵活、开放、专业的培训服务体系，不断改进培训工作。

---

[1] 孙正聿. 哲学通论[M]. 上海：复旦大学出版社，2005：14.

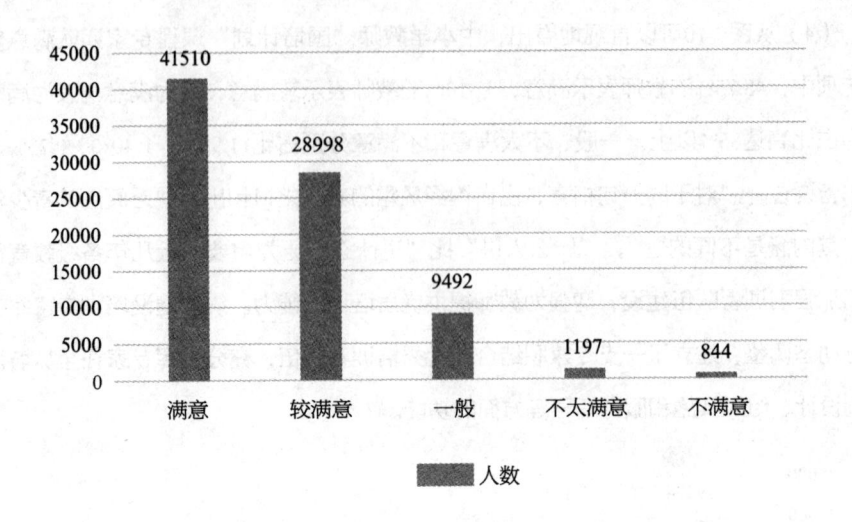

图 5-11 中小学教师国家级培训计划组织管理调查

（6）从图5-12可以直观地看出，中小学教师"国培计划"班主任团队满意度各个选项中，54.33%的教师表示满意，30.51%的教师表示较满意，满意与较为满意占比高达84%以上。认为一般、不太满意和不满意的教师分别占比11.61%、2.11%、1.44%。班主任是中小学教师研修日常工作和管理的主要实施者，近几年，各级培养机构重视班主任队伍建设，遴选作风正派、心理健康、爱岗敬业、热爱培训事业的优秀管理人员担任班主任，并为班主任开展研修管理工作创造有利条件。

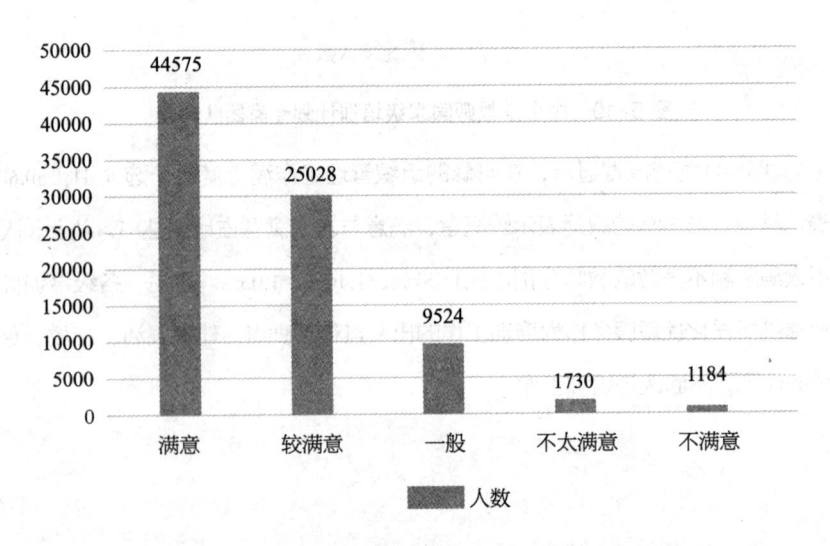

图 5-12 中小学教师国家级培训计划班主任团队调查

（7）图5-13调查数据显示，最受欢迎的远程研修形式依次为观看视频课程、观看课程文本及拓展材料、专家指导教师网上点评指导、完成作业并获得点评、校内同伴研讨、学员网上互动交流、在线研讨、课程简报、班级简报，分别占比19.55%、16.96%、13.17%、12.27%、9.64%、9.50%、8.41%、6.65%、3.81%。可见，学员希望培训成果与学习和学校管理实际相结合，解决具体问题，学用结合，推动课堂改进。

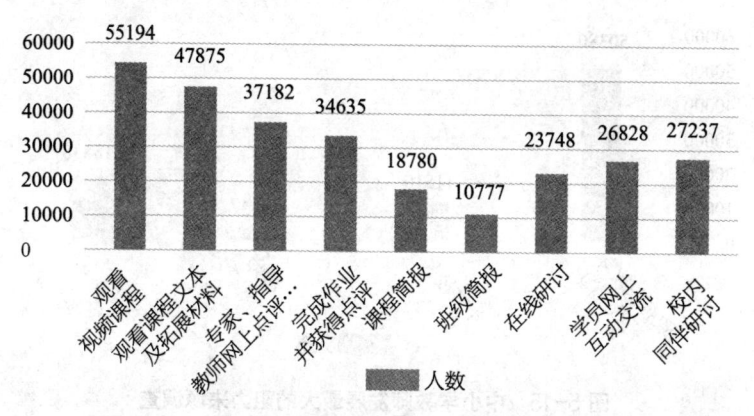

图 5-13 中小学教师国家级培训计划远程研修形式调查

（8）从图5-14可以直观地看出，中小学教师"国培计划"远程研修的平台满意度各个选项中，44.29%的教师认为很好，40.09%的教师认为较好，认为一般、较差、很差的教师分别占比14.00%、1.01%、0.61%。近几年各地积极推进教师网络研修社区建设，推动教师网上和网下研修结合、虚拟学习和教学实践结合的混合学习；开展区域间教师网上协同研修，促进教师同行交流。推动网络研修与校本研修整合，推进高等学校、培训机构与中小学结对帮扶，引进优质培训资源，建立了良性运行机制。

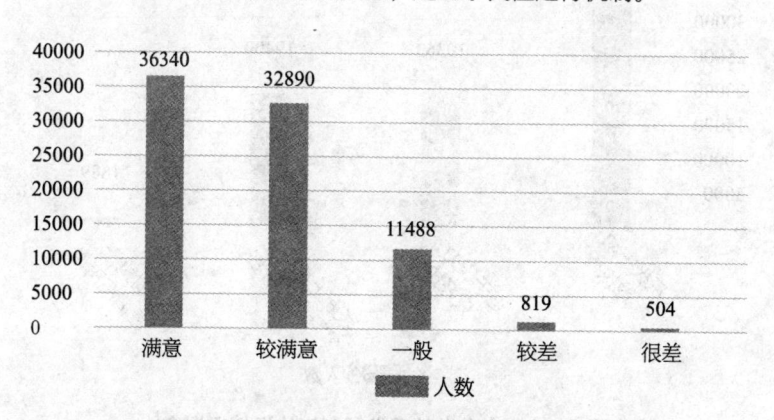

图 5-14 中小学教师国家级培训计划远程研修平台调查

4. 影响教师研修有效性原因描述（单选题）

（1）从图5-15可以直观地看出，在教师发展最大的阻力各个选项中，从高到低排序前4位的依次为：政府和教育行政部门、学生家长、学校校长、教师，分别占比61.41%、22.96%、14.03%、1.60%。现实是我国政府掌握着社会重要资源，在教师专业发展过程中，政府在项目资金、资源供给、制度机制、组织人力等方面始终处于绝对强势地位。

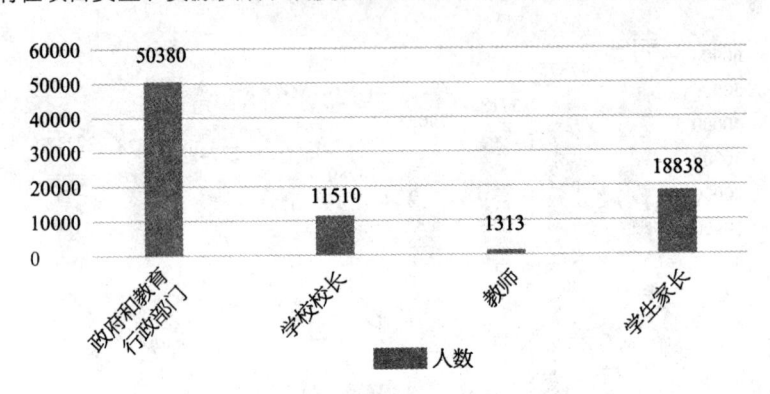

图 5-15　中小学教师发展最大的阻力来源调查

（2）从图5-16可以直观地看出，中小学教师专业发展制度执行情况各个选项中，从高到低排序前4位的依次为：积极主动地执行、表面上执行实际上打折扣、迫于压力只好执行、暂时执行看情况再说，分别占比50.51%、23.65%、23.60%、2.24%。可见，各级政府把教师工作摆上重要议事日程，将教师发展工作置于教育事业发展的重点支持战略领域。

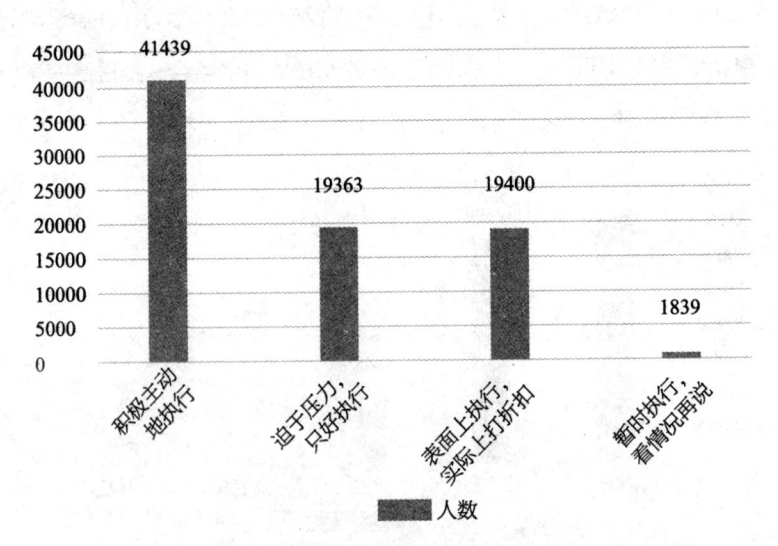

图 5-16　中小学教师发展制度执行情况调查

（3）图5-17调查数据显示，教师研修最大的外部困难，从高到低排序前6位的依次为：社会环境和传统观念的制约、教师评价制度的制约、学生家长不够支持、领导不够理解、教学资源的缺乏、教育教学条件的不足，分别占比31.67%、30.31%、11.60%、11.38%、9.30%、5.74%。

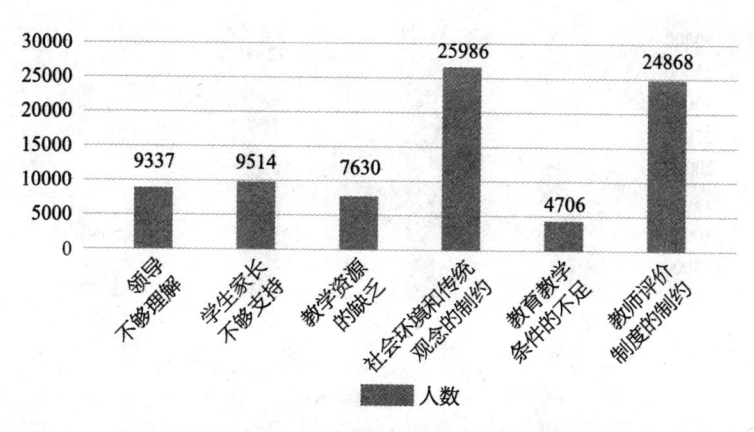

图 5-17　影响中小学教师研修最大的外部因素调查

（4）图5-18调查数据显示，从教师自身来讲，影响发展最主要的问题是：对学生升学问题的担心，占比高达36.97%，其次，已有教育观念的局限占比达23.95%，创新能力的缺乏占比18.99%。对素质教育成败的忧虑、经验的不足以及教育理论修养的欠缺分别占比9.67%、7.83%、2.59%。

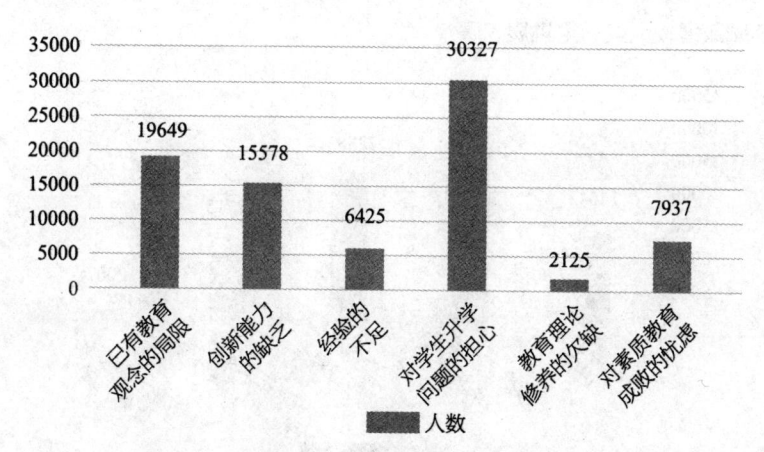

图 5-18　影响中小学教师发展最主要问题调查

5. 影响课程教学改革原因描述

（1）图5-19调查数据显示，通过十年的新课程实践，认为新课程改革比较理想化的占比45.25%，认为比较现实的占比39.42%，过于理想化不可能实现与很现实的分别占比8.82%、6.51%。由此可见，课程教学改革依然没有被所有老师认同，课程教学改革的路任重道远。国际21世纪教育委员会主席雅克·德洛尔指出："没有教师的协助及其积极参与，任何改革都不能成功。"①

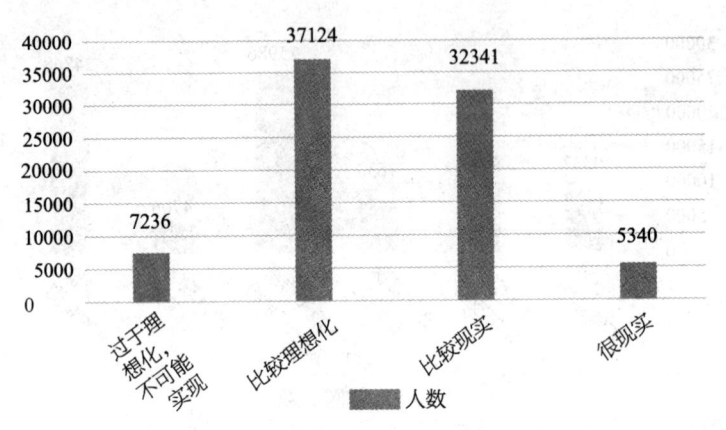

图 5-19 中小学教师对新课程改革总体认同调查

（2）图5-20调查数据显示，认为现在学校新课程教学改革情况各个选项中，从高到低排序前3位的依次为取得了比较大的进展、取得了一些进展、取得了重要进展，分别占比36.24%、27.89%、17.85%。认为进展主要是形式上的，实质上没有多大变化和除了教材的变化以外真正的实验还没有开始，分别占比15.50%、2.51%。大部分教师认为十年课改领域取得较大或一定进展。

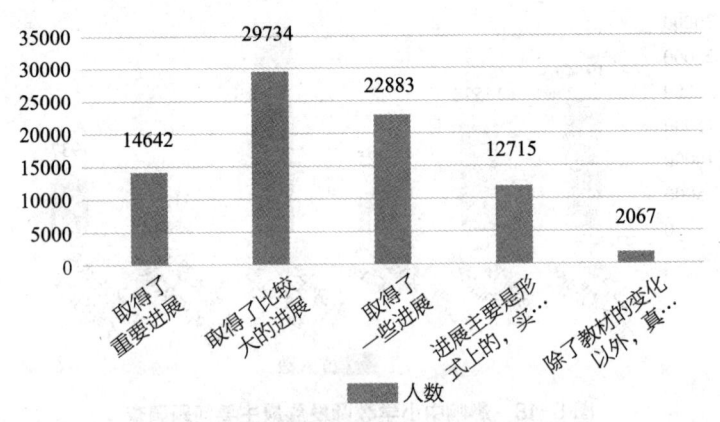

图 5-20 中小学校新课程教学改革情况调查

---

① 联合国教科文组织总部中文科. 教育—财富蕴藏其中[R]. 北京：教育科学出版社，1996：15.

（3）图5-21调查数据显示，对学校根据课程方案开设选修课和走班制选项中，从高到低排序前4位的依次为：部分学校可能行得通、没有多大问题学校完全能够行得通、存在很多问题学校难以实行和有条件的可以实行没有条件的可以不实行，分别占比40.83%、28.24%、20.40%、10.52%。一方面根据学生的兴趣、爱好、特长编制不同的课程组合，让学生根据自身情况自主选择未来的发展道路得到大部分教师认同，但另一方面，也有部分老师担心学校难以实行或者没有条件实行。正如北师大郭华教授所言："选课走班"的先决条件是"选"，有得"选"才能"走"。

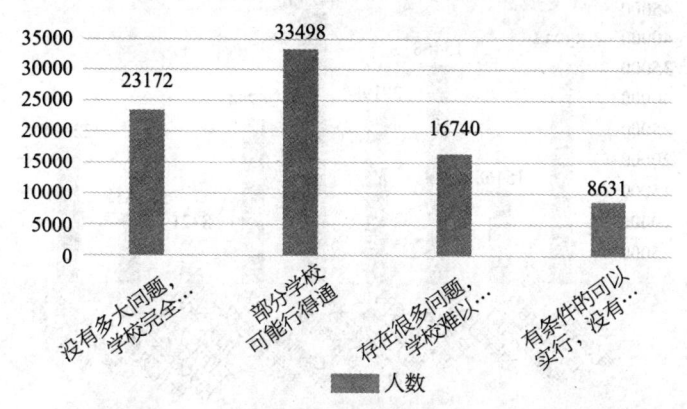

图 5-21 中小学校选修课和走班制条件情况调查

（4）图5-22调查数据显示，教师对学校在课程设置方面选项中，从高到低排序前2位的依次为：大部分课程都按规定开设了，占比44.16%；开齐、开全了所有的课程，占比41.36%。考试涉及的一些主要课程都开设了和许多课程根本就没有专门开设的，分别仅占12.09%、2.38%。可见，绝大多数学校深化课程改革，落实了立德树人的根本任务。

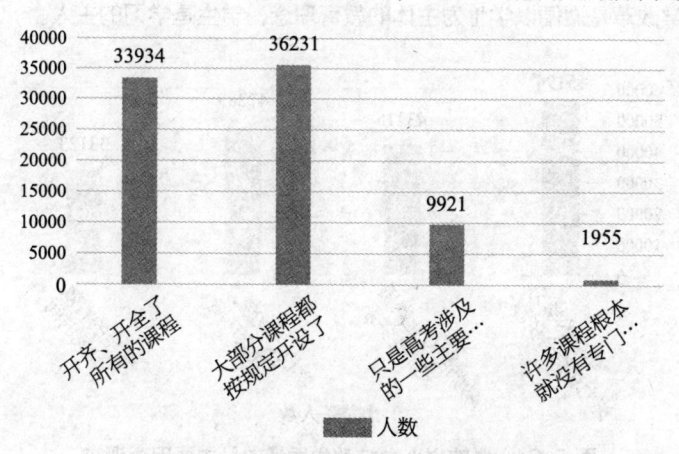

图 5-22 中小学校开启开全课程情况调查

我国县域教师发展支持体系建设的现状与问题 ▎第五章 213

（5）图5-23调查数据显示，实施新课程教学改革，教师最需要得到哪些方面的支持与帮助选项中，从高到低排序前5位的依次为：改革现行教师评价制度、领导的肯定与支持、专家的有效指导、课程资源的强力支撑、给教师更多的教学自主权，分别是19.19%、16.17%、15.64%、12.23%、11.61%。提供必要的物质条件占比9.67%，同伴的相互理解与帮助占比6.71%，加大社会宣传、优化改革环境占比5.13%，加大培训工作的力度占比3.61%。可见，评价制度改革与领导支持是新课程教学改革成功的关键。

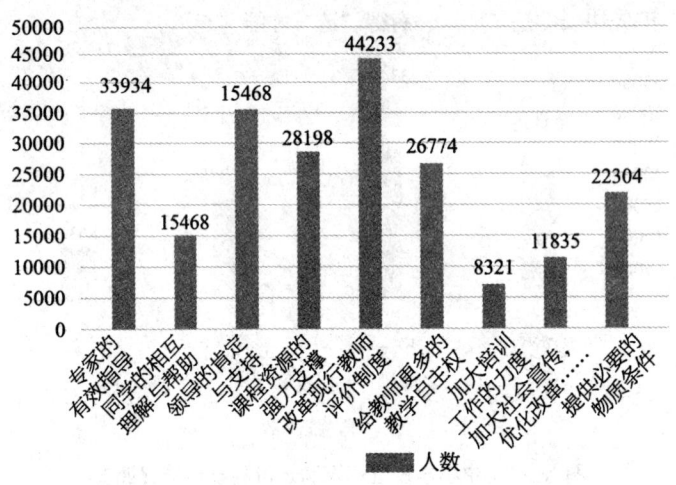

图 5-23　中小学校开启开全课程情况评价调查

（6）图5-24调查数据显示，影响教学质量的最主要因素选项中，从高到低排序前5位的依次为：学生的学习能力和综合素质占比31.52%，学校、家庭、社会环境占比26.19%，教师的专业素质和师生关系占比23.93%，学生的有效学习时间占比18.34%。可见，课程教学改革是遵循以学生为主体的教育理念，学生是学习的主人。

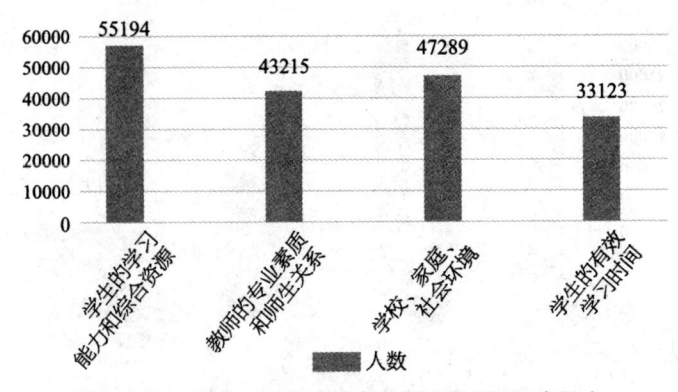

图 5-24　影响中小学校教学质量的最主要因素调查

（7）图5-25调查数据显示，影响教师新课程教学实践的主要问题选项中，从高到低排序前3位的依次为：教师评价制度问题、高考导向问题、教育教学的观念问题，分别占比20.87%、20.37%、17.63%。其他，教学实践中对一些具体问题的迷茫与困惑占比8.07%，教学实践的能力问题占比7.39%，学校领导的态度占比7.30%，实施条件的制约问题占比6.94%，基本素质问题占比6.61%，对新课程实验成败的顾虑占比3.15%，周围同事对改革态度的不一致性占比1.61%。可见，教师评价制度问题与高考导向问题是影响新课程教学实践的主要问题，教师评价不仅是教育管理的重要方面，也是促进课程教学改革和教师发展的重要手段。

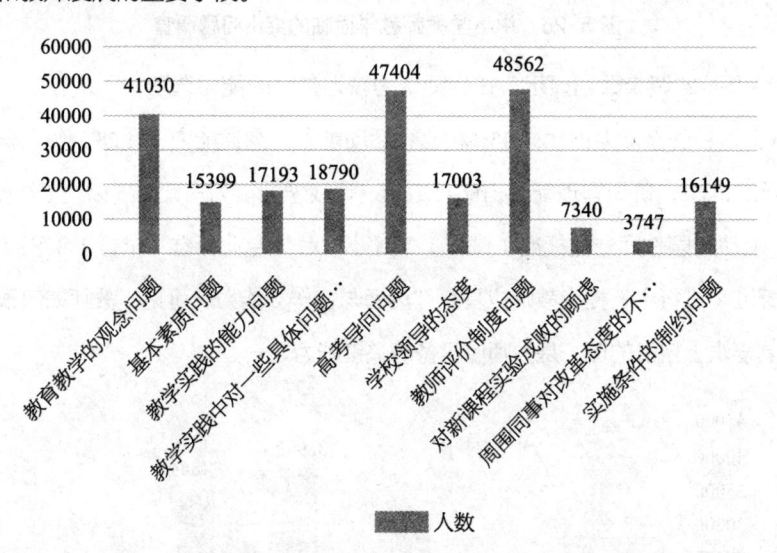

图 5-25 影响中小学教师参与新课程改革问题调查

6. 今后的研修建议描述（可多选，最多选3项）

（1）从图5-26可以直观地看出，在中小学教师教学中面临的突出问题各个选项中，从高到低排序依次为：教学技能、课堂调控、师生关系、语言表达、教学知识，分别占比33.05%、27.15%、17.96%、11.44%、10.38%。可见，课堂是教师、学生教学相长的主要渠道，教学技能是教师最基本的职业能力，也是教学质量和教学效果的基本保证，成为教师关注的重点是必然的。

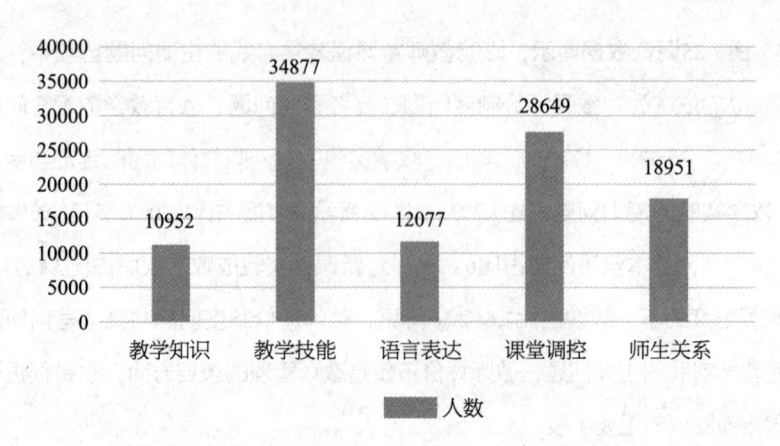

图 5-26　中小学教师教学面临的突出问题调查

（2）图5-27调查数据显示，在教师认为较为欠缺的能力选项中，从高到低排序前2位的依次为：创新能力占比31.43%和社会活动能力、沟通能力占比28.14%。获取信息能力占比17.83%，班级管理能力占比11.16%，自我学习能力占比5.75%，教学能力占比5.66%。《幼儿园教师专业标准（试行）》《小学教师专业标准（试行）》和《中学教师专业标准（试行）》提出教师应具有"沟通与合作"能力。可见，教师如何跟学生沟通，让其喜欢上自己的课，是教师应具备的关键能力之一。

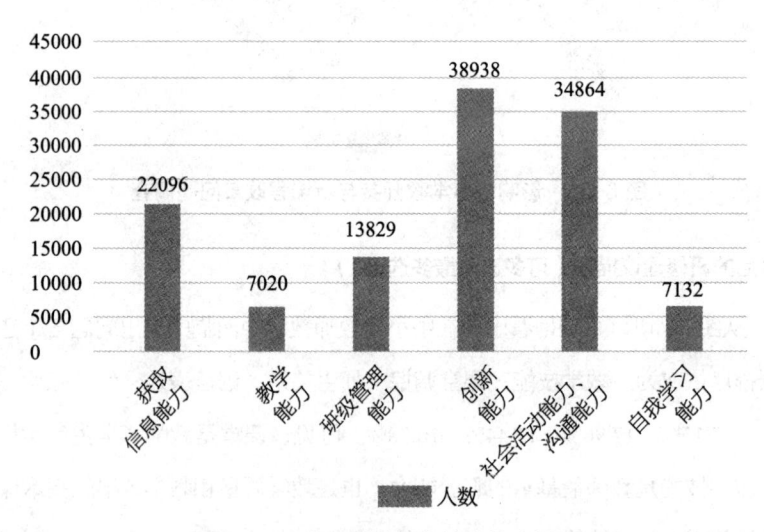

图 5-27　中小学教师欠缺的能力调查

（3）图5-28调查数据显示，在教师认为较为欠缺的知识选项中，从高到低排序前4位的依次为：跨学科知识、专业前沿知识、研究方法论知识、社会与人文知识，分别占比23.72%、21.30%、14.18%、8.77%。其他知识依次排序为：自然科学知识占比7.54%，教育学科知识占比6.71%，专业基础知识占比6.40%，哲学知识占6.05%和专业历史知识占比5.28%。中共中央国务院《关于全面深化新时代教师队伍建设改革的意见》提出："为乡村学校及教学点培养'一专多能'教师。"可见，超越以往主教学科的教学知识含量，实现对问题的整合性教学，是教师研修最为迫切需要的知识。

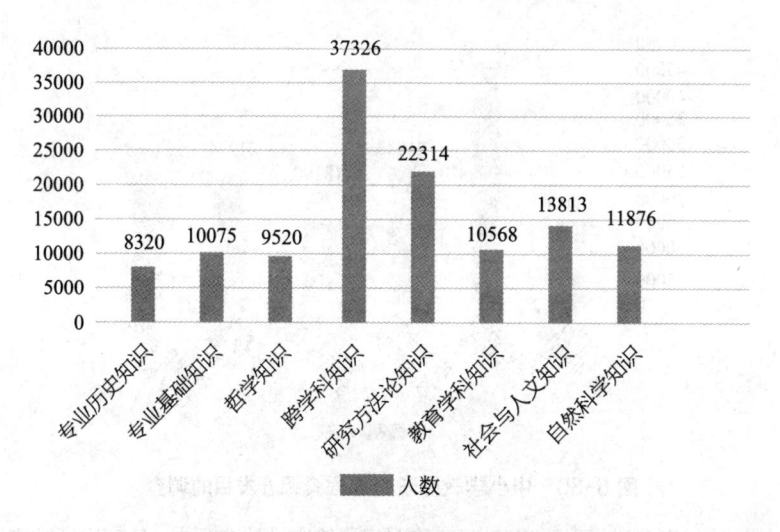

图 5-28 中小学教师欠缺的专业知识调查

（4）图5-29调查数据显示，在教师培训应选用的主要授课方式选项中，从高到低排序依次为：案例教学占比35.66%，课例观摩占比33.10%，专题讲座占比15.39%，参与讨论占比10.02%，同伴交流占比5.80%。教育部《关于深化中小学教师培训模式改革全面提升培训质量的指导意见》提出："通过现场诊断和案例教学解决实际问题。"调研显示，开放式、互动式的案例教学，不仅需要教师拥有良好的综合教学能力，也是教师教学面临的重要挑战之一。

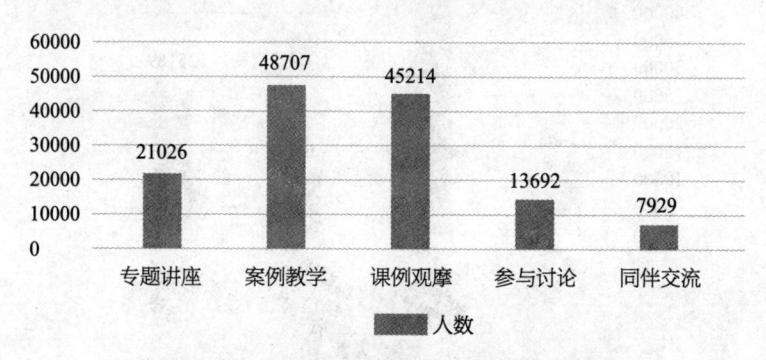

图 5-29 中小学教师培训主要授课方式调查

（5）图5-30调查数据显示，在教师研修课程资源开发目的选项中，从高到低排序依次为：促进教的方式转变占比30.54%，提高教学质量占比16.31%，实现自身的专业发展占比16.24%，促进学的学习方式转变占比14.26%，促进学生全面发展占比11.88%，便于教师授课占比10.74%。研修课程资源开发应以教的方式转变为目的，这不仅是教学观念的变化，也是教师思想观念的转变。

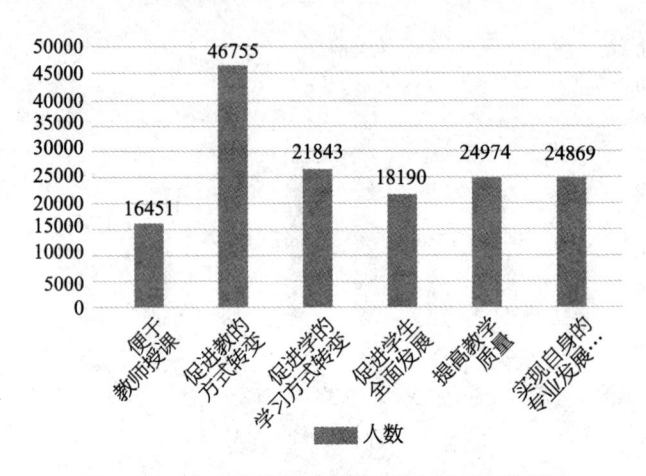

图 5-30　中小学教师研修课程资源开发目的调查

（6）图5-31调查数据显示，在教师研修时间最佳安排的选项中，从高到低排序第1位的是：开学后分散学习，将集中一天的学习任务安排在开学后一周完成，占比高达47.78%。其他排序依次为：假期集中、开学后分散学习都行，但时间缩短到6天，占比25.47%，暑假集中学习占比13.55%，假期集中与开学后分散学习相结合占比13.18%。可见，分阶段、分项目集中学习与分散学习相结合，让教师研修常态化是今后研修重点关注的方向。

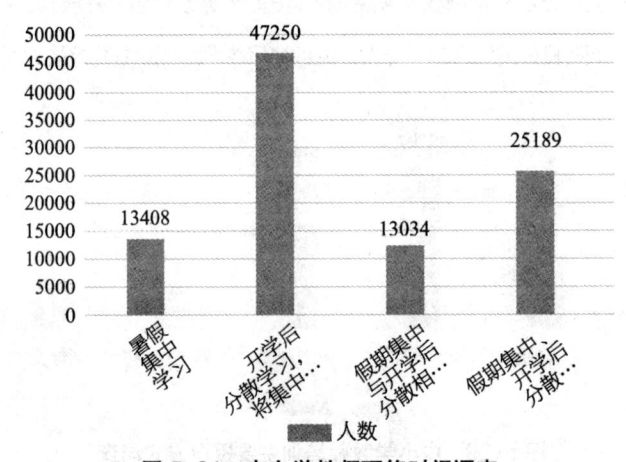

图 5-31　中小学教师研修时间调查

（二）重庆市省级中小学教师的培训现状[①]

为了更深入地了解中小学教师信息技术能力及其应用现状，提高中小学教师的信息技术应用能力，按照教育部《关于实施全国中小学教师信息技术应用能力提升工程的意见》（教师〔2013〕13号）要求，对重庆市中小学教师信息技术应用能力基本情况进行了实地专项调研，收集了部分区县信息技术应用情况的书面材料及典型案例，现将有关情况汇总如下。

1. 调研工作概况

实地走访调研。组织专家分别到Q区、J区两地进行了专项调研，现场走访四所学校，实地了解学校教育信息化发展情况及应用现状。

（1）召开教师座谈会。在Q区、J区分别组织两场座谈会，共12所中小学37名教师参加座谈。参与座谈的有语文、数学、物理、化学、美术、英语、信息技术、地理、音乐、综合实践等学科一线教师和学校管理者，旨在了解学科普遍应用现况、教师信息技术参与培训情况，对中小学教师信息技术应用能力提升工程提出了一些建议。

（2）网络调查。设计"教师多媒体信息技术应用能力调查表"，共六大类24个小项，通过网络调查共收集到556人（受访者35岁以下的224人，35至45岁的254人，45岁以上的78人）的反馈数据。

2. 中小学教师信息技术应用现状

（1）硬件配备。教师配备电脑情况：重庆市有中小学校6276所（100名学生以下的教学点有2007个），中小学教师约24.5万人。由市和区县财政及学校按一定比例补贴，教师个人购买、其产权归个人所有的中小学教师个人笔记本总计配备14.6万台（其中2009年2万台，2010年3万台，2011年3万台，2012年3万台，2013年3.6万台），教师个人笔记本电脑配备达到了59.6%。财政累计投入经费176413万元，建成班班通36479班（套），覆盖率达77.78%。

数据中心配备情况：中心机房有小型机8台，各类服务器60台，存储设备3台，存储容量达到150T，电信级万兆交换机4台，硬件防火墙3台，50KVA UPS设备4台，75KVA

[①] 材料来源：根据重庆市教育委员会教师处提供的资料整理。

发电设备1套。拥有中国电信、中国联通、中国移动和中国教育科研网四条高带宽互联网出口，独立带宽电信200M、联通1G、移动200M、中国教育科研网2.5G。平台页面打开速度小于3秒，视频课程浏览速度≥300kbps，支持在线用户数大于10000人，能够满足10000人以上规模的远程培训需要。同时，重庆市建成了区县教育城域网40个，覆盖率达到100%，绝大部分中小学和教师住宅区域能以100M带宽接入城域网和互联网，为远程培训的实施提供了广域的网络支撑。

（2）相关培训。近年来，重庆市组织教师参与的教师信息技术专项培训有："教育部·微软（中国）'携手助学'教师培训项目"，培训学科教师7000人；"教育部·英特尔未来教育项目培训项目"，培训学科教师5万人；"重庆市远程教育支教培训项目"，培训教师1万人；"中小学教师教育技术能力初（中）级培训"，培训人数约10万人；"国家农村中小学现代远程教育项目"，培训教师3万人；"教育部暑期中西部农村教师国家级远程培训"，培训农村教师6万人；"教育部中西部农村学校校长远程培训"，培训农村学校校长500人；"中国移动中小学教师信息技术应用能力"骨干培训，培训教师7人。

以上合计共培训约257507人（次），相关培训工作多次得到教育部、中央电教馆的表扬，并多次在全国范围内交流发言。

（3）应用能力。信息技术应用基本情况：①教师信息素养与环境及条件息息相关。调查结果显示，96%的中小学教师家中有电脑并可以上网，不能上网的有2.7%，没有计算机的有1.3%。有71.6%的教师选择使用电脑进行办公和备课，12.9%的教师用于专业学习，12.4%的教师用于制作教学课件，3.1%的教师用于游戏娱乐。可以看出，电脑在中小学教师中已达到普及，并且大部分教师将之运用于教学。②教师参加信息技术学习培训的积极性较高。在参与调查的教师中会积极主动地参加学校的信息技术校本培训的占比为92.1%，无所谓和不得不参加的占比7.6%，不愿意参加的占比0.4%；从未参加过信息技术应用培训的占比3.6%，参加过的占比96.4%；认为学校有必要开展信息技术校本培训的占比92.3%，认为无所谓的占比5.8%；认为信息技术校本培训对信息技术应用水平有提高的占98%。通过调查分析可以看出，教师对信息技术的认识是比较全面的，认识到了信息技术在教育教学中的重要性。③从教师获取信息的渠道来看，89%的教师从网络信息资源中收集教学相关资料，从书籍报刊中获取的，占比7.7%，从广播电视中获取的，占比0.4%，从软件光盘资源中获取的，占比2.9%。在文件传输中，有59%的教师选择QQ，19.6%的选择电子邮件，13.8%的选择U盘，7.6%的选择FTP。可以看出，大部分教师选择使用信息技术来实现资源的获取和文件的传输。关于信息技术未充分应用到教学中的原因，54%的教师认为是自身技术水平不足，38.3%的教师认为没有适合的教学软件，4.1%的教师认为学校领导信息意识不够，3.6%的教师认为自己学不会。可见，广大教师有必要进行信息技术能力的提升，以适应在信息技术环境下的教育教学变革。

办公软件应用情况：①在信息通讯和网络检索能力方面，79.5%的教师能使用网上检索功能快速找到所需要的资源，并下载、存盘；19.1%的教师偶尔使用；1.4%的教师很想用但不会使用。在信息交流中，QQ使用得最多。②办公室自动化软件的使用。参与调查的教师中，87.4%的人熟悉Word，其中能熟练操作的占83.5%；54.5%的人熟悉Excel，其中能熟练操作的占62.9%；67.3%的人熟悉PowerPoint，其中能熟练操作的占71.4%。可以看出广大教师对办公自动化软件的使用率是很高的，而且能够熟练地运用。③在课件的来源方面，有61.3%的教师是"自己制作"，29.7%的教师从"网上下载"，9%的教师请同事帮忙。在制作课件过程中，大部分教师使用的是PowerPoint软件，占86.3%，使用Flash软件的占6.1%，使用几何画板软件的占1.6%，其他占5.9%。可见，PowerPoint这个简单实用的软件在教师中使用得较为广泛。

课堂多媒体信息技术应用情况：认为采用信息技术能够提高课堂教学实效的占66.2%，认为能够提高学生听课兴趣的占33.1%。在课堂教学中经常使用课件的占82.2%，偶尔使用的占16.5%，因为太难而不使用和感觉没有必要使用的占1.3%。在教学中遇到难以解决的问题时，上网查询的占48.6%，与同事讨论的占44.4%，自己钻研的占7%。由此可以看出，教师对信息技术和课程整合有了一定的认识，信息技术与中小学课程的整合也初见端倪，但同时也可以看出，整合的程度还不够深，教师长期使用传统教学方法，对信息资源的利用还不够，信息技术在课堂中的运用还有待进一步提高。

（4）资源建设。培训课程建设：重庆市自主开发了本地精品课程500学时，名师教育教学与专题资源20学时，中小学教师师德教育培训资源30学时，国学经典与教育培训资源20学时，教师通识教育培训资源12学时，2013年教学点基本上完成了数字资源全覆盖。

网络平台建设：重庆市在远程培训中，先后建立了具有针对性的远程培训平台。一是教师网络在线学习平台，二是农村中小学现代远程教育卫星IP资源接收平台，三是重庆教师研修网，共三大培训平台系统。目前按照教育部"三通两平台"建设要求，正着力搭建"市教育资源公共服务平台"。平台建成后为全市教师、学生、家长、教育管理者和社会公众提供数字化教育资源服务，特别是要通过教育资源公共服务平台加大教师校本教育手段培训，创新培训机制，逐步形成开放灵活、规范有序的教师教育体系，提高教师教育的层次和水平的需要。

培训师资建设：重庆市有一支优秀的远程教学及技术支持服务团队。市教育信息技术与装备中心依托教育部教育管理信息中心、中央电化教育馆、有关高等院校、市级教研部门组建了市级培训专家团队和教学辅导团队；依托区县技装部门、教研部门、中小学一线教师组建了区县级培训教学辅导团队。市技装中心的20名专业技术人员组成技术服务团队，负责远程培训平台技术支持、技术指导等工作，有充分的技术保障能力。

（5）典型案例。Q区：城域网100M到校，超过90%的学校班级实现了班班通，另有3600名教师配备了个人笔记本电脑，基本实现了班级教学、校园网络应用基础配置。按照重庆市的统一规划，Q区采取政府补贴和教师自筹相结合的方式为老师配备了个人专用笔记本电脑，农村学校由政府出资按比例配备办公电脑，截至2013年，Q区配备3600台教师用笔记本电脑，占重庆市2013年配置36000台的10%。

J区：现有72所学校，共2250多个教学班，全区配备电子白板数量为2278个，配备到全区所有班级，实现了电子白板班班通。同时对全区教师进行电子白板教学应用全员培训，要求全区全体教师广泛运用电子白板进行上课，在各校和各区的优质课竞赛和教研活动中将电子白板的使用作为考评的依据之一。

J区Q小学：该校系农村学校，现有453名学生，35位教师，班班通配备55寸电视机、实物展台，另有一间配有40台电脑的计算机室（因没有信息技术专任教师未开设信息技术课程，主要在每周三下午对信息技术兴趣小组活动开放，由一名语文教师兼任该教学工作），有7位教师配备有笔记本电脑（不包括个人购买数量），教师办公室未配备电脑，课堂教学普遍使用多媒体教学。

Q区G中学：该校系单设初中，60个教学班，3331名学生，220名教师，班班通配备投影机、实物展台，除新入职教师未配备笔记本电脑外，其他所有的教师都配备了笔记本电脑（其中一半由学校自筹资金为教师配备）。有三间计算机房，有4名专职信息技术教师，在初一、初二按课程要求开设信息技术课。另有两间录播系统室，主要用于学科校本教研（课例展示及研讨）、通过城域网传播学校优质现场课程及与外校教师研讨活动。

P县L中心校：是该县最早建成班班通的学校，距离县城47公里，在地理环境和办学条件都不占优势的情况下，要提高教学质量，必须走教育信息化之路。早在2004年春，L中心校在全县率先实现了"班班通"目标，2009年被命名为重庆市"农村中小学现代远程教育模式实验学校"。如今，学校教师无论年纪大小都会使用多媒体教学，教师信息技术能力在近几年得到不断提升。该校王老师从事小学信息技术教育工作已达11年之久，从2014年开始坚持组织学生参加"创新与实践活动"，多次获得县级、市级、国家级奖项。2016年，他辅导四年级学生创作的"遵从自然，崇尚科学"作品，荣获全国数字视频创作一等奖。

P县民族中学：较早申报了重庆市教育科学规划办教育技术专项课题《西部民族地区研究性学习模式及校本资源开发》。通过研究结题，其学术论文《民族薄弱学校教师网络研修促进专业发展的实践研究》获首届"中国移动杯"全国教师论文大赛一等奖。

（三）中小学教师培训机构的建设现状[①]

本调查旨在了解云南省昆明市呈贡区中小学教师培训的现状，为制定不同层次校长、教师的培训方案提供依据，从而提高教师培训的针对性和实效性，增强培训效果，确保按需施训。

1. 调研方法

国家教育行政学院·中国教育干部网络学院组织专人分别深入城区中小学，采取分层抽样方法，对从小学到高中的不同参训对象开展培训需求调研。调研期间共组织召开座谈会两场，部分学校教师、业务指导人员和全市部分中小学校长及教育局相关人员参与了座谈会。问卷调查主要面向呈贡区部分中小学及幼儿园教师，采取网络调研形式进行，共发放问卷2000份，回收有效问卷1617份（其中中小学教师1216份，幼儿园教师401份），有效率80.85%。

---

① 资料来源：根据中国教育干部网络学院郭淑玲等老师的调研报告整理。

2. 问卷编制

问卷采用单项选择与多项选择相结合、封闭题与开放题相结合的形式，共分三部分内容：

（1）区域教育发展现状及教师队伍基本情况。包括幼儿园和中小学学校数量、学校办学条件和硬件设施的配备情况、师资队伍构成及教师个人基本信息（包括教师的教育背景、职称情况、所在学校类别、时间管理等）。

（2）教师专业发展情况评析。包括调查对象的职业情感与态度、专业知识掌握情况、专业技能水平、岗位胜任能力等方面。

（3）教师培训现状和需求调查。包括调查对象近两年参与培训的累积时间、培训次数、培训类型、期望通过培训获得哪方面能力的提升、感兴趣的培训形式、培训内容、培训形式等。

3. 调研分析框架

需求调研的分析框架：从云南省昆明市呈贡区教育发展现状、教育改革的形势与任务、教师专业发展三个维度，分析呈贡区教育改革与发展背景下教师队伍建设及专业发展的问题及需求。在明晰理想与现实、应然与实然的差距中找准教师培训的目标与方向，并为区域教师培训规划的设计与实施提供有力的数据和事实依据（图5-32）。

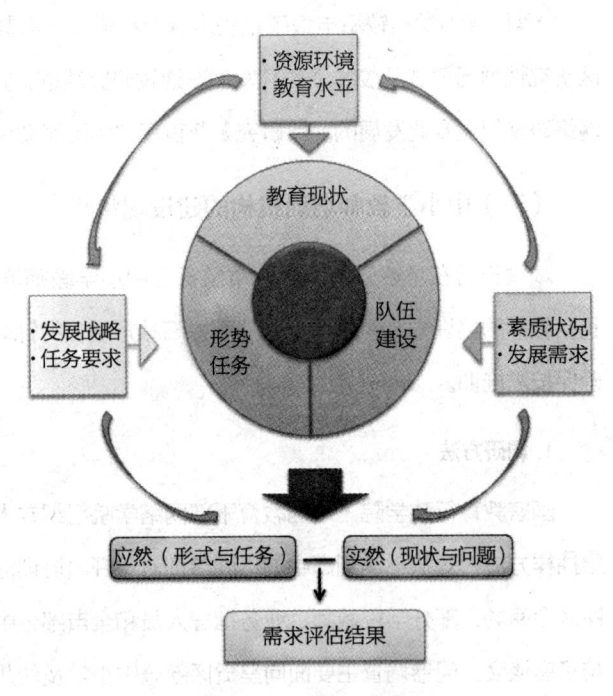

图 5-32　需求分析框架

4. 调研结果分析

（1）教育形势与任务。云南省昆明市地处云贵高原中部，是云南城市群的中心，也是国家级历史文化名城,享有"春城"之美誉,有着丰富的自然景观和深厚的文化底蕴,昆明市教育在"振兴西部,做强云南"中也有着举足轻重的地位。2017年全市教育工作的总体要求是深入学习贯彻习近平总书记系列重要讲话和考察云南重要讲话精神,牢固树立和自觉践行创新、协调、绿色、开放、共享的发展理念,按照市委、市政府和省教育厅的安排部署,认真贯彻党的教育方针,大力实施科教兴市战略,以立德树人为根本,以促进公平为重点,以改革创新为动力,围绕"提高质量"这一中心,坚持"实施教育优先战略、促进教育跨越发展"两个主题,落实"责任制、督查制、服务制"三项措施,突出"老城提品质、新区扩优质、郊县提质量、全市补短板"四项重点,狠抓"深化教育改革、实施三名工程、促进增量扩优、推进素质教育、实现义教均衡、强化教育扶贫、维护校园安全、加强基层党建"八项任务,努力构建与区域性国际中心城市相匹配的教育体系,办好公平普惠、优质多样、充满活力、人民满意的教育。

(2)教育发展现状。呈贡区地处昆明市南部,市区东部,教育资源丰富。2017年年末,全区(不含4个托管街道)共有完全中学3所(含民办2所),初级中学1所,九年一贯制学校2所(含民办1所),小学19所(含民办3所),幼儿园36所(含民办33所);在职教职工(不含民办)905人,其中专任教师849名;在校学生21373人,其中幼儿在园5304人、小学在校学生10292人、初中在校学生4169人、高中在校学生1608人。境内有省、市教育部门直接管理小学1所,中学1所,中等专业学校1所,大学9所。

(3)教师专业发展情况。从图5-33到图5-40的年龄、教龄、职称、学历等调查数据来看,中小学及幼儿园教师队伍年轻化,75.74%的中小学教师年龄在40岁以下,90.77%的幼儿教师年龄在35岁以下;中小学教师中教龄超过10年的占41.45%,3年以下的占34.13%,4~10年的占24.42%。整体是一支老中青相结合的队伍。幼儿园教师中,教龄3年以下的占74.06%,教龄在4~10年的约占20.2%,新手型和发展中教师居多;中小学教师学历层次一般,本科学历教师占80.67%,硕士以上学历教师只有8.72%;幼儿园教师学历水平不高,本科学历教师占43.64%,大专学历教师占41.15%;职称方面,中小学初级和中级职称的教师的比例分别占51.89%、35.69%,幼儿园具有小学二级职称和一级职称的教师各占46.88%、45.64%。进一步分析得出呈贡区中小学教师队伍呈现多层次发展的特点：一部分新手教师逐渐走向成熟，一部分骨干教师向优秀名教师目标发展。幼儿园教师队伍中新任教师比较多，正处于新教师第一次专业成长的关键期，一部分骨干教师面临尤为重要的第二次专业成长期。同时还需要关注部分老教师在专业发展上的高原困惑和职业发展的倦怠问题，应以丰富多样的课程内容和活动形式以及激励性的培训制度和考评办法来调动教师参训学习的积极性，还应通过心理健康课程帮助教师疏解工作压力、维护身心健康、追求职业幸福。区域整体面临着新任教师适应性培训、在职教师提高和卓越培养的三大任务，需要设计连续性、系统性、分学科、递进式的培训项目促进教师专业成长和终身学习，为形成常态化的教师研修机制提供支持服务。

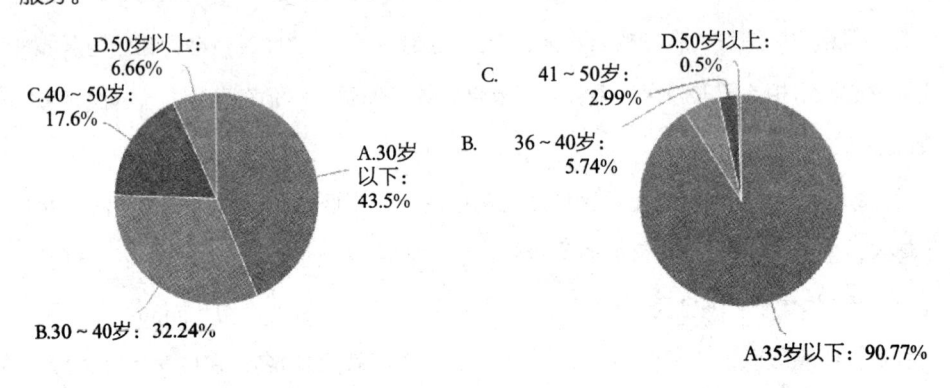

图 5-33　中小学教师年龄调查

图 5-34　幼儿园教师年龄调查

图 5-35　中小学教师教龄调查

图 5-36　幼儿园教师教龄调查

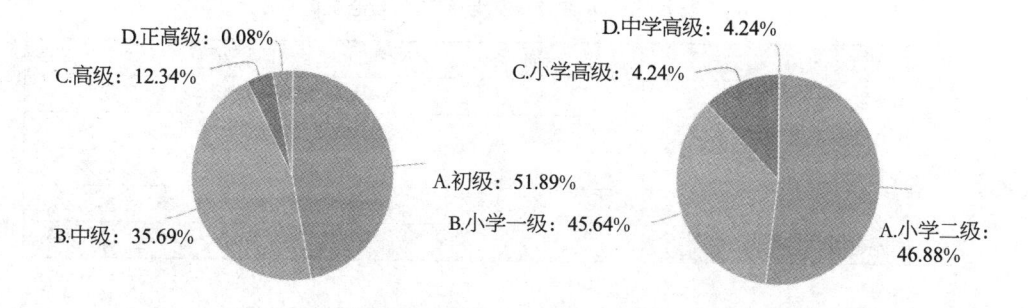

图 5-37　中小学教师职称调查　　　　图 5-38　幼儿园教师职称调查

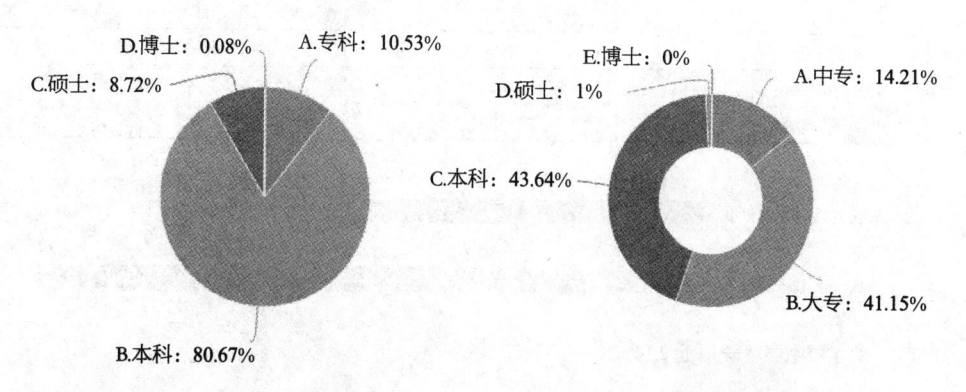

图 5-39　中小学教师学历调查　　　　图 5-40　幼儿园教师学历调查

从职业情感与态度的调查数据（见表5-13，表5-14，图5-41，图5-42，图5-43）来看，大部分教师有爱岗敬业的职业情感和积极向上的工作态度，有着明确的职业发展方向和价值追求。有56.09%的中小学教师希望自己成为一名优秀教师，40.05%的希望成为专家型教师，少数教师希望走向学校管理岗位。但教师对工作状态的满意度不高，有53.87%的教师对工作状态的满意度一般，11.43%的教师表示不太满意和非常不满意，这在一定程度上说明教师工作环境和条件还难以满足其职业发展的需求。现实与理想的差距过大，可能会降低教师的职业热情、发展动机和工作效率。因此，需要给予教师更多发展能力、施展才华的机会和资源。要特别重视教师队伍的培养和培训，通过开展多样性、个性化的培训，点燃教师工作和学习的热情，启迪教育智慧，丰富人生体验，施展个人才华，收获专业硕果。

表 5-13 中小学教师职业情感与态度调查

选项	小计	比例
A.热爱	680	55.97%
B.比较喜欢	463	38.11%
C.不知道	44	3.62%
D.不喜欢	28	2.3%
本题有效填写人次	1215	

表 5-14 中小学教师对教育教学工作的重视程度调查

选项	小计	比例
A.非常重视	1147	94.4%
B.一般	65	5.35%
C.不太重视	2	0.16%
D.很不重视	1	0.08%
本题有效填写人次	1215	

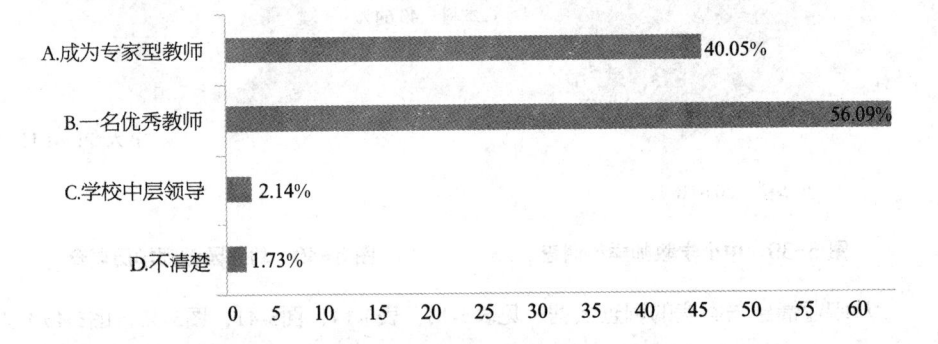

- A.成为专家型教师：40.05%
- B.一名优秀教师：56.09%
- C.学校中层领导：2.14%
- D.不清楚：1.73%

图 5-41 中小学教师职业发展方向和价值追求调查

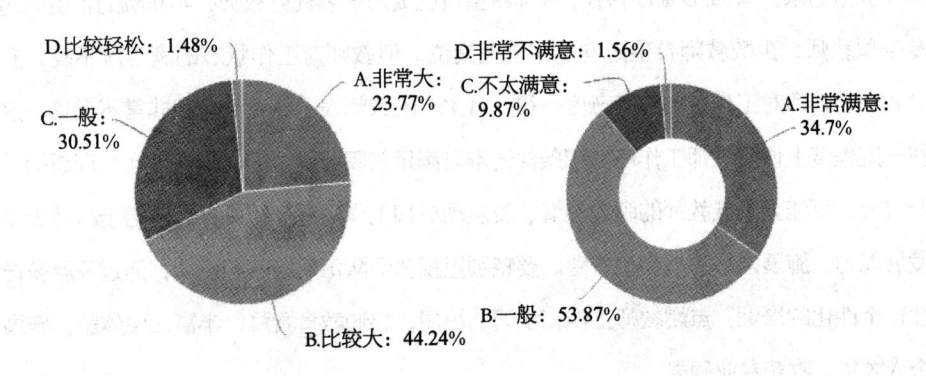

图 5-42 教师工作量调查
- A.非常大：23.77%
- B.比较大：44.24%
- C.一般：30.51%
- D.比较轻松：1.48%

图 5-43 教师工作满意度调查
- A.非常满意：34.7%
- B.一般：53.87%
- C.不太满意：9.87%
- D.非常不满意：1.56%

从图5-44到图5-50专业知识与能力的自评数据来看，在专业知识的掌握方面，大多数教师的自我评价较高。其中，中小学教师对学科基础知识的掌握最佳，其次是学科教学知识，对教育理论知识（教育学、心理学）的掌握相对薄弱。幼儿园教师表示最需要增强的是幼儿园保育和教育知识，其次是幼儿园发展知识和通识性知识。在专业能力方面，中小学教师比较突出的是：人际交往与师生沟通能力，教学活动的组织、监控与实施能力，学情分析与学习辅导能力，教育教学反思能力和处理教学内容，整合课程资源能力。幼儿园教师最需要提高的三种专业技能依次是：游戏活动的支持与引导、教育活动的计划与实施和环境的创设与利用。因此，培训项目应以《幼儿园教师专业标准（试行）》《小学教师专业标准（试行）》和《中学教师专业标准（试行）》关于教师岗位职责和要求为依据，立足呈贡区教师培养的问题和需求，建立"适需求实"的培训目标体系，厘定好教师专业成长的基础性目标和发展性目标，以提升"专业理解和师德"为引领，夯实"专业知识"为基础，改进"专业能力"为重点，建立"以修促行"的培训内容体系。

图 5-44 中小学教师专业知识掌握程度评价

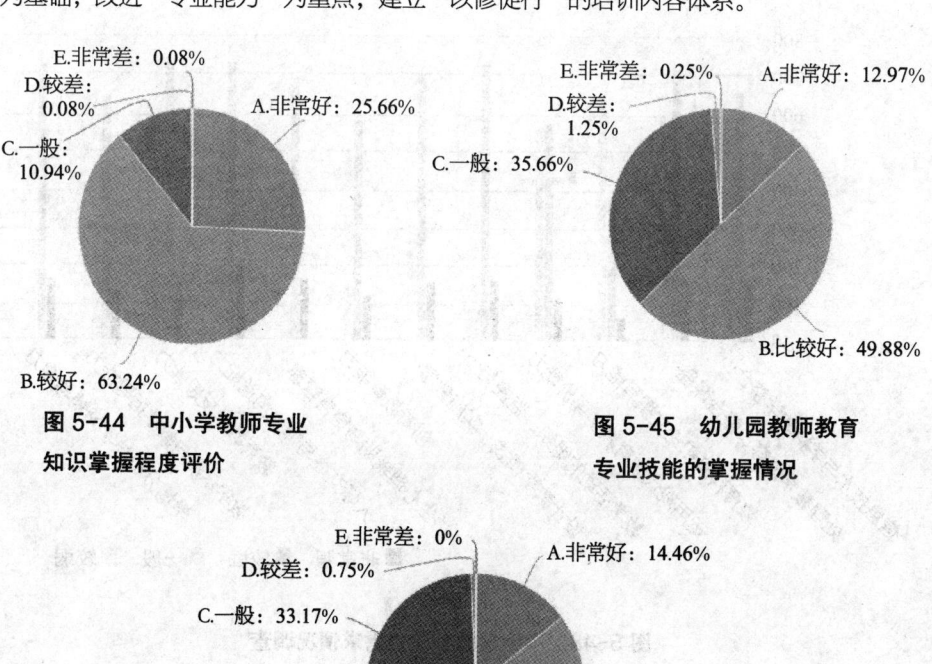

图 5-45 幼儿园教师教育专业技能的掌握情况

图 5-46 幼儿园教育专业知识的掌握情况

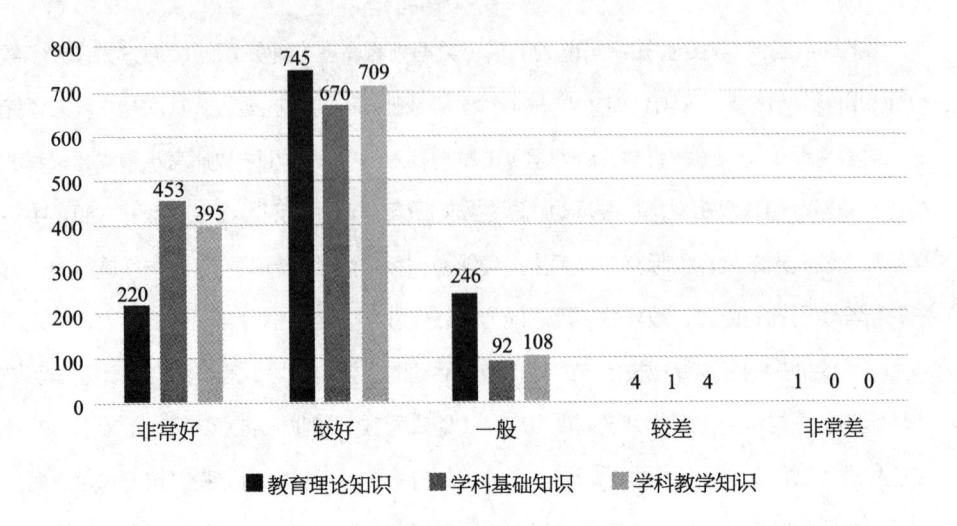

图 5-47　中小学教师知识需求情况调查

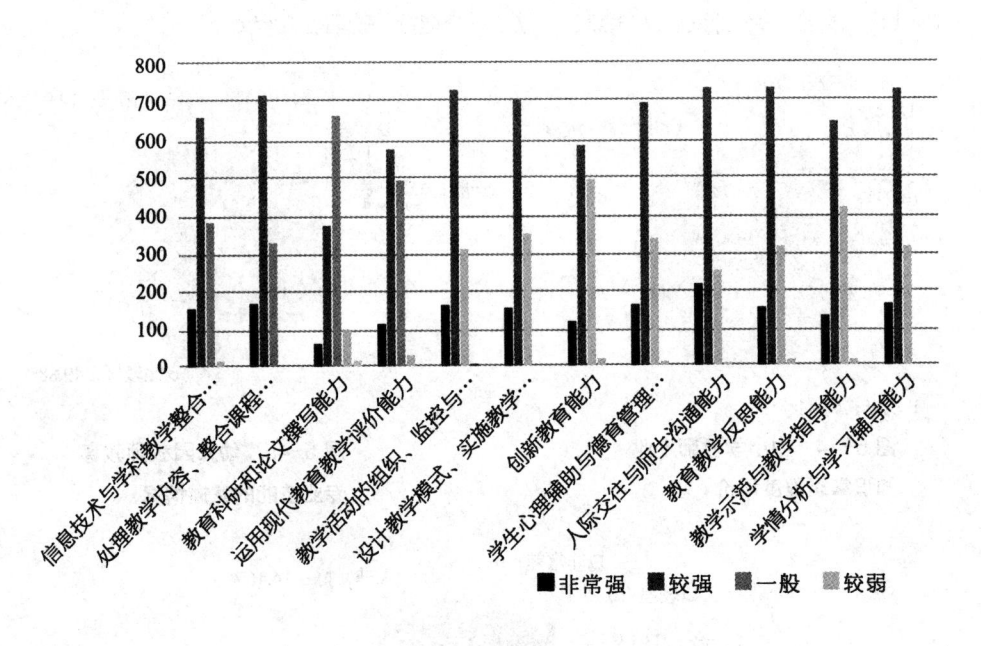

图 5-48　中小学教师能力需求情况调查

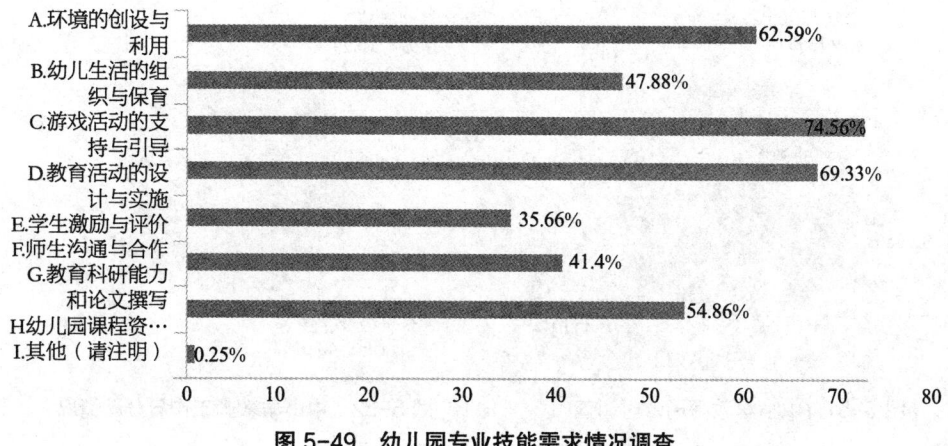

```
A.环境的创设与利用         62.59%
B.幼儿生活的组织与保育      47.88%
C.游戏活动的支持与引导      74.56%
D.教育活动的设计与实施      69.33%
E.学生激励与评价            35.66%
F.师生沟通与合作
G.教育科研能力和论文撰写    41.4%
H.幼儿园课程资…             54.86%
I.其他（请注明）            0.25%
```

图 5-49　幼儿园专业技能需求情况调查

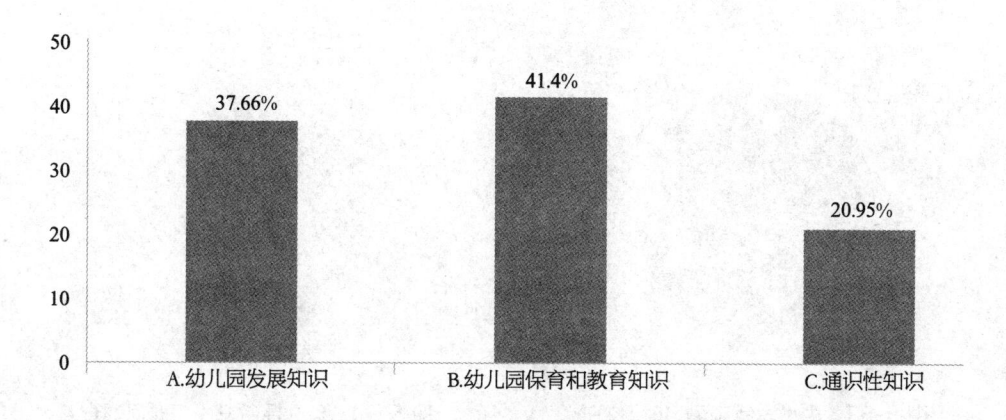

```
A.幼儿园发展知识      37.66%
B.幼儿园保育和教育知识 41.4%
C.通识性知识          20.95%
```

图 5-50　幼儿园专业知识需求情况调查

从体现工作量分配、时间管理、工学关系的数据（见图5-51到图5-54，表5-15，表5-16）来看，43.01%的中小学教师每周课时数在11～15节，32.65%的教师每周课时数超出16节，并且31.66%的教师担任班主任工作，多数教师感到占用时间最多的工作是班级和学生管理，教育教学任务繁重。而对于幼儿园教师来说，最重要的工作是教育教学、组织日常生活与儿童保育以及环境布置和教具（玩具）管理，工作之余的学习时间不足，工学矛盾比较突出。数据体现了教师学习与其工作密切相关，说明教师具有专业学习的内在需求和动机。因此，我们需在项目设计和实施中积极地探索缓解教师工学矛盾、激发教师参训热情和学习主动性、提高培训效率和效果的培训形式和内容，创造促进教师专业成长和终身学习的研训环境。

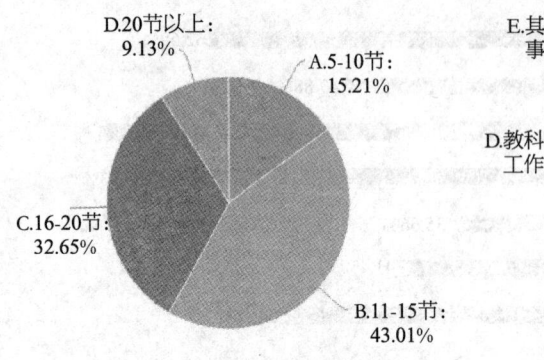

图 5-51 中小学教师周课时调查 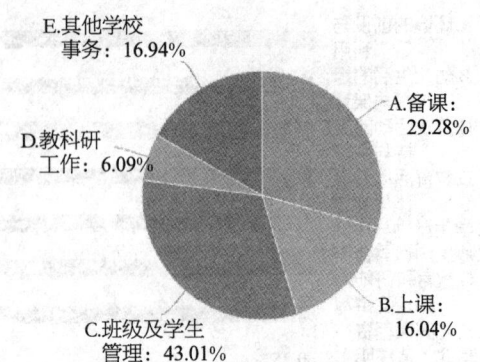　　　　图 5-52 中小学教师工作量分配情况

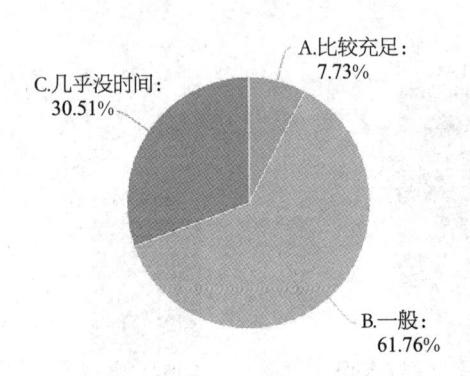

图 5-53 中小学教师学习时间调查 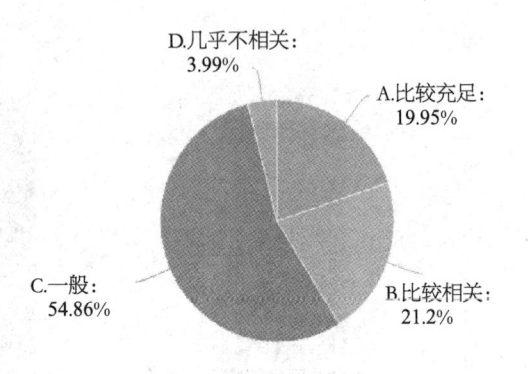　　　图 5-54 幼儿园教师学习时间调查

表 5-15 幼儿教师占用工作时间最多项目调查

选项	小计	比例
A.教育教学	302	75.31%
B.日常生活的组织与保育	271	67.58%
C.学生管理	195	48.63%
D.环境布置和教具（玩具）管理	236	58.85%
E.教育科研工作	130	32.42%
F.其他（请注明）	25	6.23%
本题有效填写人次	401	

表 5-16　中小学教师学习与其工作密切度调查

选项	小计	比例
A.密切相关	754	62.06%
B.比较相关	294	24.2%
C.一般	147	12.1%
D.几乎不相关	20	1.65%
本题有效填写人次	1215	

（4）教师培训现状及需求。培训动机：专业引领下自我发展。从表5-17调查数据显示，绝大多数教师对所从事的教育教学工作表示热爱、喜欢和重视，52.87%的教师具有强烈的发展意识和学习动机，但一定程度上缺少深刻的思考。教师专业成长路径和方法的科学指导和系统规划，现实条件与发展愿望之间的差距，促使教师产生自我发展的内在需求，而培训则能帮助教师进一步激发学习热情、找准目标方向、获得资源支持、提高专业素养。

表 5-17　中小学教师学习与其工作密切度调查

选项	小计	比例
A.非常重视和自觉	212	52.87%
B.有所意识和行动	170	42.39%
C.有时产生学习冲动	16	3.99%
D.无意识	3	0.75%
E.觉得没必要	0	0%
本题有效填写人次	401	

培训覆盖：基础覆盖上重点培养。从图5-55、图5-56数据显示，近两年大部分教师参与最多的是市区内培训，其次是省级培训，参与国家级培训及国内访学的机会不多，出国进修学习的机会甚少。所以，多数教师迫切希望获得更高层次、更宽视野、更贴近教育教学实际、符合个人发展需求的培训。通过培训可以提高学员的专业素养，有助于解决学校教育教学中所遇到的实际问题，加速教师专业成长，为区域教学打造一支专业水平高、辐射能力强的骨干教师队伍和培训者团队，充分发挥骨干教师的引领示范和辐射作用，带动区域学校教育质量的整体提升。

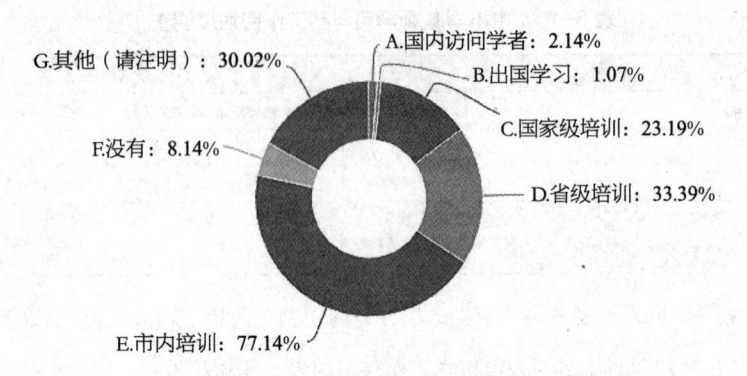

图 5-55　中小学教师培训情况调查

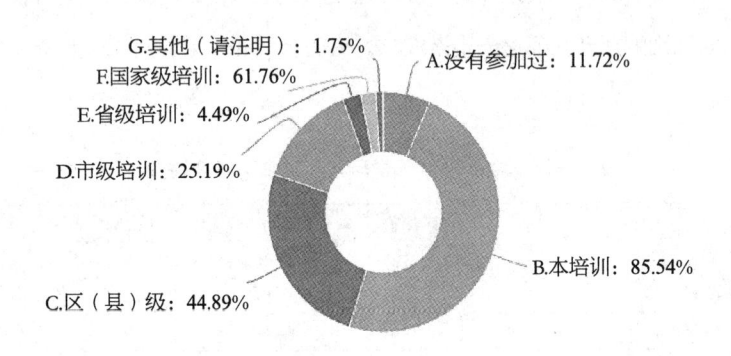

图 5-56　幼儿园教师培训情况调查

培训内容：需求导向下丰富拓展。从表5-18到表5-21调查数据显示，中小学教师最需要的培训内容包括课堂教学能力提升、专业知识更新、现代教学方法体系构建。最想提高的前五种能力依次是课堂教学能力、教育科研能力、学生管理能力、课程开发能力和专业引领能力，分别占53.66%、48.31%、36.13%、34.24%和29.05%。他们最需要的课程聚焦在课堂教学的问题诊断和多元评价、教育科研与教师专业发展上。幼儿园教师在工作中面临的问题是缺乏对新的教育教学方法、教育信息技术的了解与运用，缺乏教育信息的沟通渠道。幼儿园教师希望获得的培训内容有：幼儿园文化建设和特色办园理念、园本教研与园本课程开发、信息技术与教学整合、国内外学前教育改革与发展趋势等。

表 5-18 中小学教师最迫切需要能力调查

选项	小计	比例
A.课堂教学能力	652	53.66%
B.教育科研能力	587	48.31%
C.教学评价能力	237	19.51%
D.课程开发能力	416	34.24%
E.学生管理能力	439	36.13%
F.专业引领能力	353	29.05%
G.人际沟通能力	103	8.48%
H.信息化教学能力	337	27.74%
G.其他	27	2.22%
本题有效填写人次	1215	

表 5-19 中小学教师最迫切需要能力培训调查

选项	小计	比例
A.本专业知识更新	481	39.59%
B.现代教学方法体系构建	456	37.53%
C.课堂教学能力提升	658	54.16%
D.教科研能力提升	348	28.64%
E.学术前沿知识	167	13.74%
F.信息技术应用能力提升	203	16.71%
G.其他	2	0.16%
本题有效填写人次	1215	

表 5-20 幼儿园教师教学活动面临的主要挑战调查

选项	小计	比例
A.知识陈旧老化，知识面窄	130	32.42%
B.缺乏对新的教育教学方法的了解与运用	289	72.07%
C.缺乏教育学、心理学背景知识的支持	145	36.16%
D.缺乏对教育信息技术的了解与运用	213	53.12%
E.缺乏教育信息的沟通渠道	166	41.4%
F.缺乏教学科研意识和方法	195	48.63%
G.其他（请注明）	9	2.24%
本题有效填写人次	401	

表 5-21　幼儿园教师需要培训课程内容调查

选项	小计	比例
A.学前教育法律法规	161	40.15%
B.国内外学前教育改革与发展趋势	177	44.14%
C.幼儿发展与教育	252	62.84%
D.园本教研与园本课程开发	196	48.88%
E.幼儿园文化建设和特色办园理念	216	53.87%
F.科学与人文素养	121	30.17%
G.信息技术与教学整合	182	45.39%
H.加强师德建设，提升职业修养	116	28.93%
I.教师身心健康与权益保护	155	38.65%
J.其他（请注明）	5	1.25%
本题有效填写人次	401	

　　培训内容应基于教师专业发展的现实需求，重点加强专业知识与能力的培训和培育，同时拓宽专业理论课程的培训路径，紧紧围绕课堂教学，重视班级管理能力的提升和教师课程开发能力的培养，以及对当前教育改革形势和前沿动态的把握，更新教育观念，拓展教育视野，提升科研能力，促进教师专业发展。聚焦教师工作岗位及职业发展中的焦点问题，在教师专题培训的基础上，做好一系列的训前准备，包括具体目标确立、培训内容及培训活动设计、培训基地选择等，为培训的顺利进行及培训质量和效果的提升奠定良好的基础。

　　培训形式：满足多样性且重视体验性。图5-57、图5-58调查数据显示，大多数教师倾向于多种形式混合的培训模式，其中实地观摩、参观考察的体验式培训是最受教师欢迎的培训形式，这说明他们希望在培训中变注重知识为注重能力，这与基层教师在实际工作中面临着复杂多变的问题密切相关，学员们希望能在学习实践中学习和借鉴他人的优秀经验和工作方法，从而进一步探索和找到解决现实问题的有效策略和创新办法。因此，要在满足学员多样化发展需求的基础上丰富培训的内容和形式，重视学员实践参与和体验，通过聆听、贯彻、感受、反思和实践，切实提高学员的管理智慧和领导能力。

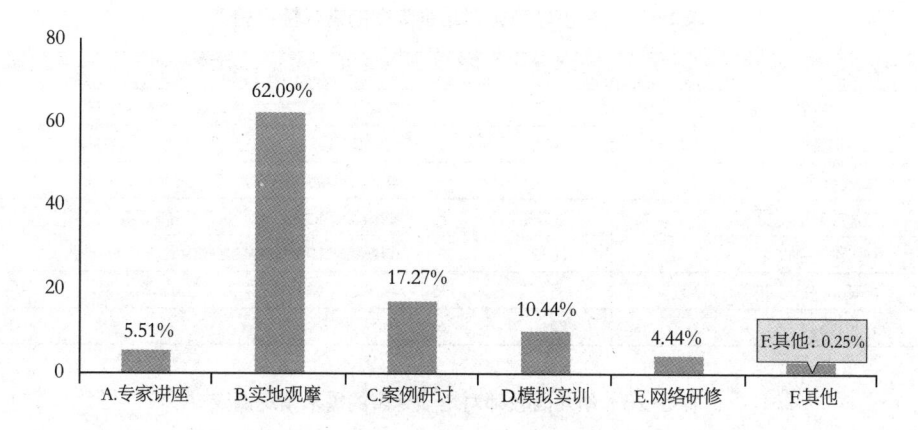

图 5-57　中小学教师喜欢的培训形式调查

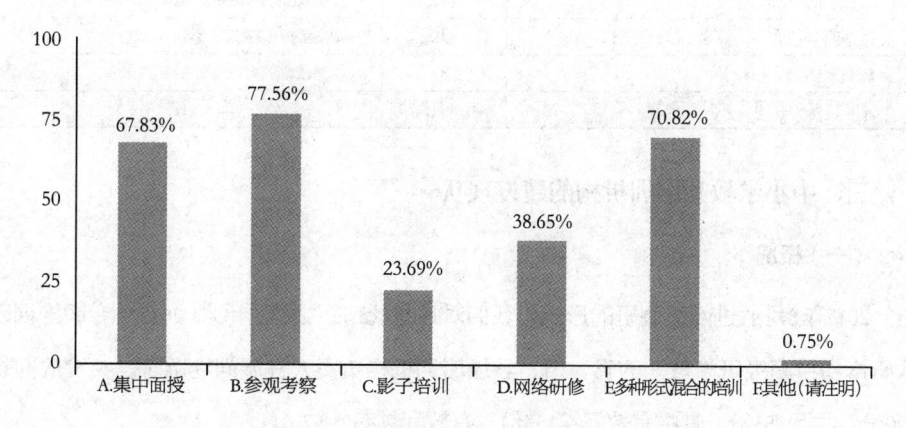

图 5-58　幼儿园教师喜欢的培训形式调查

表5-22、表5-23调查数据显示，84.94%的中小学教师和87.03%的幼儿园教师首先希望由具有丰富工作经验的一线教学名师授课，其次希望知名专家学者和教育行政部门有关领导授课。由此可见，中小学教师和幼儿园教师需要有教学实践经验，并能充分理解教师专业发展诉求和工作困惑的专家作为培训导师，有针对性地对其进行业务指导和精神引领，从而实现理论与实践的更好结合，提高专业知识与能力。

表 5-22　中小学教师对培训专家的需求情况调查

选项	小计	比例
A.教育行政干部	117	9.63%
B.高校教授	374	30.78%
C.教育名师	944	77.7%
D.教科研人员	541	44.53%
E.一线名师	1032	84.94%
F.其他	57	4.69%
本题有效填写人次	1215	

表 5-23　幼儿园教师对培训专家的需求情况调查

选项	小计	比例
A.教育行政部门领导	101	25.19%
B.院校科研机构研究学前教育的专家	248	61.85%
C.知名幼儿园园长	292	72.82%
D.教学名师	349	87.03%
E.其他（请注明）	4	1%
本题有效填写人次	401	

三、中小学教师培训机构的建设现状

（一）概况

2017年8月通过网络调研的形式，我们对190位参加"国培计划（2017）专职培训团队研修项目高级研修班"的省、市、县级培训机构负责人开展问卷调研。共发放问卷190份，收回155份，其中有效问卷155份，有效回收率81.57%。

（二）样本情况描述

（1）性别分布见表5-24（单选题）。男性占比重稍大，男性与女性负责人比例分别为61.29%、38.71%，年龄结构比例关系基本平衡。

表 5-24　中小学教师培训机构负责人性别情况调查

选项	小计	比例
A.男	95	61.29%
B.女	60	38.71%
本题有效填写人次	155	

（2）年龄分布见表5-25。30岁以下占1.29%，31～35岁占3.23%，36～40岁占12.26%，41～45岁占25.16%，46～50岁占25.81%，50岁以上占32.26%。46岁以上年龄结构比例较大。

表 5-25　中小学教师培训机构负责人年龄情况调查

选项	小计	比例
A.30岁以下	2	1.29%
B.31-35岁	5	3.23%
C.36-40岁	19	12.26%
D.41-45岁	39	25.16%
E.46-50岁	40	25.81%
F.50岁以上	50	32.26%
本题有效填写人次	155	

（3）职称分布见表5-26。高级职称所占比例为34.19%，中级职称（中一、小高、幼高）合计为48.39%，助级及以下占16.13%，中级以上的中小学教师培训机构负责人占多数。

表 5-26　中小学教师培训机构负责人职称情况调查

选项	小计	比例
A.三级教师	4	2.58%
B.二级教师	21	13.55%
C.一级教师	75	48.39%
D.高级教师	53	34.19%
E.正高级教师	2	1.29%
本题有效填写人次	155	

（4）工作年限见表5-27。5年以下工龄的占28.39%，6—10年工龄的占20%，11—15年工龄的占10.32%，16—20年工龄占比12.9%，20年以上工龄的占比28.29%。可见，5年以下及20年以上的中小学教师培训机构负责人占多数。

表 5-27　中小学教师培训机构负责人工作年限情况调查

选项	小计	比例
A.5年以下	44	28.39%
B.6-10年	31	20%
C.11-15年	16	10.32%
D.16-20年	20	12.9%
E.20年以上	44	28.39%
本题有效填写人次	155	

（5）最初学历分布见表5-28。中师（高中）以下学历占41.94%，专科学历占30.32%，本科学历占27.09%，研究生学历占0.65%。在初始学历分布上，中专与专科结构比例较大。

表5-28 中小学教师培训机构负责人最初学历情况调查

选项	小计	比例
A.中师（高中）	65	41.94%
B.专科	47	30.32%
C.本科	42	27.09%
D.研究生	1	0.65%
E.其他	0	0%
本题有效填写人次	155	

（6）最高学历分布见表5-29。中师（高中）以下占0.65%，专科学历占9.68%，本科学历占81.93%，研究生学历占7.74%。

表5-29 中小学教师培训机构负责人最高学历情况调查

选项	小计	比例
A.中师（高中）	1	0.65%
B.专科	15	9.68%
C.本科	127	81.93%
D.研究生	12	7.74%
E.其他	0	0%
本题有效填写人次	155	

（7）课题研究情况见表5-30。在课题研究方面，国家级课题占5.81%，省级占10.97%，市级课题占8.39%，县级课题占27.74%。

表5-30 中小学教师培训机构负责人课题研究情况调查

选项	小计	比例
A.国家级课题	9	5.81%
B.省级课题	17	10.97%
C.市级课题	13	8.39%
D.县级课题	43	27.74%
E.校级课题	12	7.74%
F.无	61	39.35%
本题有效填写人次	155	

（8）职务比例见表5-31。中心主任、常务副主任占27.1%，培训人员占10.32%，教学研究人员占12.26%，管理服务工作人员占43.87%，其他人员占6.45%。

表 5-31　中小学教师培训机构负责人职务情况调查

选项	小计	比例
A.中心主任/（常务）副主任	42	27.1%
B.培训（咨询）人员	16	10.32%
C.教学研究人员	19	12.26%
D.管理服务工作人员	68	43.87%
E.其他（请填写）	10	6.45%
本题有效填写人次	155	

（9）供职的机构类型见表5-32。高等院校占4.52%，省级培训机构占1.29%，市级培训机构占3.87%，县级培训机构占80%。

表 5-32　中小学教师培训机构负责人供职机构类型情况调查

选项	小计	比例
A.高校	7	4.52%
B.省级培训机构	2	1.29%
C.市级培训机构	6	3.87%
D.县级培训机构	124	80%
E.其他	16	10.32%
本题有效填写人次	155	

（10）教师培训机构的层级见表5-33。省级示范中心占3.87%，市级示范中心占9.68%，县级示范中心占86.45%。市级以上示范中心较少，国家级示范中心为0。

表 5-33　中小学教师培训机构负责人所在机构层级情况调查

选项	小计	比例
A.国家级示范中心	0	0%
B.省级示范中心	6	3.87%
C.市级示范中心	15	9.68%
D.县级示范中心	134	86.45%
本题有效填写人次	155	

（11）国家、省、市、县主管部门给予何种支持见表5-34。在国家、省、市、县主管部门给予何种支持方面，财政拨款机构占72.9%，研究项目支持占18.06%，教学改革项目支持占24.52%，定期组织交流研讨占45.81%。在培训与出国研修方面，支持帮助很

少，仅占0.65%。

表5-34 培训机构需要国家、省、市、县主管部门何种支持调查

选项	小计	比例
A.财政拨款	113	72.9%
B.研究项目支持	28	18.06%
C.教学改革项目支持	38	24.52%
D.出国访问、培训	1	0.65%
E.定期组织交流研讨	71	45.81%
F.其他（请填写）	7	4.52%
本题有效填写人次	155	

（12）校长职务情况见表5-35。所在的教师培训机构的校长（主任）一职由副局长兼任的占7.1%，校长专职的占61.94%，教科研人员兼任的占16.13%。

表5-35 中小学教师培训机构校长职务情况调查

选项	小计	比例
A.副局长兼任	11	7.1%
B.校长专职	96	61.94%
C.教科研人员兼任	25	16.13%
D.其他	23	14.84%
本题有效填写人次	155	

（13）所在的教师培训机构的主要职能见表5-36：开展教师培训，组织教师学习、交流、实践，对教师、教学进行管理，为教师、学校提供教与学等咨询服务，推动或自主开展教与学以及教师发展的研究。可见，教师培训机构是开展教师培训的主阵地。

表5-36 中小学教师培训机构主要职能情况调查

选项	小计	比例
A.开展教师培训	144	92.9%
B.推动或自主开展教与学、教师发展的研究	38	24.52%
C.实施或合作实施教学质量评估	28	18.06%
D.为教师、学校提供教与学等咨询服务	44	28.39%
E.对教师、教学进行管理	49	31.61%
F.组织教师学习、交流、实践等	105	67.74%
G.其他（请填写）	4	2.58%
本题有效填写人次	155	

（14）所在的教师培训机构工作经费情况见表5-37。能够满足正常开展各项活动需求的培训机构占44.52%，不能满足正常开展各项活动的培训机构占51.61%。因此，充足的培训经费和必备硬件设施，是中小学教师培训机构从事培训的基础与前提。

表5-37　中小学教师培训机构工作经费情况调查

选项	小计	比例
A.能满足	69	44.52%
B.不能满足	80	51.61%
C.有所下降	6	3.87%
本题有效填写人次	155	

（15）教师培训机构在推动本校教师教学改革情况见表5-38。处于核心和重要地位的占58.06%，处于一般与边缘地位偶尔开展活动的占41.94%。

表5-38　中小学教师培训机构推动本校教学改革情况调查

选项	小计	比例
A.处于核心地位，发挥引领作用	26	16.77%
B.处于重要地位，承担主要职责	64	41.29%
C.处于一般地位，偶尔开展活动	50	32.26%
D.处于边缘地位，开展活动困难	15	9.68%
本题有效填写人次	155	

（16）教师培训机构在推动本校教师职业发展情况见表5-39。处于核心和重要地位的占58.06%，处于一般与边缘地位偶尔开展活动的占41.94%。

表5-39　中小学教师培训机构推动本校教师发展情况调查

选项	小计	比例
A.处于核心地位，发挥引领作用	29	18.71%
B.处于重要地位，承担主要职责	61	39.35%
C.处于一般地位，偶尔开展活动	50	32.26%
D.处于边缘地位，开展活动困难	15	9.68%
本题有效填写人次	155	

（17）教师培训机构人员构成（含兼职）见表5-40。从高到低依次排列前三位的是：学科带头人占60%，各级教科研人员占57.42%，国家（省、市、县）级教学名师占30.32%。近年来，各级培训机构通过高层次引进、公开招聘、选调等各种方式吸引专业人才充实到培训机构，支撑了培训工作的开展。可见，一线专业人员对培训发展的重要

性。然而，偏远贫困地区的专业人员的结构比例有待进一步提高。

表 5-40　中小学教师培训机构人员构成情况调查

选项	小计	比例
A.国家（省、市、县）级教学名师	47	30.32%
B.各级教科研人员	89	57.42%
C.精品课程负责人	19	12.26%
D.学科带头人	93	60%
E.督学	17	10.97%
F.教学技术专家	33	21.29%
G.心理咨询师	18	11.61%
H.教学评估专家	15	9.68%
I.教育研究专家	22	14.19%
J.其他	25	16.13%
本题有效填写人次	155	

（18）从表5-41中数据显示，培训机构的教师最应具备哪方面的知识或理论，从高到低依次排列前四位的是：学科教学知识占64.52%，学科专业知识占63.87%，现代教育技术占54.19%，课程开发与教学设计占53.55%。顾泠沅教授认为："教师走向专业成功的三大支柱是专业知识、专业技能、专业情意。"这也与舒尔曼教授的观点"学科教学知识（PCK）能区分学科专家和教学专家"相吻合，因为不同水平及级别的教师关注的知识领域不同。早期，强调教学内容知识；晚期，关注一般教育学方法的有效性（作业、课程、成绩评价等）。因此，学科教学知识（PCK）是《中学教师专业标准》中专业知识维度的核心要素。

表 5-41　中小学教师培训机构人员应具备知识情况调查

选项	小计	比例
A.学科教学知识	100	64.52%
B.学科专业知识	99	63.87%
C.课程开发与教学设计	83	53.55%
D.学习理论	61	39.35%
E.现代教育技术	84	54.19%
F.项目管理理论	41	26.45%
G.人力资源管理与开发	23	14.84%
H.职业生涯规划与管理	48	30.97%
I.其他（请填写）	4	2.58%
本题有效填写人次	155	

（19）教师培训机构开展活动情况见表5-42（5表示"总是"，1表示"从不"，5-1表示"递减"）。教师培训机构开展活动情况从高到低依次排列前五位的是：新教师培训占46.45%，送教下乡培训占38.06%，学科教师培训占36.13%，乡村教师培训占30.32%，班主任老师培训占29.03%。从不开展培训活动的项目从高到低依次为：读书沙龙占23.87%，心理教师培训占22.58%，1名中心人员＋1名一线教师合作开展教学研究占21.29%。读书是在现代教育理念指导下，让教师的心智得到开启、精神得到愉悦、情操得以陶冶，是提升教师人文素养的有效途径。倡导教师阅读，促进"书香校园"建设，采取集中学习和个人自学相结合的方式，组织抓好教师读书学习活动、心理教师培训、联合教研活动，将是未来培训的重点任务。

表 5-42　中小学教师培训机构开展活动情况调查

题目\选项	5	4	3	2	1
面向对象 （1）新教师/首开课教师	72（46.45%）	33（21.29%）	32（20.65%）	8（5.16%）	10（6.45%）
（2）学科教师	56（36.13%）	45（29.03%）	35（22.58%）	15（9.68%）	4（2.58%）
（3）骨干教师	49（31.61%）	42（27.1%）	43（27.74%）	15（9.68%）	6（3.87%）
（4）名师	38（24.52%）	30（19.35%）	47（30.32%）	27（17.42%）	13（8.39%）
（5）班主任老师	45（29.03%）	34（21.94%）	45（29.03%）	22（14.19%）	9（5.81%）
（6）心理教师	25（16.13%）	32（20.65%）	28（18.06%）	35（22.58%）	35（22.58%）
（7）薄弱学科教师	42（27.1%）	33（21.29%）	34（21.94%）	32（20.65%）	14（9.03%）
（8）乡村教师	47（30.32%）	35（22.58%）	38（24.52%）	22（14.19%）	13（8.39%）
（9）其他（请填写）	22（14.19%）	25（16.13%）	46（29.68%）	31（20%）	31（20%）
培训形式 （10）主题报告会	45（29.03%）	40（25.81%）	40（25.81%）	21（13.55%）	9（5.81%）
（11）案例研讨会	30（19.35%）	46（29.68%）	44（28.39%）	24（15.48%）	11（7.1%）
（12）交流分享	40（25.81%）	45（29.03%）	40（25.81%）	24（15.48%）	6（3.87%）
（13）参观考察	24（15.48%）	34（21.94%）	43（27.74%）	34（21.94%）	20（12.9%）
（14）情景模拟	16（10.32%）	31（20%）	46（29.68%）	38（24.52%）	24（15.48%）
（15）线上＋线下教师工作坊	30（19.35%）	42（27.1%）	38（24.52%）	28（18.06%）	17（10.97%）
（16）读书沙龙	16（10.32%）	24（15.48%）	44（28.39%）	34（21.94%）	37（23.87%）
（17）教学发展"1＋1"行动（1名中心人员＋1名一线教师合作开展教学研究）	13（8.39%）	29（18.71%）	46（29.68%）	34（21.94%）	33（21.29%）
（18）教师个别咨询	15（9.68%）	33（21.29%）	51（32.9%）	29（18.71%）	27（17.42%）
（19）送教下乡	59（38.06%）	30（19.35%）	35（22.58%）	22（14.19%）	9（5.81%）

（续表）

题目\选项	5	4	3	2	1
（20）其他（请填写）其他活动	16（10.32%）	34（21.94%）	39（25.16%）	28（18.06%）	38（24.52%）
（21）组织开展校本研修	33（21.29%）	39（25.16%）	43（27.74%）	23（14.84%）	17（10.97%）
（22）组织教学基本功活动	33（21.29%）	43（27.74%）	46（29.68%）	23（14.84%）	10（6.45%）
（23）进行教学评估	33（21.29%）	32（20.65%）	45（29.03%）	28（18.06%）	17（10.97%）
（24）开展教学竞赛与评比	30（19.35%）	37（23.87%）	42（27.1%）	26（16.77%）	20（12.9%）
（25）资助教学改革项目	17（10.97%）	25（16.13%）	42（27.1%）	38（24.52%）	33（21.29%）
（26）组织安排教师访学进修	34（21.94%）	36（23.23%）	38（24.52%）	27（17.42%）	20（12.9%）
（27）提升教师科研能力	33（21.29%）	32（20.65%）	46（29.68%）	29（18.71%）	15（9.68%）
（28）其他（请填写）	15（9.68%）	25（16.13%）	53（34.19%）	24（15.48%）	38（24.52%）

（20）教师培训机构开展以下方面的研究工作情况见表5-43（"5"表示"研究很多"，"1"表示"未开展"，"5-1"表示"递减"）。教师培训机构开展研究工作情况，从高到低依次排列前四位的是：有效教学方法与技术研究、教学论与课程论基本理论研究、自身教育教学能力提升研究和教学评估研究，分别占比24.52%、20%、18.06%、16.13%。未开展或相对较少开展培训研究的领域前五位的是：其他区域教育相关议题研究占7.1%，基层学校教师教学发展中心建设研究占10.97%，自身教育教学能力提升研究占比18.06%，教师培训机构建设研究占比12.26%，教师发展调查研究或跟踪研究占比13.55%。

表5-43 中小学教师培训机构开展研究情况调查

题目\选项	5	4	3	2	1
（1）教学论与课程论基本理论研究	31（20%）	38（24.52%）	42（27.1%）	30（19.35%）	14（9.03%）
（2）有效教学方法与技术研究	38（24.52%）	42（27.1%）	39（25.16%）	26（16.77%）	10（6.45%）
（3）教学评估研究	25（16.13%）	31（20%）	48（30.97%）	37（23.87%）	14（9.03%）
（4）教师发展调查研究或跟踪研究	21（13.55%）	36（23.23%）	48（30.97%）	34（21.94%）	16（10.32%）
（5）基层学校教师教学发展中心建设研究	17（10.97%）	35（22.58%）	46（29.68%）	38（24.52%）	19（12.26%）
（6）教师培训机构建设研究	19（12.26%）	39（25.16%）	47（30.32%）	33（21.29%）	17（10.97%）

（续表）

题目\选项	5	4	3	2	1
（7）其他区域教育相关议题研究	11（7.1%）	36（23.23%）	46（29.68%）	37（23.87%）	25（16.13%）
（8）自身教育教学能力提升研究	28（18.06%）	35（22.58%）	48（30.97%）	27（17.42%）	17（10.97%）
（9）其他研究（请填写）	16（10.32%）	35（22.58%）	42（27.1%）	27（17.42%）	35（22.58%）
	17（10.97%）	28（18.06%）	50（32.26%）	25（16.13%）	35（22.58%）

（21）教师培训机构参与教师培训活动的动机情况见表5-44（"5"表示"动机强烈"，"1"表示"无动机"，"5-1"表示"递减"）。动机是由一种目标或对象所引导、激发的个体活动的内在心理过程或内部动力，是人类行为的基础。表5-44数据显示，教师培训机构参与教师培训活动的动机，从高到低依次排列前四位的是：学习先进教育理念、提升课堂教学能力与技巧、提升教学研究能力与技巧、提升教学管理能力与技巧，分别占比43.23%、41.29%、40%、38.71%。中小学教师培训是回馈社会，帮助更多的教师创新教学方法，促进学生健康成长，是"赠人玫瑰、手留余香"的崇高而伟大的公益事业。数据显示，教师培训机构参与教师培训活动的动机是积极的。培训活动难免枯燥乏味，个别教师参入的热情不高，自信心低，这就需要做好引导工作，激发教师参加培训的兴趣。

表5-44 中小学教师培训机构开展活动动机情况调查

题目\选项	5	4	3	2	1
（1）学习先进教育理念	67（43.23%）	37（23.87%）	35（22.58%）	13（8.39%）	3（1.94%）
（2）提升课堂教学能力与技巧	64（41.29%）	45（29.03%）	30（19.35%）	12（7.74%）	4（2.58%）
（3）提升教学研究能力与技巧	62（40%）	38（24.52%）	37（23.87%）	13（8.39%）	5（3.23%）
（4）提升教学管理能力与技巧	60（38.71%）	44（28.39%）	29（18.71%）	19（12.26%）	3（1.94%）
（5）解决课堂教学中出现的具体问题	59（38.06%）	46（29.68%）	30（19.35%）	15（9.68%）	5（3.23%）
（6）适应教育技术变革与应用的需求	43（27.74%）	50（32.26%）	40（25.81%）	18（11.61%）	4（2.58%）
（7）满足个人职称评定与晋升中的要求	45（29.03%）	39（25.16%）	34（21.94%）	28（18.06%）	9（5.81%）
（8）丰富与深化个人职业发展内涵	37（23.87%）	45（29.03%）	39（25.16%）	25（16.13%）	9（5.81%）

（续表）

题目\选项	5	4	3	2	1
（9）提升教师教育教学能力	56（36.13%）	50（32.26%）	26（16.77%）	20（12.9%）	3（1.94%）
（10）增加与其他教师的交流与合作	47（30.32%）	48（30.97%）	34（21.94%）	19（12.26%）	7（4.52%）
（11）经济与社会效益双丰收	22（14.19%）	36（23.23%）	40（25.81%）	33（21.29%）	24（15.48%）
（12）其他动机（请填写）	18（11.61%）	31（20%）	41（26.45%）	30（19.35%）	35（22.58%）

（22）表5-45调查数据显示，下列因素对教师培训机构培训活动（项目）实施的影响程度，您如何看待？（"5"表示"较大影响"，"1"表示"不影响"，"5-1"表示"递减"）。影响教师培训机构培训活动（项目）实施程度的因素，从高到低依次排列前五位的是：学生学习的多样化需求占30.97%，教师培训机构人员构成及知识背景占29.03%，教师培训机构的资金资源配备占29.03%，教师个人的兴趣与偏好占26.45%，教育技术进步对教学改革的需求占比23.87%。国外教师教学发展中心经验与借鉴和国家层面教学改革工程，是影响教师培训机构培训活动（项目）实施程度较小的两个因素，分别占17.42%、13.55%。

表5-45 影响培训机构培训活动实施程度因素调查

题目\选项	5	4	3	2	1
（1）学生学习的多样化需求	48（30.97%）	49（31.61%）	33（21.29%）	18（11.61%）	7（4.52%）
（2）教师个人的兴趣与偏好	41（26.45%）	56（36.13%）	33（21.29%）	15（9.68%）	10（6.45%）
（3）教师培训机构人员构成及知识背景	45（29.03%）	49（31.61%）	33（21.29%）	18（11.61%）	10（6.45%）
（4）教师培训机构的资金、资源配备	45（29.03%）	49（31.61%）	29（18.71%）	19（12.26%）	13（8.39%）
（5）教学评价或反馈的结果	36（23.23%）	45（29.03%）	39（25.16%）	24（15.48%）	11（7.1%）
（6）部门层面教学改革动议	34（21.94%）	46（29.68%）	42（27.1%）	22（14.19%）	11（7.1%）
（7）学校层面教学改革方案	32（20.65%）	45（29.03%）	50（32.26%）	19（12.26%）	9（5.81%）
（8）国家层面教学改革工程	28（18.06%）	44（28.39%）	41（26.45%）	21（13.55%）	21（13.55%）
（9）国外教师教学发展中心经验与借鉴	21（13.55%）	37（23.87%）	39（25.16%）	31（20%）	27（17.42%）

（续表）

题目\选项	5	4	3	2	1
（10）教育、教学研究的最新成果	27（17.42%）	41（26.45%）	48（30.97%）	24（15.48%）	15（9.68%）
（11）教育技术进步对教学改革的需求	37（23.87%）	55（35.48%）	41（26.45%）	14（9.03%）	8（5.16%）
（12）教师对教师教学发展中心工作的认可度	34（21.94%）	48（30.97%）	49（31.61%）	19（12.26%）	5（3.23%）
（13）其他（请填写）	17（10.97%）	40（25.81%）	46（29.68%）	23（14.84%）	29（18.71%）

（23）表5-46调查数据显示，您认为教师培训机构作为一个组织机构在发展过程中面临的挑战如何？（"5"表示"非常认同"，"1"表示"不认同"，"5-1"表示"递减"）。数据显示，教师培训机构在发展过程中面临的挑战，从高到低依次排列前五位的是：有限的资源配备占45.16%，对专业的教学工作者的需求占40.65%，教师发展的多样化需求占39.35%，教师培训机构与其他职能部门的分工与配合占38.06%，教师培训机构在教学改革中的角色地位占37.42%。

表 5-46　中小学教师培训机构面临的挑战调查

题目\选项	5	4	3	2	1
（1）有限的资源配备	70（45.16%）	38（24.52%）	35（22.58%）	7（4.52%）	5（3.23%）
（2）对专业的教学工作者的需求	63（40.65%）	48（30.97%）	31（20%）	8（5.16%）	5（3.23%）
（3）教师培训机构在教学改革中的角色	58（37.42%）	41（26.45%）	41（26.45%）	9（5.81%）	6（3.87%）
（4）教师培训机构在区域教育中的地位	58（37.42%）	47（30.32%）	34（21.94%）	10（6.45%）	6（3.87%）
（5）教师培训机构与其他职能部门的分工与配合	59（38.06%）	40（25.81%）	41（26.45%）	8（5.16%）	7（4.52%）
（6）广大教师对培训机构工作开展的认可度	47（30.32%）	51（32.9%）	36（23.23%）	11（7.1%）	10（6.45%）
（7）教师发展的多样化需求	61（39.35%）	47（30.32%）	33（21.29%）	10（6.45%）	4（2.58%）
（8）教育技术的更新换代	48（30.97%）	58（37.42%）	29（18.71%）	16（10.32%）	4（2.58%）
（9）其他挑战（请填写）	26（16.77%）	41（26.45%）	32（20.65%）	26（16.77%）	30（19.35%）

四、县域中小学教师发展支持体系建设的现状

（一）山东省五莲县中小学教师发展支持体系建设的现状

县域教师发展支持体系建构实证部分是通过调查分析来描述县域教师发展与支持体系状况，包括存在的问题、经验和教训等，然后根据实证的结果得出结论。理论上样本大，有代表性，信度、效度就高。但是，迫于成本限制，现实中无法实现。为了不受个人经历、视野、理念的局限，真实、全面、客观地了解县域教师发展支持体系现实状况，我们不仅对山东省五莲县政府、教育行政部门、教师培训机构、学校、个人进行了问卷、访谈，还对代表山东省教育发展高、中、低水平的东、中、西部分县、市有关人员作了调研，并采用了部分学者的研究结果。

1. 五莲县基本情况

五莲县位于中国山东省南部，东临青岛市黄岛区（西海岸新区），南接日照市。下辖9个镇、2个乡，共有人口约51万人。2017年生产总值达到约253亿元，一般公共预算收入约12.62亿元。全县共有中小学49所，在校生为近5万人，专任教师7567人，其中高中2所，初级中学11所，九年制学校2所，小学35所，特殊教育学校1所。2015年顺利通过全国义务教育发展基本均衡县（区）的国家级评估验收。

2. 五莲县教师发展管理体系状况

（1）五莲县教师发展管理体系。经过多年的努力，五莲县的教师发展管理体系已经形成了一个全方位、多层次、宽领域、开放式的现代管理网络，即省、市、县、校四级管理体系相互协调、上下衔接。就县一级来说，建立了教师发展行政管理体系和业务管理体系。行政管理体系主要指县政府（分管县长）、县教育局（分管局长、职业与成人教育科）、基层学校（校长、教导主任）；业务管理体系指教师进修学校、教研室、电教站、仪器站四位一体的教师培训机构——参培学校辅导点的纵向体系（图5-59）。

应该说，五莲县教育局负责人很早就有将职成教科（师训）、教师进修学校、教研室、电教仪器站、托幼办公室等以教师发展为主要工作对象的科、室、校、站、办等部

门整合的想法，发挥1+1>2的效果，计划各个机构整合后名称改为县教师发展中心或者县教师学习资源中心，并且已经在向这个方向努力。这是一项长期而复杂的整合工程，一方面，需要编制部门的批准，需要县政府领导的大力支持，因为县教师进修学校校长、副校长、教研室主任属于县委管理干部；另一方面，将各个分隔独立的部门整合在一起，牵扯到利益分配和人员的重新调整，是个复杂工程；再一方面，场所和办公大楼正在筹划还未建成。尽管这样，现实工作中在行政领导、教师素质提升的业务开展上还是已经有了这方面的发展。

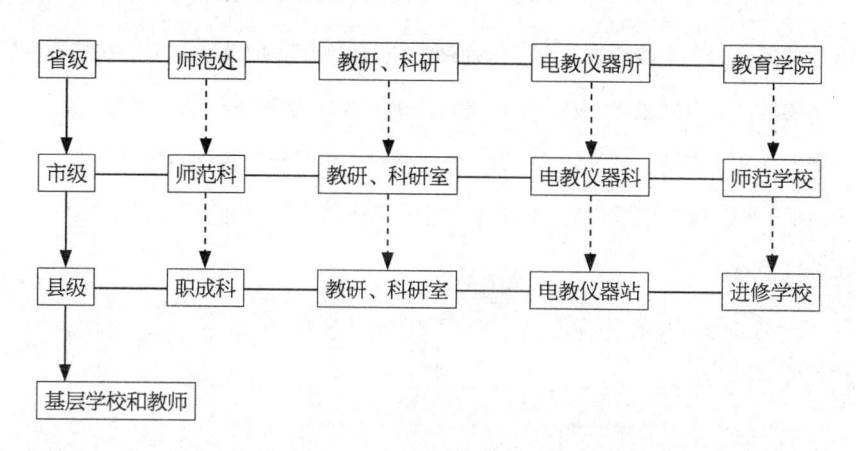

图 5-59 五莲县教师发展管理体制培训管理体系

（2）五莲县教师发展组织机构。五莲县注重加强教师发展组织机构建设。2016年成立了五莲县中小学教师队伍建设领导小组，分管教育的副县长任组长，副组长由发改委、人事、财政、教育等部门领导担任，办公室设在教育局，教育局分管副局长兼任办公室主任，具体负责全县教师队伍建设工作的实施。

与此相适应，五莲县教育局成立了全县中小学教师继续教育领导小组，主要负责培训计划的制订、培训指标的选派等工作。县一级的培训规划由县领导小组下设的办事机构——职成教科负责拟订，再交领导小组讨论后印发全县执行。领导小组组长由教育局的主要负责人担任，副组长由教育局副局长与教师进修学校领导担任，成员由县教育局人事、基教、教研、成职教、电教馆、仪器站、托幼办等相关科室负责人组成。领导小组办公室设在成职教科，负责日常工作（图5-60）。

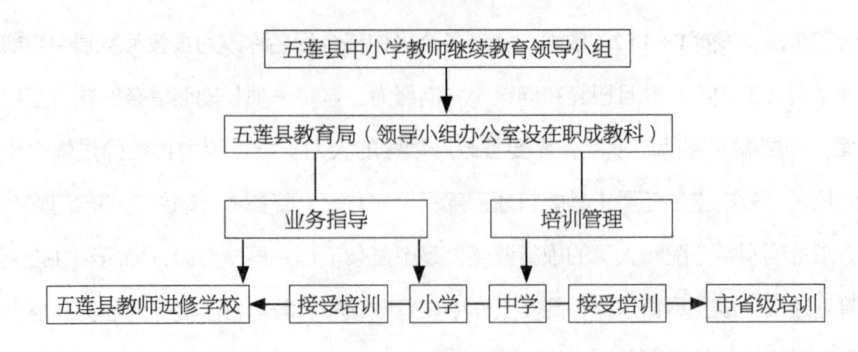

```
         五莲县中小学教师继续教育领导小组
                        ↓
         五莲县教育局（领导小组办公室设在职成教科）
                ↓              ↓
             业务指导         培训管理
                ↓              ↓
  五莲县教师进修学校 ← 接受培训 ← 小学   中学 → 接受培训 → 市省级培训
```

图 5-60　五莲县中小学教师继续教育组织机构

五莲县各个中小学校建立健全了教师继续教育组织机构（图5-61），学校教导处负责教师继续教育与常规工作；办公室负责教师继续教育的考勤、考核，继续教育学分登记、应用、论文、进修、教师继续教育档案等管理工作；年级组长（教导处副主任）负责本年级组教师的教师继续教育、研究、管理和教师教学的常规检查工作。

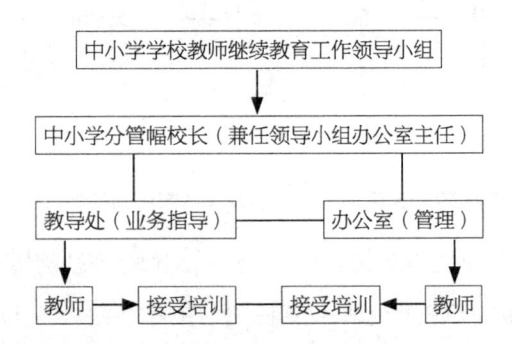

```
            中小学学校教师继续教育工作领导小组
                        ↓
            中小学分管副校长（兼任领导小组办公室主任）
                ↓                   ↓
         教导处（业务指导）      办公室（管理）
              ↓                         ↓
         教师 → 接受培训       接受培训 ← 教师
```

图 5-61　五莲县中小学校教师继续教育组织机构

近几年来，五莲县中小学教师队伍结构进一步优化，学历结构、职务结构、年龄结构日渐趋于合理化，这些成绩的取得，得益于该县比较规范、合理、常态的纵向和横向的教师发展管理体系与组织机构。

3. 五莲县教师发展的管理制度状况

（1）制定了教师发展工作责任制度。第一，2013年五莲县政府根据《国务院关于加强教师队伍建设的意见》专门制定下发了《关于切实加强中小学教师队伍建设工作的意见》，文件要求认真做好"名师""十佳创新校长""十佳创新班主任""十佳创新教师"等培养工作，要求各乡镇、各学校分工负责，培养名师，形成县、乡镇、校三级"名师—教学能手—骨干教师"人才梯队，带动全市中小学教师队伍素质的提升。

第二，五莲县建立了比较严格的校本培训管理体系。首先，教师校本培训基地，各校（园）长为基地校本培训的第一责任人；其次，县教育局作为校本培训的主管部门，对校本培训质量负领导责任；再次，县教育局成职教科是校本培训的管理部门，主要负责制定全县教师培训规划，校本培训学时折算及学时审验等工作；最后，县教研室、教师进修学校是校本培训的业务主管部门，主要负责为校本培训推荐培训者，提供业务指导等工作。

（2）制定了教师队伍建设规划。五莲县教育局制定下发了《中小学教师队伍建设"十二五"规划》《"十二五"中小学教师继续教育规划》，要求全县各级各类学校也要结合学校实际制定本单位的中小学教师队伍建设规划。同时，县教育局与县教师培训机构制订年度《教师继续教育工作实施方案》以及阶段性的师资培训计划，明确培训目标和培训内容。例如，《2017年中小学教师继续教育工作实施方案》中，分月份列出了主要培训项目、工作重点、任务、要求及责任单位。

（3）注重教师继续教育过程管理。第一，任务驱动。在教师外出培训前提出外出培训的学习要求，明确外派教师学习返回后所要承担的再培训任务，使参训教师在整个学习过程中，在任务的驱动下去积极探索、研究、学习。学习结束后，高质量完成二级培训任务。教育局规定，外派学习教师完不成二级培训任务的，一概不记学分，培训费不予报销。此举大大提高了参训教师的学习质量。第二，建立教师成长档案袋。五莲县教育局为每一位教师都建立了教师成长档案袋。教师成长档案袋以第一人称来设计规划，分为"我的简介、我的三年成长规划、我的成果集锦、我的反思"等模块，将教师的计划总结、优秀教案、案例分析、教学反思、经验交流、教学成果、教学经典、教学随笔等记录归入教师个人成长记录袋中，使教师在回顾自己的工作历程中，体验成功的喜悦，激发继续努力的斗志，挖掘自己的潜能，促进自己的再发展。学校还开展《教师成长档案袋》定期交流活动，把一部分优秀的档案袋拿出来与大家分享，在分享中完善，在分享中提高。第三，注重培训结果应用。五莲县制定了教师继续教育的措施及管理办法，在工作中实行继续教育登记制度，对教师培训过程、学习培训效果进行学分化管理，将教师取得的学分纳入教师评优树先、职称评聘工作中，促使教师培训成为教师专业发展的内在需求，变"要我学"为"我要学"，推动教师培训向高质量方向发展。

为强化教师教育工作在评优树先、职称评聘中的应用，教育局规定年度继续教育学分满20学分者方可参与评优树先及职称评聘。教师每年度校本培训和外出培训两部分所得的继续教育学分要按照一定公式进行量化（每年最高为1分），引入教师职称评聘百分制考核中。在职称评聘百分制考核中，教师培训总分占5分（连续5年，每年1分）。年度校本培训及外出培训量化计分的折算公式为：

$$Y = K \times \frac{n+m}{N+M}$$

Y为个人量化分，K为量化计分值常数项（每年所占分值，在不同的项目中取值不一样），n为教师个人在校本培训获得的继续教育学分，N为n中的最高分，m为教师个人外出培训获得的继续教育学分，M为外出培训的最高限分，且$M \leq N/2$。在本公式中，m的有效取值范围为$\leq M$。

（4）实施了以教职工聘任制、岗位目标责任制、结构工资制为主要内容的学校内部管理体制改革。全面推行了中小学教师专业技术职务竞争聘任制度和中小学中层干部竞争上岗制度，对教师调配和毕业生分配实行了招考制度和按招考成绩自主择校择岗制度，逐步建立起一套"教师能进能出、干部能上能下、工资能高能低"的适应市场经济要求的用人机制。

4. 五莲县教师发展的实施与保障状况

（1）五莲县教师继续教育工作开展情况。五莲县有中小学教师5883人，教师数量众多，且因地理位置属山区、丘陵地带，学校布局分散，单一地进行集中培训会有一定难度。该县实施了规范性培训与灵活性培训相结合，集中培训与分层培训相结合，专题培训与系统培训相结合，培训机构培训与校本培训相结合的多种培训模式。

第一，师德培训。依据《师德师风教育整顿活动实施方案》，进修学校在各类短期培训班中开设师德教育专题，尤其是加强了对德育工作管理者的培训，如少先队辅导员培训、德育主任培训和班主任培训，还将相关师德建设的规范性文件整理后，纳入教学内容中。每学期要求进修教师上交一篇师德修养心得（每篇不少于800字），并将此心得与师德考核结果一并纳入继续教育登记范畴，无违反教师职业道德规范行为的每学期计6学时，如有违反的行为则不予计算学时。最后将县评选的师德标兵组成讲师团，到各个学校巡回作师德报告。

第二，新课程培训。这主要由进修学校组织实施、其模式主要有：

一是根据省、市下达到县的教师培训指标，直接选派教师外出培训。这种机会较少，参培教师非常珍惜这种学习机会，但是由于费用高，时间长，学校在保护教师学习的积极性和承受教师学习所带来的经济、时间的压力之间很矛盾，有时甚至难以取舍。

二是义务教育新课程学科骨干教师远程研修。组织义务教育新课程小学语文、数学、英语、综合实践活动及初中语文、数学、英语、综合实践活动共八个学科的骨干教师利用远程资源远程研修。

三是县教师进修学校、教研室、电教馆、教仪站组织培训。由于国家、省、市级培训资源的稀缺，通常是先由进修学校教师、教研室教员外出学习、观摩，学习之后开设培训班，重点对管理者、骨干教师、课改实验教师进行通识性的培训，而这三类人员则成为新课程理念传播的"二传手"——回校后再对本校教师展开新课程理念的通识性培训。

四是由教研室重点进行学科培训。主要是课例研讨分析，从观摩课堂实录到指导教师亲手设计教学再到教学实践，从教学实践到同行评议再到反思课程理念的贯彻。这几年的工作中，重点开展了下列培训：幼儿教师新教材培训；小学语文、数学、英语、科学教材培训；体育新标准培训；小学、初中、高中英语口语培训；特殊教育师资培训；中小学心理健康教育指导教师培训；写字课教师培训。

五是由进修学校、教研室、电教馆、教仪站教师组织名师"送教到校"，到部分学校开展专题讲座、进行现场指导，但此类培训由于经费及路途等原因，频率并不高，大约半年一次。

第三，教育技术能力培训。依据教育部《关于实施全国中小学教师信息技术应用能力提升工程的意见》和关于印发《中小学教师教育技术能力标准（试行）》通知，通过培训、考试、认证，提高教师的信息技术应用与课程教学整合能力，促进现代教育技术在教学中的运用，主要由各基层学校、进修学校和教仪站负责实施。各中小学利用已有计算机校园网络、家庭宽带等资源开展自培自练，进修学校和教仪站，在此基础上进行指导。另外，举办中小学教育技术装备新标准培训班，加强实验教师队伍建设，提高实验教师业务素质。

第四，教学基本功培训。教师教学基本功训练主要由进修学校、教研室和基层学校实施。教师进修学校和教研室根据上级要求及基层教师需求制订教学计划，开设短期培训班，如普通话培训班、简笔画培训班、普通话与英语口语培训等帮助教师取得职业技能等级证书。另外，在职业技能（三笔一画、教具使用与制作、组织教育活动、英语应用、教学技能）的培训工作中，加强了对辅导员、检测员的培训工作，共举办培训班8期，培训教师642人。

第五，新入职教师培训。五莲县从2004年起，每年公开招聘50名左右大中专毕业生充实到农村中小学，对新任教师全部进行了以"师德""教育常规""教育政策法规""教师文明礼仪""新课程理念"为主要内容的、针对性较强的专题培训，同时安排一年试用期满并考核转正定级的教师同新入职教师交流。另外，每年还举办试用期满教师培训，主要进行以职业道德教育、心理健康教育、试用期总结、经验交流、上汇报课、特级教师现身说法为主要内容的培训。

五莲县较为重视新教师培训，力图通过这种方式达到"一年入格，两年合格，三年胜任，五年拔格（骨干）"的目标。这是由于该县经济相对落后，教师流失严重，因此必须不断补充新的教师资源，要让新入职的教师尽快成长起来。

第六，骨干教师培训。本着立足本县优秀教师教育资源，外请专家学者的指导思想，形成多层面，立体型的骨干教师队伍。为骨干教师开展专题讲座、教育技术、同课异构、精彩案例、研讨交流、实地参观示范相结合的学科培训和综合培训。

第七，班主任培训。五莲县2017年启动了中小学班主任培训计划。建立健全了班主任集中培训、校本培训、个人自学等多种形式相结合、互为补充的多元化培训格局。2017年暑期主要对中小学班主任开展"班主任理论与实务""事说师生关系""问题学生教育指南""班主任工作基本规范与政策法规""学生心理健康教育指导""班级活动设计组织与管理"等专题培训，提升班主任的专业化水平。

第八，学历达标和学历提高教育工作。学历教育（专本科、研修）由县教师进修校联系山东师范大学、曲阜师范大学组织实施，具体方式视各个学段教师达标要求而定。主要方式是利用电大远程开放教育、自学考试、成人高考、网络教育等途径，鼓励45岁以下教师参加学历提高培训，50岁以下学历未达标教师参加相应学历层次的补偿教育。由于五莲县已经完成了学历补偿教育，参加学历教育的教师数量逐年减少，2017年不到80人。此外，还与山东师范大学、曲阜师范大学等高校合作举办研究生课程班，已先后有220名教育干部、教师研究生结业。

第九，五莲县教师培训的组织形式和教学方式。五莲县教师进修学校承担的教师培训主要采用短期集中培训和送教下乡的形式。教师在培训教学中主要采用讲授、互动、观摩的方法，尤其是近年来参与式、讨论式的教学形式较多，培训者作为教学的组织者参与到教学中去。教师进修学校的教师一般到市级培训中心接受培训，以接受项目培训为主。主要采用以下形式：① 翻刻光碟、拷贝优盘，发到学校，要求学校组织教师一起观看；② 要求全县教师观看专门配合基础教育课程改革方面的教师培训节目，如中央电视台讲座以及贵州教育电视台与省教育厅合作录制的节目"空中课堂"，在教师放假期间播放，要求教师收看；③ 集中组织校本培训，对教师一年集中训练的时间、教师学习时间、自学时间等都有明确规定。

（2）五莲县校本培训开展的情况。在实施校本培训的过程中，五莲县教育局要求各个学校根据学校和教师个人实际，制定教师校本培训总体规划，然后分年度制订详细的年度校本培训计划。年度培训计划于年初开学第三周报县教育局成职教科、教研室、县进修学校备案。实施校本培训时，要求学校做好记录，教师注重原始资料的积累，如教师继续教学学习示范课（公开课）教案、发表论文（论文获奖证书）的原件及复印件、自学笔记等，以备学时登记审验。对于参加省、市级培训的老师进行效果监测，采取汇报课的形式，每一位参加外出培训的教师都要上汇报课。校本培训的师资力量，主要是以聘请外校的教师与本校师资结合，分为三个层次。第一是派教师出去培训，回来当"二传手"；第二是请教师进修学校与教研室组织师资举办教师培训；第三请外县的教师开办专题讲座，进行短、平、快的培训，或结合教研到兄弟学校听课、评课等。由于资金短缺"请进来"这种方式虽然颇受老师们欢迎，但不能变为常态工作。

校本培训模式。课题引领，确立科研意识。坚持以科研为先导，确立了"科研出质量、科研出效益"的观念。为激发教师的科研热情，在全县内公布了50个小课题，要求学校以教研组为单位进行申报认领，并设立了教育创新奖和燎原奖，以鼓励在小课题研究中取得优秀成果的教师。学校由专人负责学校小课题的研究工作，以课题研究引领教师开展教育教学研讨。目前，教师的科研意识逐步形成，科研能力不断提高，校本教研工作出现了新局面。

制度保障，确保校本教研落实到位。各基层学校都把校本研究作为促进教师成长的主要渠道，建立和完善了以课程实施过程中的实际问题为出发点，以课例或案例为载体，以自我反思、同伴互助、专业引领为基本要素的校本教研制度。采取落实研究时间与地点、规定研究人员和内容、加强考勤与奖惩等措施，保障校本研究的顺利开展。

开展"五个一"活动。在全县范围内开展了教师校本教研"五个一"活动。要求教师每两个工作日至少听一节课，每周至少写一篇有价值的教学反思，每月至少上一节公开课，每学期至少出一套高质量的检测题，每年读一本教育教学理论专著。"五个一"活动的开展，加深了教学研究氛围，促进了校本教研和教师的专业化发展。

校本培训的内容。校本培训内容主要是有关师德修养、教师专业发展的内容。包括基础教育课程改革、现代教育信息技术、学科最新基础理论和教改信息及教育教学实践技能等；学校及教职工"十个一"活动的相关内容；学校根据自身的办学思想、办学特色确定的内容。

校本培训的方式。一是请教育专家、县内外优秀教师来校讲学，组织教师学习先进的教育思想、教学技能和教学方法；二是组织同一学科或同一教研组的教师进行交流，相互切磋教育教学技艺，共同钻研教材、研讨教学计划及教学方法，达到共同提高，共同进步的目的；三是发挥本校优秀教师的传帮带作用，帮助中青年教师尽快成长；四是通过组织教师听优质课、示范课、观摩课和相互听课、评课等方式，提高教师的教学技能和水平；五是组织专门的研讨会、交流会、教学沙龙、教学信息发布会等，为教师相互切磋教学技艺提供平台。

（4）五莲县的教育教学研究活动开展情况。五莲县教研室制定下发了《关于2017年度开展教学研究活动工作的通知》，教学研究活动由县教研室、基层学校共同实施，将教学与科研相结合、教师自学与专家指导相结合。由于经费紧张、校外资源有限，各学校均注意发掘本校研究资源，开展了多样的教研活动。

开展以听课、评课为主要内容的教学视导活动。每年春秋两季，五莲县教育局组织两个教学视导组分别在教育局副局长和教研室主任的带领下，对全县所有中小学进行了教学视导。视导的主要内容，一是课程开设和教育教学改革的情况；二是落实教学常规，加强教学管理和教研活动开展的情况；三是视导毕业班教学管理情况。视导组采取随堂听课、分组评课、教师座谈会、学生问卷、备课作业抽查等形式，对各学校的教育教学情况进行多方面的了解。在此基础上向各中小学校反馈各学科和整体视导意见，以促进各学校提升办学层次，提高办学质量。

开展全县中小学教师优质课（电教室优质课）、优秀论文评选活动。优质课评选标准主要包括教学目的、教学内容、教学过程、教学技能和教学效果五个环节。评选程序由教研室组织专家评委对参评教师逐人听课、量化评分。

（5）五莲县教师继续教育经费情况。五莲县财政每年只拨付30万经费给教师进修学校，这些经费难以举办大规模培训活动，甚至维持教师进修学校的正常运转都十分困难。据五莲县教育局有关负责同志介绍，县教育局在教师培训经费投入上采取的方式是政府划拨一点，学校自筹一点，教师承担一点的"三个一点"政策。政府承担培训的设备费，如计算机、教室等；学校承担教师的差旅、住宿费，开展校本培训的相关费用；资料费、书费和教师学历提高的学费等由教师自己承担。从我们对五莲县2014—2017年教师培训经费调查数据可以看出学校、财政、教育部门与教师负担继续教育经费的基本构成（表5-47）。

表 5-47 中小学教师培训经费来源对比

培训经费的主要来源	人次	百分比（%）
1.财政、教育部门承担	570	25.6
2.社会团体等资助	40	1.8
3.学校提供	1038	44.7
4.教师自己负担	312	21.2
5.培训机构负担	241	5.8
6.其他	21	0.9
合　计	2222	100.00

从五莲县教育局计财科提供的材料看，2017年，该县中小学教师培训经费分配到学校的有203200元，主要来自一些专项经费，如财政贫困县设有的专项资金进行教师培训，经费能够较好地落实。教师进修学校的培训经费往往需要学校自筹，财政上不能够很好地保证。由于经费有限，学校在教师外派培训时相当慎重。学校领导在维护教师参加培训的积极性和承受教师培训经费的压力之间很矛盾。由于教师自筹经费比例较大，因此许多教师参加培养、培训的积极性并不高，特别是完全自费的学历教育，许多教师是为了评职称才不得不参加。

为此，县教育局要求，各级各类学校，在教师教育培训上，要舍得花钱，用于教师培训的经费必须达到学校办学经费的5%以上。每学期各个学校都要精心编制好教师培训经费预算，报教育局审批。为充分调动学校、各级各类骨干教师参加培训的积极性，自2018年起，县级以上骨干教师参加的各类培训费用一律由教育局承担。

（6）五莲县教师发展支持机构。包括五莲县教师进修学校、五莲县教学研究室、五莲县电化教学站与教学仪器站。

五莲县教师进修学校。五莲县教师进修学校不仅要联系省、市教师继续教育机构、基层学校，也要联合教研室、电化教学站与教学仪器站、托幼办等机构，统筹协调开展县中小学教师的发展工作。

进修学校占地52亩，总建筑面积2万余平方米。有教学、办公楼2座，面积9183平方米。家属楼2座，9872平方米。伙房620平方米。微机兼语言实验室二间，教学计算机100台，办公用计算机15台，打印机、复印机4套，手提投影、笔记本一套，数码相机一部，录放像机一套，地面卫星接收系统一套，图书室藏书2.8万册，建有计算机局域网络（市、县教育网）。

学校现有教职工49人，其中专任教师24人。从职称结构看，具有高级职称的教师17人，中级职称的教师22人；从学历结构看，本科学历的教师25人，专科学历的教师16人，教师学历达标率100%；从学科结构看，语文学科教师3人，数学学科教师1人，政治学科教师2人，历史学科教师2人，英语学科教师3人，音乐教师4人，舞蹈教师2人，生物教师1人，心理学教师1人，教育学教师1人，美术学科教师1人，体育学科教师3人；从年龄结构看，30~40岁的教师18人，41~50岁的教师11人，51~60岁的教师20人。在教师进修学校的兼职师资队伍构成中，不仅包括进修学校的教师，还包括教育局行政领导、教研室教研员、省内教育专家学者、高校教师、电教馆与教学仪器站教师和中小学优秀教师、学科带头人。

总体来看，教师进修学校的经费并不充裕，虽然县教育局在资金投入、人员配备、机构设置等方面都给予了重点倾斜，每年投入教师培训专项经费30多万元，但按照"中小学教师继续教育人均基本费用标准暂定为小学教师每周期（5年）700元，中学教师每周期（5年）1200元。中小学教师继续教育经费以政府财政拨款为主，地方教育事业费中专项列支"①和"教师的培训费由学校按照年度公用经费预算总额的5%安排"的规定②，每年应投入250万元左右。专项经费属于专款，只能用于教师培训与差旅费、伙食补助费、资料费和住宿费等开支，不能用作维持教师进修学校日常运转的经费。因此，教师进修学校的基建经费较为紧张，虽然一直想与教研室、教仪站、托幼办合并办公，修建"教师教育中心"，真正实现"四位一体"，实现培训效果最优、培训效率最高，但由于缺少基建经费，制约了该县教师继续教育工作的开展。

五莲县教学研究室。是五莲县教研员人力资源结构。五莲县教学研究室（含教科所，教科所有职能没有人员编制，挂靠教研室）是隶属五莲县教育局的全民副科级事业单位，全室编制25人，在职人员31人，超编6人。设主任1人，副主任3人。其中，办公室1人，小学组4人，初中组7人，高中组12人，微机室1人，财务室1人，资料室1人，司机1人（表5-48）。

表5-48　五莲县教学研究室人员结构情况表

教研员数	业务称号结构				职称结构			学历结构			年龄结构			
	国家骨干教师	省级骨干教师	市级骨干教师	县级骨干教师	高级职称	中级职称	初级职称	其他	研究生	大学本科	大学专科	中专	30岁以下	31至40	41至50	51至60
23	1	10	8	4	16	5	2	0	1	17	3	2	3	7	12	1

从上表数据可以看出，按照教师教育督导标准（高中教师本科学历、初中教师专科学历、小学教师中专学历），县域教研员在此基础上属于高配；年龄实现了老、中、青结合；职称结构应以高级教师、中级教师为主。五莲县教研员人员结构相对合理，业务称号、职称、学历、年龄结构形成梯次，成员主要由基层学校选拔上来的学科带头人、骨干教师组成。省、市级骨干教师占教研员总数的78.3%，高级职称占教研员总数的78.3%，大学本科占教研员总数的77.4%，40岁左右的中青年占教研员总数的82.6%。据该县教育局负责人介绍，全县共有14位省级骨干教师，其中有10位集中在教研室。

---

① 《山东省中小学教师继续教育规定》，第十三条。
② 《山东省农村中小学公用经费支出管理办法》的通知[Z]．鲁财教〔2006〕47号。

五莲县教学研究室主要工作职能是：指导全县中小学和幼儿园开展教育、教学研究，推进课程改革；负责全县中小学和幼儿园优秀成果的评审、鉴定和推广、转化等工作；配合相关科室制定全市中小学和幼儿园课程实施方案，开发、研究和管理地方课程；配合相关科室定期抽查中小学和幼儿园教学常规等。

从职能看，教研室主要负责教育教学工作的研究和指导，负责以学科研究、课堂教学、业务能力提高为载体的教师素质提高工作。实际上，教研室几乎承担了教育局的大部分业务工作。例如，中小学课程开发、教辅资料的编写和统考试题的命制及教学质量分析，优秀成果的评审、鉴定和推广，骨干教师、学科带头人评选管理，全县优质课评比表彰等，在地方有"第二教育局"之称。

五莲县电化教学站与教学仪器站。是教育局的内属事业股级科室。按照政事分开、事企分开的原则，一般将事业单位划分为承担行政职能的、从事生产经营活动的和从事公益公务的三大类。五莲县电化教学站与教学仪器站属于第一类，可以代表教育局行使一定的行政管理权力。其中，各设站长1人，都是大学学历、高级职称；电化教育与仪器管理专业，专门负责维修、安装的专业人员5名；6名外聘的技术人员，负责全县100多所学校教师信息技术能力提升以及信息技术设备的维护和配备工作。

电化教学站与教学仪器站主要职能：负责规划和制定全县中小学校实验室建设以及全县教育信息技术发展规划；负责全县校校通建设、农村远程教育工程建设，指导学校运用现代信息技术和信息资源开发工作；指导学校开展现代教育技术设备的配置、应用、咨询、评估、总结、推广和课题研究工作；负责协调和配备全县中小学校的实验设备和器材；负责培训全县电化教师等。

总体来看，五莲县教师发展支持机构以教师进修学校为主，教研室和电教馆、仪器站为辅，力图实现"四位一体"的功能。这四者均为事业单位，虽然级别不同，但不存在相互隶属关系。教师进修学校是政府一级预算单位，其负责人和领导者由县委决定、县政府聘任，而一般的中小学校负责人是由教育局聘任。这四个机构对基层学校都有指导权兼有行政管理权，但若要召集学校开会、举办培训，则需要教育局局长及分管局长批准，以职成教科代表教育局行文，然后这四个机构再代表教育局具体组织实施。

（7）五莲县教师继续教育质量保障。五莲县采用质量评价法保证培训质量。教师的培训效果要通过教师的学习笔记、学习体会、论文及课堂教学来体现，县教育局要求学校成立以领导班子成员为主要组成人员的评审组，对教师的学习笔记、学习体会、论文及课堂教学等方面进行评价，评出优良中差，然后按等级折算学分。

在质量监控方面，由于五莲县采用了继续教育测评表（由学校和受训者自评）和意见反馈表（受训者对培训机构的后勤、组织、培训过程的建议），培训教师采用问卷的方式了解学员的需求。同时，还在培训过程中采取听课的方式监控培训质量。从表5-49我们查阅的近几年五莲县教师培训问卷调查反馈情况来看，五莲县教师对培训质量和管理的评价还是较为积极的。在培训效果方面多数教师和校长反映，省级培训和外来专家的讲学，使教师受益匪浅。主要表现在：更新了教师的思想观念，活跃了教师的教研气氛，改进了教师的教学方法，对教学管理很有很大帮助。

表 5-49 五莲县中小学教师培训收获反馈对比

培训的最大收获	人次	百分比（%）
1.更新了知识或观念	742	32.6
2.开阔了视野	226	9.9
3.学会了新技术、新方法	557	24.5
4.解决了教学中的一些问题	490	21.5
5.更加了解学生	94	4.1
6.更关注有特殊困难的学生	141	6.2
7.其他	28	1.2
合 计	2278	100.00

（二）黑龙江省鸡东县中小学教师发展支持体系的现状[①]

鸡东县位于黑龙江省东南部，总面积约3243平方公里。下辖8个镇、7个乡（其中有2个朝鲜族乡），人口约33万。2017年，全县生产总值实现约100亿元，一般公共预算收入实现约2.47亿元。全县共有中小学31所，在校生近2万，专任教师2370人，其中高中2所，初级中学10所，九年制学校6所，小学15所。

1. 鸡东县中小学教师培训体系、模式、管理以及质量现状

（1）教育局＋进修。"教育局＋进修"是鸡东县中小学教师培训的主要体系。鸡

---

① 资料来源：参考戚业国教授提供的资料整理而成。

东县教师进修学校师资力量薄弱，中小学教师培训主要由县教育局组织和管理，由进修学校具体代办实施，即构建"教育局+进修"体系。现行中小学教师培训体系采取国家、省、市、县逐级培训，以任务培训为主。即县一级从各乡镇、各学校选拔骨干中小学教师参加省、市、县组织的相关培训。县一级组织开展县一级的培训，然后由参加县一级培训的中小学教师，到乡镇、学校组织开展乡镇一级的培训。中小学教师任职资格、提高培训、全员培训、名校长培训、后备干部培训时断时续地开展，缺乏有效衔接。

（2）集中+远程+自学。"集中+远程+自学"是鸡东县中小学教师培训的主要方式。鸡东县中小学教师培训主要采用以下形式：① 集中培训。主要是中小学教师任职资格培训和国家、省、市举办的任务培训。② 远程研修。参与县教育局与中国教育干部网络学院组织的远程研修。③ 购买光碟翻刻之后发到乡镇，组织教师统一观看；④ 集中中小学教师开展经验总结交流培训，每学期一总结、一年一汇报。对中小学教师每年集中培训的时间、学习时间、自学时间等有明确规定。中小学教师总结交流的组织形式主要有：半年总结会、年度考核会、年计划校长论坛等；对省里送的远程教育光盘，组织观看、点评，包括分学科评、交叉评等。访谈、问卷结果显示，"请进来"的专家集中培训方式比较受欢迎，但由于经费不足近年来基本搁置。

（3）县小组+乡镇小组。"县小组+乡镇小组"是鸡东县中小学教师培训管理的主要方式。为了更好地实施继续教育工程，县教育局成立了县级中小学教师继续教育工作领导小组，局长任组长，分管局长任副组长，教育局有关各科、室、站负责人为成员。并要求每个乡镇学校成立中小学教师继续教育领导小组（校长任组长）。领导小组主要负责中小学教师培训计划的制订、培训指标的选派等工作，培训过程的汇报、调度、协调、管理等。

（4）四多+四少。"四多+四少"现象是鸡东县中小学教师培训的质量基本概况。理论教学多，实际问题研究少；专题讲得多，系统理论教得少；满堂灌较多，互动教学少；素质教育多，能力培养少。

2. 鸡东县中小学教师培训机构、组织、制度、经费现状

（1）鸡东县没有专门的中小学教师培训机构，缺乏专门的县级干部培训机构，不能适应新时期中小学教师成长的需要。

（2）培训内容缺乏针对性。多数中小学教师反映，组织形式单一，培训内容不能适合中小学教师的岗位需要和学校实际，学习形式不够灵活，多数采用的是讲座的形式。教师们普遍认为，在培训内容上，理念较多，解决问题的办法及实际操作较少，特别是不能结合鸡东县农村教育实际情况。中小学教师很难把理论应用到学校管理和课堂教学当中。

（3）培训管理制度不健全，缺乏长远规划和全局意识。第一，培训环节较多，不便于监测管理。第二，培训的过程管理、责任落实不到位。第三，校本培训行为没有规范化，有的学校只是走过场，三级培训没有落到实处。第四，工学矛盾比较突出，一定程度上增加了教师培训管理的难度。一些乡镇领导、教师代表反映，工学矛盾比较突出是中小学教师培训的难点之一。大部分乡镇教师教学工作量大，家庭负担重，培训时间不能保证。

（4）中小学教师培训机会按乡镇和学科分配，按教研组，抽骨干教师参加培训，一般教师走出去的机会较少。农村中小学教师与县城的教师相比，在培训机会的获得方面，处于明显的弱势地位。

（5）经费问题是鸡东县中小学教师培训工作所面临的重要制约因素。培训没有专项经费，县级财政、乡镇财政也没有投入。地方政府对中小学教师培训的经费投入与上级教育部门的要求不相符。

（6）缺乏对培训过程的质量监测和培训效果的跟踪检查，未形成对培训效果进行评估的机制。

校本培训在学校层面还没有形成一种组织行为，学校领导班子缺少一种沟通协调的机制，领导的观念还没有切实转变，教师的积极性不高；多数教师代表认为，县教育局不能对学校的教研活动起到指导、管理的作用。

（三）西部县域中小学教师发展支持体系的现状

三江侗族自治县位于广西壮族自治区北部，总面积约2454平方公里。下辖6个镇、9个乡、9个社区，160个行政村，人口约40.1万。2017年，全县地区生产总值实现约51.83亿元，一般公共预算收入实现约3.98亿元。全县共有中小学35所，在校生近2.7万，专任教师3370人，其中高中2所，初级中学13所，九年制义务教育学校7所，小学21所。

在三江侗族自治县的教师培训体系中，教师进修学校为全县小学教师的培训提供了有力的支持。在这次项目调研中，县教育局、教师代表都认为，县教师培训之所以取得了较好的成效，除了领导重视、体系较为完善等因素外，三江侗族自治县教师进修学校发挥了非常重要的作用。从访谈和实地观察以及进修学校提供的文字材料来看，三江侗族自治县教师发展支持服务体系有以下特点。

1. 教学设施较为完备

虽然该县的财政较为紧张，但仍对教师进修学校的建设给予了较大的支持。教师进修学校的校舍、教学设施、设备还是比较完备的。教师进修学校是和县教育局平行的独立的事业单位，有独立的校园。学校占地面积21亩，建筑面积4657平方米。校园设施虽较为破旧，但功能较全，有综合办公楼、普通教室、电化教室、音乐教室、舞蹈教室、图书室、学员宿舍、食堂、篮球场等。

学校的网络和多媒体建设也为培训教学手段多样化提供了保证。拥有比较先进的笔记本电脑两台，数码投影仪3台，以及数码摄像机、数码照相机、复印机、打印机、扫描仪、VCD、DVD等电教设备，价值约20万元。普通教室都配有电视机、闭路电视接口和网络接口；多媒体教学系统、学校网络系统较为完善，已建成卫星电视接收系统和能与互联网相连接的并与乡镇中心校、中学相连通的计算机网络系统，卫星电视教学系统与"校校通"相连，可与乡镇中心校、中学实现网上教学。电子阅览室有电子图书2.2万册和一批培训用音像资料。

2. 师资力量较强

该县教师进修学校共有教职工25人，专职教师17人，兼职教师12人。专职教师中有本科学历的14人，专科学历的3人，具有高级职称的1人，中级职称的13人，初级职称的3人。教师较高的学历水平为培训质量的提高提供了保证。

在提高教师业务水平方面，教师进修学校一方面注重提高本校教师的业务水平，鼓励教师到省、市参加业务培训；另一方面，注重引进既有实践经验又有理论水平的教师。教师进修学校的龙校长介绍说，以斗江镇中心小学的校长吴秀琼老师为例，他在他们原来学校开展了许多教学改革的尝试，取得了良好的效果，并且对教育理论、教育观念和教育实践都有较多的思考，因此教师进修学校把他调入，充实教师培训队伍。龙校长强调今后学校在引进师资方面将更为注重引进一些具有一线教学经验的教师。

3. 重视校本研修

该县非常重视校本研修，具有较为规范的理论学习制度。如每周三次业务学习时间；每学期初每位教师要选定一至两个学习专题并制订学习计划，每个专题要学习一本理论专著和相关理论文章，并形成个人读书报告和研究论文，在业务研讨会上或校园网上交流。教师进修学校主抓校本研修，强调校本研修、理论学习要贴近学校教育和教师教学实际，如确定了三个专题，新课程标准、有效教学策略和教学评价、研究性学习和校本课程开发，同时学校还指定教学研究参考书目。这些举措推进了校本研修工作，形成了教师进行教学研究的学习氛围，提高了教师的培训水平。

4. 教师参与项目研究的经验较为丰富，能力较强

该县教师进修学校的教师有较强的开展项目研究和培训的能力，曾参加了一些国际合作项目，如世界银行贷款"贫困儿"项目师资培训、联合国"401项目"师资培训、联合国儿基会"爱生学校"教师培训。参与项目合作不仅使教师进修学校的教师更新了教育观念，更积累了项目研究和培训的经验，如许多教师对教育调研方法较为了解。在这方面，三江县教师进修学校的师资队伍呈现出较为鲜明的特色。

5. 培训组织管理较为规范

该县委托教师进修学校负责全县小学教师的培训工作，在组织管理上比较规范。每年学校都有详细的工作计划，并将各项任务分解到人。每一项培训任务也有相应的实施方案。

6. 培训形式多样化，注重培训实效

教师培训的形式主要有短期集中培训和送教下乡，同时也加强对基层学校和教师的业务指导。培训中注重内容贴近教学实际，注重培训实效。如新课程实施培训，在送教下乡过程中，建立了古宜镇中心小学、八江乡中心小学、斗江镇中心小学等8个教育教学实验基地，组织各学科举行学习课程标准、改进课堂教学学术研讨会，并不定期举行专题学术沙龙，同时还邀请知名专家举行学术专题讲座。

7. 采取有效措施保证培训质量

教师进修学校目前在质量管理方面主要是通过继续教育测评表（由学校和受训者自评）和意见反馈表（受训者对培训机构的后勤、组织、培训过程的建议）进行质量的管理。采用问卷的方式了解学员的需求，询问学员的感受，同时还在培训过程中采取听课的方式监控培训质量。

对进修学校教师的工作评价，学校主要是把教师的课程理论水平、专业论文发表质量、课堂教学研究与实践能力、教研活动水准作为考核的主要内容。

8. 积极筹措经费，保证培训的顺利开展

虽然该县对教师培训加大了投入，但财政经费仍然不能满足培训的需要，这也是许多地方教师培训面临的最大问题。该县教师进修学校通过多种渠道积极筹措经费，保证教师培训的实施。学校开展一些社会培训，承担承认学历教育任务，与社会合作开办了中专部。通过这些渠道筹措经费补贴到教师培训上，使教师培训不会因经费短缺受到较大影响。

第二节 县域教师发展支持体系建设存在的问题

一、县域教师发展重视不够

（一）政府层面：重硬件轻软件

近几年，各级党委、政府在县域中小学教师队伍建设方面做了大量的工作。但是，与重视经济发展相比较，有的地方教师优先发展战略尚未真正落实，在教育事业和教师发展中重硬件轻软件、重外延轻内涵的现象还比较突出，主要表现在：

一是财政支出长期以来存在着重经济建设轻公共服务的倾向。发展是硬道理，但发展指标有"硬指标"和"软指标"之分，区域财税收入、计划生育、社会治安等几项是硬指标，教育与教师发展属于"软指标"。县域教师发展的投入与产出需要一个较长的

周期，不能"立竿见影"，而各项建设都急需资金，只能牺牲"软件"的利益。二是地方党委、政府抓教师工作方法简单化。虽然国务院《关于加强教师队伍建设的意见》和中共中央国务院《关于全面深化新时代教师队伍建设改革的意见》明确要求："不简单用升学率、学生考试成绩等评价教师。"但是，受家长与社会压力的影响，个别地方党委、政府依然用升学率作为评价教育和教师的唯一标准。

（二）学校层面：重使用轻培养

一是部分中小学校对如何促进教师幸福成长考虑不多，"重使用，轻培养"的现象比较普遍。甚至个别学校认为培养教师，占用大量的人力、财力、时间和精力，见效慢，是费力不讨好的工程。这从部分调研学校的办公会议纪要可略见一斑（表5-50）。

表 5-50　六所学校办公会研究内容类别汇总表

学校	甲	乙	丙	丁	戊	己	汇总 合计	占比
会议次数	27	29	11	16	25	23	131	100%
汇报布置	18	16	11	11	12	11	79	60.3%
教师成长	4	6		4	10	8	32	24.4%
学生发展	5	7		1	3	4	20	15.3%

二是给老师贴标签。部分学校把教师分成主课教师和副课教师。副课教师在教学上得不到尊重，在福利待遇上是弱势群体，在个人发展上处于弱势地位，业务发展受到限制，进修学习机会少。有些学校在对教师课时量考核时，语文、数学、外语等"主课"的教学课时按实际时间进行统计，而音乐、体育、美术等所谓"副课"的教学课时量按实际课时乘以0.8的系数进行统计。

三是校长引领作用不到位。"一个好校长就是一所好学校"，现实是中小学校长办公桌上大都是文件和会议通知，而办学治校相关的书籍、刊物很少，好读书的校长太少，好读书的教师自然就少。

二、县域教师发展管理体制不顺

（一）政府层面：职责交叉

按照国家规定，县级教育行政主管部门主管全县的教师工作，负责中小学、职业中专、教师进修学校等教师的调配、专业技术职务的评聘、资格认定、培养培训、招聘录用、考核奖惩管理工作以及新教师的培训和转正、定级等工作。但在实际工作中，自中央到地方人事部门也负责教师的管理工作，专业技术职务的评聘、教师招聘录用工作以人事部门为主组织实施，而教师的编制由各级编制委员会办公室负责，形成了多个部门的职责交叉。学校缺乏应有的自主权，人员能进不能出，职务能上不能下，待遇能高不能低，干好干坏一个样。弊端长期得不到有效解决，学校缺乏精兵简政的内在动力。

（二）教育层面：机构重叠

从业务职能分工看，县域教师发展工作分别由不同的机构和部门承担。中小学教师继续教育、指导中小学教师在教学实践中的学习和研究、推动中小学开展教改实验、提供信息技术和现代教育技术的服务支持机构是县教师进修学校；中小学教育教学研究、教育科研成果的转化与推广职能属于教研室；现代教育技术和信息技术研究、指导和技术推广支持机构由电化教育馆负责；中小学教学仪器和实验设备的配备、实验教学的指导与研究、仪器的使用与资源开发的支持机构是教学仪器站。四个部门虽同属县级教育主管部门管理、同为支持教师发展服务的主体，性质、职能和任务相类似，但它们在实际运作中却是分散的，缺乏有机整合。此外，人事科承担教师资格认证与管理，电大站还承担着中小学教师学历提高的任务。这样，工作职能的交叉重复，容易引起冲突与摩擦。据山东省教育厅提供给我们的资料显示，这种情况在县域比较普遍。截至2017年12月，全省只有济南、威海和淄博市部分县（市区）按照教育部要求，着力推动整合教师培训机构、教研室、教科所（室）、电教馆的职能和资源的工作，按照精简、统一、效能原则建设研训一体的市县教师教育机构。

三、县域教师编制城乡倒挂

中央编办、教育部、财政部《关于统一城乡中小学教职工编制标准的通知》规定

"将县镇、农村中小学教职工编制标准统一到城市标准,即高中教职工与学生比为1∶12.5、初中为1∶13.5、小学为1∶19",同时,国家规定"中小学根据教育教学规律和教学要求安排班额,并根据班额组织教学班级。原则上普通中学每班学生45~50人,城市小学40~45人,农村小学酌减,具体标准由各省(自治区、直辖市)根据实际情况确定"。但是目前,我国小学阶段生师比是:城市19:1,县镇21:1,农村小学23:1;中学阶段生师比是:城市13.5:1,县镇16:1,农村18:1。[①]有专家曾撰文,国家规定的师生比例只有学生规模达到300人时才适用。如,山东省五莲县的教师数量是超编的,但实际情况是教师仍紧缺。该县属于山区县,人口居住分散,学校分布也很分散,虽然采用复式教学模式,但要把所有的课程开齐需要一定数量的教师。我们调查了其中一所小学,有87名学生,7个教学班,11名教师(平均年龄51.6岁)。按照国家规定的农村学校师生比(1∶22-23)计算,该校属于超编单位。但事实上,该校教师教学负担很重,有7名教师由于工作太忙,参加工作以来从未参加过培训,更没有听过县级以上公开课。

四、县域教师职称评聘岗位不足

县域义务教育阶段中小学教师职称等级岗位设置分为高级、中级、初级三个等次,存在的主要问题是:高级职称长期岗位不足导致职称评审积累的矛盾日益突出。2015年人力资源社会保障部、教育部关于印发《关于深化中小学教师职称制度改革的指导意见的通知》要求在中小学教师职级改革中要关注教师的思想品德、业务能力、教学水平、个人声誉等,设岗比例有所增加。但很多县域中、小学、幼儿园教师高级职称设岗比例均不得超过15%、6%和5%。每当学期评职称时,够条件的教师总是想尽办法去争取那几个永远也不会宽裕的指标名额。有很多干了30多年的老教师,到退休时仍评聘不上高级职称,退休工资和同一时期参加工作的评上高级职称的教师相差近千元。职称工资在教师工资中占很大比重,教师职称高低直接关系工资的高低。如何妥善处理已评未聘教师和新申报评聘教师比例划分问题,解决年轻教师职称评聘无望的问题,缓解因职称评聘给广大教师造成的巨大的心理和工作上的压力问题成为迫切需要解决的课题。

---

① 《国务院办公厅转发中央编办、教育部、财政部关于制定中小学教职工编制标准意见的通知》[Z].(国办发〔2001〕74号).

五、县域教师培训制度有待健全

（一）县域教师培训机会不均衡

县域中小学教师培训机会配置不均衡，层次差异、城乡差异和学校差异比较明显。调研中，校长和教师反映：一是培训机会总是集中在少数人身上，越是大学科骨干教师培训机会越多，越是一般教师培训机会越少；二是农村教师培训机会少。农村教师与县城的教师相比，在培训机会的获得方面，处于明显的弱势地位。访谈中有一位教师说："我工作了7年，只参加过一次乡学区组织的新课程培训。"三是少数学校和教师将培训视为负担，在"国培计划"实施过程中有时出现这样的"怪象"：不管是什么培训，某些学校的教师总是那么几张熟悉面孔，被大家戏称为"培训专业户"。这种现象在对山东省五莲县2018年中小学教师不同业务层次获取培训机会的对比调查中可以一目了然（参见表5-51、表5-52）。

表5-51 山东省五莲县2018年中小学教师不同业务层次获取培训机会对比表

业务层次	省级骨干	市级骨干	县级骨干	校级骨干	一般教师
调查数量	17	109	123	167	124
参培次数	19	86	52	41	21
百分比	111%	79%	42.3%	24.6%	16.9%

从表5-51可以看出，县域中小学教师业务层次不同，获得培训机会不同，按照梯度依次降低，形成巨大反差：省级骨干教师的培训机会为111%，相当于县级骨干教师42.3%的两倍多，县级骨干教师的培训机会为42.3%，相当于一般教师16.9%的两倍还多。

表5-52 山东省五莲县2018年中小学教师不同业务阶层、不同地域获取培训机会对比表

层次	省级骨干		市级骨干		县级骨干		校级骨干		一般教师	
分布	县城	乡镇	县城	乡镇	县城	乡镇	县城	乡镇	县城	乡镇
调查数	8	11	59	78	67	77	58	62	54	46
参培数	15	9	48	39	37	15	21	20	17	4
百分比	188%	82%	81%	50%	55%	19%	36.%	32%	31%	8%

从表5-52可以看出，同一业务层次的五莲县中小学教师培训机会县城大于乡镇且按照梯度依次降低，形成巨大反差，同为市级骨干教师的县城与乡镇培训机会不同，县城为81%，乡镇为50%。

（二）县域教师培训缺乏有效的过程监管

一是教师培训的过程管理责任落实不够到位。有的教师反映培训过程中的责任缺失，培训教师有早退晚来的现象，班级纪律的维持也不到位，有的班主任到班里走一趟后就离开了，存在不负责任的现象。二是培训内容没有及时强化。培训结束后，没有及时对教师所学习的内容强化。教师培训结束后组织闭卷考试，但是监考不严，存在相互抄袭现象，大部分教师认为是走过场。三是缺乏培训后的跟踪指导。教师的成长和发展需要一个过程，需要专家的及时指导和点拨。有老师反映："所谓跟踪指导，就是上交一次性作业，非常希望得到培训机构的长期跟踪点拨。"

六、县域教师管理存在行政化现象

从20世纪50年代开始，国家为了加强中小学教育，采取的措施之一就是赋予校长一定的行政级别，例如，一中为副处级单位，二中、三中等为正科级单位，实验小学和聋哑学校是副科级单位，这一做法在全国十分普遍。随着中小学行政级别的强化，县直部、委、办、局和乡镇的干部"空降"升任学校校长、书记、副校长、工会主席的情况日益增多。致使一些校长、书记"官僚气"越来越重，"人文气"越来越淡，离"书生气"越来越远，从而一定程度上诱导部分中小学教师热衷当官，不热心教学和科研。加之，"全国近79%的教育局长由乡镇长和其他行政岗位转任而来"，[1]他们没有从事过教育教学工作，在处理政府与学校关系上，体现在政府将学校作为行政机构的延伸部门来管理，对教师、校长统得过死，管得过硬，致使学校办学自主权越来越小。

---

[1] 从春侠. 困境与超越：教育局长角色研究[M]. 北京：新华出版社，2010：34.

七、县域教师发展缺乏高端人才引领

（一）名师再成长机制欠缺

学校骨干教师主要由两部分组成：一部分是各级教育行政部门授予的骨干教师、学科带头人、教学新秀、名师、特级教师，另一部分是拥有高级职称的教师。在调查中发现有一个特殊现象，山东省很多县的教师评上职称或荣誉称号后就慢慢隐退了，有些属于英年早退，没有发挥他们辐射、带动的"张力"作用。当我们探讨"当你40岁左右被评为高级教师或特级教师以后，你还要什么和能做什么"问题时，很多身在其中的"名师"茫然不知如何回答，出现了教育领域的"40岁"现象。据了解，出现上述现象的主要原因：一是教育行政部门与学校缺乏培养更高水平名师的追求；二是没有给名师搭建继续发展的平台，没有建构适合名师发展空间与发展梯次的机制，也就是说，名师成长缺乏再成长的相关制度支持；三是担心名师过于冒尖而难以驾驭，甚至流失；四是担心对名师实行特殊政策会引起其他教师的不满，影响教师团队的积极性；五是在情感上缺乏对名师的关爱。如果没有相应的再成长生态机制，势必会导致他们产生惰性。

（二）边远学校优秀教师流失严重

由于普及高中学段教育，高中教师紧缺，山东省很多县采取"先高中、后初中"的策略，高中缺教师就从初中选调。年复一年，初中的优秀青年教师便基本被选调光了。在山东省很多边远贫困县有一个不能回避的现实是，一些边远的农村学校现在成了城里学校的教师培养基地，总在培养人才，却总也留不住人才。这样新教师进不去，年轻教师又外流，优秀师资匮乏成为校本培训的另一个难题。

（三）教师队伍"群山无峰"

县域中小学教师总量很大，但是人才资源中存在的两个1%现象。第一个是硕士学位的教师占教师总量的1%左右；第二个是省级骨干教师（含市级名师）仅占教师总量的1%左右，形成教育人才凹地，"群山无峰"导致教师缺乏名师标杆与引领，致使教育竞争力和内涵扩张力下降，这在普通高中学校表现得特别明显。在采访中，该教研室负责人告诉笔者："现在，教育最重要的问题是缺人，缺优秀人才，缺教师发展领军的帅才。"

八、县域教师培训机构发展定位不准

按照常规的思考，县级教师进修学校应该成为教师发展和教学改进最有力的支持机构，但实际情况却与我们的预期相差甚远，全国大多数县级教师进修学校面临萎缩的尴尬境地，能够保留原有职能的已经不多，很多都转为普高或职高。有的县虽然保留着教师进修学校的牌子，但是与技校、职业教育等资源整合后更名为职教中心，有的办复习班。目前，县级教师培训机构大致分为以下四种类型：一是"单一型"，由原来的县师范学校转制为教师进修学校，以中小学教师非学历培训为主，功能单一。二是"双抓型"，在县级电大的基础上新建教师进修学校，"一个机构，两块牌子"，各类学历提高培训和中小学教师非学历培训"两手抓"。三是"附属型"，现有师范学校设置师训部门，从事区域内中小学教师非学历培训。四是"整合型"，将原师范学校、电大、教研和电教等部门进行资源整合，成立县级教师学习与资源中心。山东省五莲县教师进修学校就属于第二种类型，虽然保留着教师进修学校的牌子，但是与技校、职业教育等资源整合后更名为职教中心。该职教中心办公场所狭窄，教学设备比较落后，教师队伍建设不完善，职能发挥不充分，县级师资培训工作除了在进修学校开展，还会在一中、二中、实验小学等县直学校进行。县级教师进修学校普遍存在"守成有余，发展不足"的办学方向重新定位问题。

第三节　县域教师发展自身存在的主要问题

一、县域教师群体结构的问题

（一）小学女性教师数量过多

截至2017年，全国女性教师占全国教师总数的65.82%，县域幼儿园、小学教师性别比例失调，分别占比97.94%、62.13%。一方面女性教师比例过高，产假、家务等时间增多，致使很多教师外出学习的时间减少，加重了学校管理成本，大量的时间需要做沟通交流。另一方面女教师虽然情感细腻、亲和力高，有爱心、耐心，但孩子成长长期在女性为范本的环境下,有可能让部分孩子展现出柔弱、胆怯等个性。

(二)小学教师年龄结构偏大

截至2017年,县域小学教师40岁以上人数占到专任教师总数的70%以上。访谈中有一位小学校长告诉笔者:"目前,在农村教学第一线上课的小学教师,大部分是20世纪七十、八十年代加入教师队伍的民办教师,现在已经进入退休高峰期。如不及时补充新教师,再过五年,农村有些小学会出现无教师的断层现象。"社会流传:"爷爷奶奶教小学,叔叔阿姨教初中,哥哥姐姐教高中。"虽然有些偏颇,但是也从一个侧面折射出县域的师资年龄结构状况。

(三)学历"含金量"低

县域57%的中小学教师的最高学历是通过学历补偿教育而取得的,还有部分是回归故地的师范毕业生和"土生土长"转正的民办教师,县域高中、初中、小学专任教师拥有研究生、本科、专科学历的人数比例远远低于全国的平均水平。学历层次低不仅制约了教师总体科研能力,进而影响教育质量和效果,而且不适应素质教育的需要。

(四)初级教师职称所占比重过大

截至2017年,县域中教二级以下职称教师占中学教师总数的49.1%,其中高中教师占52%、初中教师占46.15%、小学教师占总数的43.6%。初级职称的教师过多,一方面说明这些教师教学经验不足,教学和科研成绩不突出;另一方面也暴露出县域教师职称评定过程中有可能存在弊端。

二、县域教师个人因素问题

(一)理想信念不够坚定

成为"四有"好老师,做学生健康成长的引路人,既是党中央对广大教师的殷切希望,也是教师成为让人羡慕的职业的前提。在被接受问卷调查的1220名县域中小学教师中,20.4%的教师热爱教师职业,46.9%的教师认为教师职业仅仅是谋生的手段,另有32.7%的教师不热爱教师职业。当问到"如果有其他职业可以选择时",77.4%的教师愿意改行，只有23.6%的教师愿意终身执教。这说明县域中小学教师的教师职业理想状况不容乐观。增强县域教师的事业心，强化教师队伍的职业责任感，提高他们的工作积极性，成为新时代县域教师发展迫切需要解决的课题。

（二）安于现状、缺乏创新意识

部分中小学教师缺乏"超前意识、发展意识"，主要表现在：一是存有"等、靠"思想，学习提高依靠领导与上级安排；二是存有"小富则安，小安即满"心理，认为自己职称评上了，荣誉得到了，追求更高层次的动力不足；三是独立思想与问题意识缺乏。少数教师往往被教育行政部门、教研室、校长等"权威概念"淹没，缺乏发现问题、生成问题和解决问题的独立思想意识，更缺乏批判思维。

（三）教学沟通、反思欠缺

教师这一职业是要求人际互动极强的职业。良好的人际关系，是教师减缓压力的重要因素，是教师发展的重要基础。但在调研中部分教师认为，教师的工作就是写写教案，上上课，改改作业。只要把教案写周全了，把课讲到位了，把作业改细致了，就算把任务完成了，至于沟通交流那是学校领导与班主任的事。几乎人人都明白教学反思是自己进步的重要手段，但调查中发现，如果没有制度压力的话，很多教师就没有"一省"甚至没有"省"，少数教师甚至把反思当成一个任务，一种负担。

（四）学习缺乏内在动力

彼得·圣吉曾说未来唯一持久的优势，是你有能力比你的竞争对手学习得更快。作为一名县域教师，必须善于学习，终身学习。但调研发现相当一部分教师对学习不感兴趣，问其理由，很简单——忙，如果忙于备课、上课、批改作业、辅导，忙于班级管理等，还是有目的、有价值的忙，但也有少部分教师忙于上网聊天，忙于打电子游戏，忙于看电视剧等。因为忙，教师们无暇顾及学习，更有个别教师甘心做"半瓶子醋"，过一天算一天。

（五）教育科研急功近利

霍姆林斯基曾说，如果你想让教师的劳动能够给教师带来乐趣，使天天上课不至于变成一种单调乏味的义务，那你就应当引导每一位教师走上从事教育研究这条幸福的道路上来。教育科研是现代教育的重要标志，是提升县域教师水平的重要手段。为此，新课改倡导"学校即研究室，教师即研究者"的理念。调查中发现，开展真研究的教师居少，凭经验教学的教师居多。部分教师急功近利，为评职称而搞科研，一旦职称问题解决，科研工作也就宣告结束。更有甚者是只要科研是对自己有利，就努力争取、积极参加。反之，则置之不理。

第四节　影响县域教师发展的因素分析

恩格斯指出，应该把客观世界看作一个统一的、互相关联的系统。采用系统的方法来分析，县域教师的发展是在大环境中发生的。本节将从教育系统外部、内部与自身三个角度，从制度、结构、运行三个维度，从宏观和微观两个层次对影响县域教师发展的因素进行分析，并吸收其他学者的研究成果，以期得出有价值的基础结论。

一、影响县域教师发展的外部因素分析

县域教师发展面临的环境是复杂多样的，有些环境因素是可控的，而有些环境因素是不以人的意志为转移的。主要表现在：一是影响县域教师发展的因素是多层次、多结构的；二是县域环境对教师发展的影响主要是通过教师发展的物质与非物质等诸要素表现出来；三是对县域教师发展产生作用的各个因素并不是均等的，而是良莠不齐的，有的因素对教师发展起正向作用，有的起负向作用，有的直接施加影响，有的间接施加影响，有的很具体，有的很抽象。

下面只着重探讨县域的环境与个体对教师发展有着直接影响的有关因素，这些因素主要包括县域的自然环境（人口变化因素）、社会环境、政治环境、经济环境、师资结构等。当然，这样做并不是不重视间接因素对教师发展的影响，从哲学角度看，直接因素、间接因素在一定条件下相互作用、相互转换，某些间接因素在一定条件下可以变成

影响教师发展的直接因素。

（一）县域人口变化影响教师发展的规模布局

现代社会生产力的迅速发展使人与教育的相互联系日益增强，世界各国经济现代化的过程都是与发展教育、提高人口质量的过程相并行的。我国县域教师的规模和结构不仅受当地社会经济条件的制约而且与人口变化有直接关系。人口和教师是相互关系的一对范畴，叶澜教授认为，人口增长率过高会使教育经费和师资力量平均水平降低，不仅影响教育的规模和结构，而且影响教育质量。[①]县域人口构成情况，包括其基数、增长速度和年龄构成，影响县域教师发展。这是因为：一方面，县域的人口数量是确定县域教师数量与质量的基础因素。如果人口增长过快，就需要为更多的适龄儿童解决教育等问题，必将占有更多的教育资源，从而相对减少了县域教师发展资源；另一方面，如果以县域教师为代表的主要教育生产要素跟不上，就会导致入学率和升学率降低、文盲率升高。县域人口变化，对县域教师的客观需求，决定着县域教师的数量、质量与走势。县域人口与教师发展是相互影响的关系（如图5-62所示）。

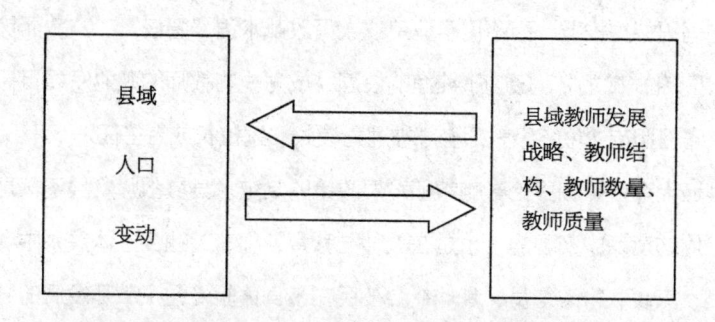

图5-62　县域人口与教师发展相互影响模式

（二）县域社会环境影响教师发展价值追求

县域社会环境广义包括整个社会、经济、文化体系；狭义仅指人民生活的直接环境，如社会文化与社会心理方面等。县域社会环境对教师发展起着重要作用，当然，县域教师的教育活动对社会环境具有反作用。从县域教师的视角来看，社会文化与社会心

[①] 叶澜. 教育概论[M]. 北京：人民教育出版社，2006: 101-103.

理因素包括是否尊师重教、人们对教师社会地位的认知及社会环境里最主要的价值取向等。

一是县域尊师重教文化传统影响教师行为方式。山东省是儒家文化的发源地，受儒家文化的影响，该省尊师重教的社会风气一直比较浓厚，近几年该省各个县（市区）加大教师表彰力度。大力宣传教师中的"时代楷模"和"最美教师"。开展教学名师、教学成果奖评选表彰，重点奖励贡献突出的教学一线教师。县域的尊师重教传统极大地激发了广大教师的工作积极性、创造性。

二是县域社会对教师社会地位的认知影响教师价值追求。市场经济对人们的价值观念产生巨大冲击，金钱、利益和竞争等观念渗透到县域的政治、经济、文化生活的各个方面。调查中，有位45岁左右的农村教师告诉笔者："我是一名小学教师，而且是拥有近25年教龄的老教师，每月只发4100多元工资，心理很不平衡，真想到城里去或改行。"事实上，持有这种价值追求的县域教师还比较普遍，这直接导致该县大量的优秀师资流向经济发达地区，形成县域教育"人才凹地"现象。

三是"教而优则仕"思想影响教师发展目标。受社会风气影响，学校中也有一个官场用惯了的词语"提拔"，而不用事业单位人员改革术语"聘任"。"教而优则仕"观念深入到人们的血液之中，影响了纯净的校园，成为一些教师的职业发展目标追求。调查发现山东省日照市29位特级教师全部被聘为校长、副校长或者主任。

四是县域大众传媒和舆论影响教师发展政策的制定。县域教师发展不仅是在教师与教育内部主体的意识中实现的，也是在教师与教育外部有关社会主体关系中实现的。县域社会成员、家长、行政官员、其他社会公民在亲身体验受益于教师发展的同时，也会对县域教师发展政策产生大体上的判断，引发他们对县域教师发展的思考。他们的言论会深刻影响县域教师发展政策决策的内在机理（参见图5-63）。

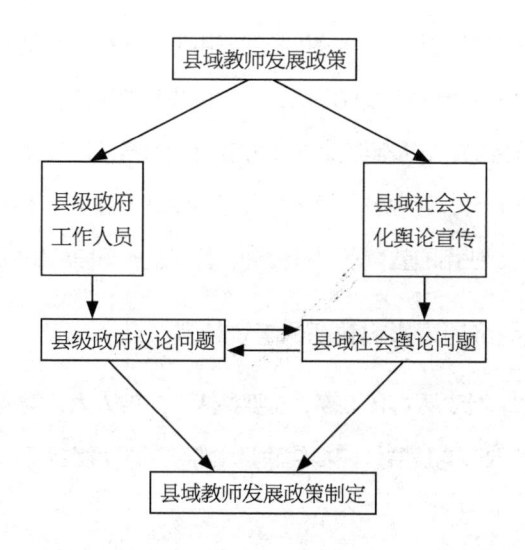

图 5-63　县域社会文化舆论对教师发展政策的影响图示

（三）县域政治因素影响教师发展积极性

任何社会成员或组织都必须以一定的方式与政治发生关系，教师发展作为一项社会事业，深受政治环境的影响，体现着该社会的政治特征。

一是县域政府的职能及其经济增长偏好影响着教师发展。《宪法》法律规定："县人民政府是县人民代表大会常务委员会的执行机关。"明确地规定了县政府在当地政治、经济、文化、社会事务中的领导与核心地位。可以这样说，县域的教育依赖于县政府的决策，它包括教师发展全局性、战略性的重大问题。当然，在我们调查过程中，发现与其他价值相比，经济增长在政府领导的思想中，无疑还是一个核心价值。

二是有关教师发展的重大政策的制定影响着教师的发展。2018年1月中共中央国务院《关于全面深化新时代教师队伍建设改革的意见》印发后，27个省市区和新疆建设兵团结合实际，相继出台《关于全面深化新时代教师队伍建设改革的实施意见》，各县（市区）上下协同，加强了政策的整体性、连续性设计。

三是教育干部的选拔任用影响教师发展。县域教育局属于县人民政府组成部门，其局长、党委书记、副局长、党委成员以及全县副科级以上的学校校长，包括教师进修学校校长、党总支书记、副校长、党总支成员，教研室主任、书记的任免与聘任由县人民政府负责。调研中，时任全国人大代表、山东省教育厅巡视员的张志勇曾深有感触地说："一些地方在教育局局长、学校校长的任用上，往往不尊重教育工作的专业特性，致使一些不懂教育的人走上了教育局局长、学校校长的岗位。这些教育管理者缺乏教育的专业知识和实践经历，在按照教育规律办教育和科学发展教育方面缺乏动力，往往用管理经济的办法管教育、管学校、管教师，导致发展不健康、不科学。"这从一个侧面折射出县政府选拔、任用的教育干部对教育、教师起着重要的影响和作用。

（四）县域经济因素影响教师的工资待遇

无论什么时代，什么人办什么事，总要投入一定的人力、物力和财力，正如叶澜教授所言："教育的改革与发展，归根结底是由经济的发展水平所决定的。"[①]县域教师发展也不例外。

一是教师工资待遇偏低导致教师流失。近几年来，县域教师工资、待遇虽然逐步提高，乡镇教师教师工资发放有了保障。但是，与经济发达地区教师工资待遇相比，县域教师特别是偏远、欠发达地区的乡镇教师工资收入还存在很大差距，存在工资待遇"凹地"（见表5-53）。受经济利益驱动，一部分学历高、有能力的中青年教师，在其他地区优厚待遇的吸引下离岗外流。根据调查统计，边远贫困地区县每学期初都有教师外流，范围由县城学校蔓延到农村中小学。由于外流教师绝大部分是一线优秀中青年骨干教师，导致这些地方中小学教育质量出现滑坡，生源开始流失。

二是县域教育投入状况影响教师工作与学习条件的改善。当前形势下，学校特别是欠发达地区的农村学校，教师工作、生活环境相对单调和落后，教师工作积极性普遍较低。边远贫困地区的学校由于经济发展基础薄弱，在县域有限的财政资源下，政府用于发展教育的投资基本上是限于保工资，大多数乡镇学校的教学设施陈旧且简单，学习条件非常艰苦，甚至老师做演示实验的条件都没有。2018年，我们到四川省凉山州的喜德县洛莫小学调研，尔古校长谈及办学面临的困难，学校因为条件的限制，买不起一口给学生做饭的电锅而学生不得不自己去山上砍柴，买不起一个电热水器而师生冬天都是用冷水洗漱。教学设施简陋和物质短缺导致教师无法运用某些专业教学设施组织教学。

三是县域教育投入状况影响教师继续教育的投入。县域教师继续教育离不开经费的

---

① 叶澜，郑金州．教育理论与学校实践[M]．北京：高等教育出版社，2000：101．

支持，如聘任讲课教师、图书资料的更新与添置等等。但事实上，由于经济欠发达、财政困难，县域财政没有将教师继续教育专项经费纳入预算。某乡镇初中的胡校长告诉笔者："从近两年农村新课改教师培训实践来看，普遍存在投入不足、缺少专项经费以及经费没有统一标准和固定来源的问题。"

表 5-53 2015年各区域中小学教师平均薪酬比较表

地区	薪酬	薪酬
华北地区	北京教师平均工资7190元/月	河北教师平均工资3700元/月
	天津教师平均工资5220元/月	山西教师平均工资3300元/月
华东地区	上海教师平均工资7090元/月	山东教师平均工资4100元/月
	杭州教师平均工资6280元/月	安徽教师平均工资3700元/月
西北地区	西安教师平均工资5100元/月	宁夏教师平均工资3800元/月
	兰州教师平均工资4400元/月	甘肃教师平均工资3600元/月
华中地区	武汉教师平均工资5790元/月	湖北教师平均工资3780元/月
	长沙教师平均工资4870元/月	河南教师平均工资3100元/月
东北地区	沈阳教师平均工资4490元/月	吉林教师平均工资3200元/月
	哈尔滨教师平均工资4190元/月	黑龙江教师平均工资3114元/月
西南地区	重庆教师平均工资5230元/月	云南教师平均工资3700元/月
	成都教师平均工资4760元/月	贵州教师平均工资3618元/月
华南地区	广州教师平均工资5890元/月	广东教师平均工资4750元/月
	深圳教师平均工资7020元/月	海南教师平均工资3750元/月

二、影响县域教师发展的内部因素分析

（一）县域教育行政部门的工作影响教师发展的目标、信心

在教师发展过程中，县域教育行政部门始终处在一个承上启下、举足轻重的关键位置，虽然它本身并不直接参与教师教学能力发展过程。它对教师发展的主要影响表现在以下几个方面：

一是教育规划影响教师发展的目标、方向。教育行政部门的教师发展规划是确定教师发展目标的基本依据，不仅会使中小学教师明确并认同自己发展的方向、路径及努力

的结果，而且会直接影响到县域教师整体发展的方向、速度与质量。调研中，五莲县教育局负责人介绍说："我们在年轻教师培养上，侧重于讲台，引导教师从为师之日起，就有一个奋斗目标；在中年教师培养上，我们则侧重于科研教学，用激励机制促其获得更大成绩；对于年龄偏大的教师，侧重于要求他们对青年教师的'传、帮、带'。"

二是教育干部的选拔影响教师发展信心。五莲县教育局所属的17个科、室、办、站以及所领导的全县300多股级校长、副校长、中层教育干部是全县教育事业与教师发展的骨干力量，他们的任命由县教育局负责。这就决定了县教育主管部门在教师发展方面具有无可比拟的影响力，在教师发展事务中处于领导与核心地位。

三是激励机制建设催生教师成长。据了解，为建设一支高素质的教师队伍，推动教育事业再上新台阶，黑龙江鸡东县教育局先后出台了《加强教师队伍建设的意见》和《名师、名校长、名班主任工作实施意见》。其中，专门提出要把培养名师、名校长、名班主任作为教育局工作重点来抓，通过建立一系列制度措施，树立标杆，培养造就一大批名师、名校长和名班主任，并充分发挥他们的"放大"和"催化"作用，带动全县教师队伍提升。在昆明市呈贡区举办的"与名师同行"互动中，一位教师说："一枝独秀不是春，百花齐放春满园。教育局给我们搭建了脱颖而出的平台，营造一种人人争先的氛围，希望多提供这样的活动。"

四是工作人员素质影响教师发展工作的推进。县域教育行政部门工作人员素质是个人综合品质和修养的表现，小处讲它事关教师发展的决策力、执行力、监督力、指导力，大处说事关县域教育与教师改革发展的大局。俗话说"火车跑得快，全靠车头带"，作为教育局机关的工作人员在推动全县教师队伍发展方面应具备哪些素质呢？呈贡区教育局负责人认为是：有理想，想做点事；有能力，能做成事；有执行力和毅力，能干成事。

（二）县域教师培训机构影响教师发展的质量

随着教育体制的改革，县域教师培训机构呈现出了多元化的发展趋势。但是，在县域教师发展过程中，县域教师进修学校占有重要地位，发挥着重要作用。

一是资源整合，提供优质服务提高教师参加培训的积极性。要提高教师参加培训的积极性，实现培训效果最优的目标要求，必须将县教师进修学校有限的硬件、软件资源整合，各部门各司其职、相互配合，形成合力，发挥1+1＞2的效果。

二是培训内容选择提升教师培训的质量。如果说硬件是参训教师的物质食粮，课程就是参训教师的精神食粮。日照市骨干教师崔艳玲说："5天的培训转瞬即逝，但它带给我的影响却是深远的，观摩了几位优秀老师的示范课，聆听了许多高水平老师的讲座和评课老师的精辟点评，更进一步了解和掌握了新课改的发展方向和目标，那些对教育教学工作很有造诣的专家们以鲜活的实例和丰富的知识内涵及精湛的理论阐述，使我的教育教学观念和业务素质得到进一步提高，收益颇丰……"

三是培训教师的素质引领教师精神境界。县教师进修学校的授课教师的能力和水平是影响培训效果和质量的决定因素。一名优秀的培训教师，不仅要有深厚的理论功底，同时还要有丰富的实践经验。对此，国家课改专家、华中师范大学郭元祥教授认为，课堂上有两本书，一本是有字的'课本'，另一本'无字书'就是教师的个人魅力和吸引力。教师在课堂上能否常常微笑、声音动听、眼神生动，能否吸引受教育者的注意力，能否使学员愉悦并对课堂充满兴趣，这些都是'无字书'的内容。从另一个层面来说，'无字书'还会对受教育者的性格、习惯及某些终身能力的形成产生影响。

四是校本研修机制影响教师培训效益。县教师进修学校不仅对教师培训进行管理和服务，而且还要对辖区内校本研修活动进行监管、指导和服务，指导学校制定研修目标、健全组织机构、完善管理制度，使校本研修工作有序高效运行。对此，五莲县职工子弟学校魏校长介绍说："县教师进修学校要求我们校本培训建立目标导向机制，健全机构，强化组织管理，做到事事有人管，人人有事做。但在各项管理中，我们困惑的是对校本培训效果如何进行评价，因为它是激活教师发展的动力，这需要加强指导。"

（三）学校影响教师发展的行为方向

教师的发展需要在真实的教育环境中进行，教师发展必然和学校内各种活动因素发生关系，这些关系就构成了教师发展的学校环境，这个环境或促进或阻碍教师发展。

一是学校的文化氛围影响着教师的归属感。教师在学校中的时间约占每天时间的1/3，民主、积极、合作、开放、竞争、多元的文化氛围对教师发展有着最强有力的影响。昆明市呈贡区王老师认为："在一个好的环境之中，自己的专业会不由自主地成长起来，反之如果没有一个专业发展团队学习环境，自己的发展会淹没其中。"另外一个老师则告诉我们:"我们学校死气沉沉,一到周一早上我就紧张,不愿意去学校上班。我们老师多么希望学校'少点评比,多点引领','少点竞争,多点合作'。"这两位老师的语言反映了学校文化氛围影响着教师对学校有无归属感的作用。

二是清晰的目标和多样化方式影响着教师教学技能。"凡事预则立,不预则废。"研究表明,清晰的发展目标和多样化方式是有效促进教师发展的重要方面。学校如果缺乏教师发展的规划设计意识,对教师要达到什么目标、现在处于什么阶段等问题都是模糊的话,那么教师表现在工作和行为上,就是单纯被动的服从,以完成任务为目标,没有多少自己的追求,发展是比较被动的。因此,学校制定好教师发展规划后,运用多样化手段促进教师发展,是有力推动教师发展的重要方式。鸡东县韩老师说:"学校给我们预设的发展目标是追求'科学种田',并为此举办了'我与名师肩并肩'活动,促使我们开始思考下一步的目标。我给自己的专业发展定位是做一名省级教学能手!也许我没有勇气将这个目标告诉同伴朋友,也许我的理想永远无法变成现实,但是,为了清晰的发展目标孜孜追求的过程本身就是一种幸福。"

三是榜样引领影响教师的行为。由于榜样人物工作、生活在教师身边,教师会比较自然地以身边榜样人物的人生道路来校正自己的人生轨迹。山东省特级教师陈老师告诉我们:"刚参加工作遇上好同事是我的福气,是一生中极大的幸运。刚刚入门时期,初为人师的头三年,榜样的示范、引领至关重要。当年如果没有于老师、袁老师、吴老师和盛老师这些名师榜样的培养、引领及细心的帮助,我可能很快被淹没在熙熙攘攘的人流中,成为一辈子教书却不知道书味的人。"学校树立的榜样人物,对教师来说是看得见摸得着的。榜样人物的言行教师一清二楚,他们的事迹教师非常了解,他们得到的荣誉教师明明白白。因此,榜样影响教师的行为。

四是校长引领助推教师发展。一个好校长成就一所好学校,校长是一所学校的灵魂,是学校发展的引擎。校长引领学校的发展体现在指导教师的发展上,体现在引领教师的学习上,正如李瑾瑜教授所言:"校长想让教师参与学习,必须有一些方法进行激励。但在所有的激励因素中如果校长不学习,他就不能引领别人成为学习者。"这不仅是基于校长的责任与使命、专业化发展的时代需要,而且也是校长自我提高、自我完善的要求。

三、影响县域教师发展的自身因素分析

成长需要动力，不仅需要外在的动力，更需要内在的动力。县域教师从入职开始就不断被亲人、朋友、学生、师长、领导鼓动去追求成功与发展，但这是外力；内力是县域教师自身的思想、经验和行为等因素，影响着个体成长。下面我们将从县域中小学教师自身因素来进行研究，分析哪些因素影响着县域教师的发展。

（一）职业理想影响教师的幸福感

列夫·托尔斯泰曾经说过，理想是指路明灯。没有理想，就没有坚定的方向；没有方向，就没有生活。职业理想反映了县域教师如何看待自己的职业，是否对教育教学有热心与积极地投入。当一个教师视教师为理想的职业时，他就会全心全意、舍身忘我、主动进取，虽苦犹乐，体验着教师职业带来的快乐与幸福。反之，如果不热爱或厌倦教师职业工作，就会三心二意、得过且过，感觉备课很痛苦，搞科研很痛苦，写论文痛苦，即使付出了劳动和汗水也不会感受到幸福和快乐。

（二）发展意识影响教师发展方向

第斯多惠曾言："凡是不能自我发展、自我培养和自我教育的人，同样也不能发展、培养和教育别人。"[①]县域教师发展是一种基于意识的行为，只有当县域教师想发展而且认为能够发展，教师才能找到自己的发展目标和方向。对此，五莲县名师王亮雪认为："有一句话说得好，干一行，爱一行，我不知道我将来会不会成为名师，但心理上感觉在努力，尽我心去做一名教师应尽的一切义务和责任。"在县域有这种意识的教师不在少数，县域教师这种理想意识深深地影响着他们对未来发展和努力方向。

（三）问题意识影响教师反思

县域教师的反思与问题意识是密不可分的，县域教师的问题意识是教师发展活力的重要表征。诚如爱因斯坦所言，提出一个问题往往比解决一个问题更重要，因为解决问题也许仅是一个数字或实验上的技能而已，而提出新的问题，却需要有创造力和想象力，而且标志着科学的真正进步。县域教师要做一名合格的教师，问题意识与反思能力

---

① [德]第斯多惠. 德国教师培养指南[M]. 袁一安, 译. 北京：人民教育出版社，1990：23.

必不可少。当教师提不出问题时，特别是提不出具有挑战性的问题，何来的反思，就更谈不上县域教师的发展。

（四）个人兴趣影响教师发展的原动力

县域教师个人兴趣在个体敬业、爱业、乐业中的作用十分巨大，兴趣是县域教师发展的重要动力之一，是事业成功的基础。名师魏书生的个人兴趣就是当教师。用他的话说是："我爱教书，费尽千辛万苦，夙愿方才得偿。从此，我像广阔的教育园地中的一棵小草，生长在普通中学比较贫瘠的土壤上。教学设备一般，教育手段落后，班级人数不断膨胀，加上繁重的社会活动以及家务劳动，身上担子确实不轻，但我每天生活得兴味盎然。"事实上，也只有调动县域教师发展的兴趣与内在动机才能从根本上推动县域教师发展。

第五节　县域教师发展支持体系建设的问题与进展

一、改革开放后我国县域教师发展支持体系建设发展阶段

改革开放以来，伴随着我国教育管理体制的四次重大改革，县域教师发展支持体系建设大致也经历的四个阶段。

从县域教师发展管理体制上：第一阶段是"拨乱反正"后的中央统一管理阶段（1977—1985年）；第二阶段是扩大地方管理自主权阶段（1985—1993年）；第三阶段是分级管理、分级负责阶段（1993—2001年）；第四阶段是统一领导、以县为主阶段（2002—至今）。

从县域教师经费保障上：第一阶段，以师为主（1977—1989年）；第二阶段，以乡为主（1989—2002年）；第三阶段，以县为主（2002—2006年）；第四阶段，以国为主（2006年至今）。

从县域教师继续教育上：[1]第一阶段，以教材教法"过关"为目标的师资培训工作（1979—1983年）；第二阶段，以"学历补偿"为重点的学历达标工作（1983—1990年）；第三阶段，以学历培训和非学历培训交织进行且重点逐渐后移的培养、培训工作（1990—1998年）；第四阶段，以提高全体教师的整体素质为根本目的的跨世纪教师素质提供工程工作（1999—2017年）。第五阶段，以培养造就高素质、专业化、创新型教师为目的教师队伍培养工作（2017年至今）。

二、初步制定了系统的政策规章与继续教育制度

在中央统一领导下建立了系统的政策规章与培训制度。中央三次教育工作会议文件以及《教育法》《教师法》《义务教育法》和《中小学教师继续教育规定》、中共中央国务院《关于全面深化新时代教师队伍建设改革的意见》、国务院办公厅《乡村教师支持计划（2015—2020年）》等政策法规文件颁布后，各省、市、自治区结合本地教师发展的实际情况按照要求纷纷出台了相应政策法规，对县域教师发展工作特别是继续教育工作的领导、运行、保障等做出了较为详细的规定。全国绝大部分县积极响应也陆续出台了县域教师发展的相关政策规定。

严格县域教师准入制度。全国范围内坚持新进县域教师必须具有相应教师资格和相应学历要求条件。吸纳优秀本科毕业生到农村学校任教，逐步解决师资队伍在年龄、学历、专业等方面存在的结构性问题。这也是县域教师发展支持体系建设最有成就的方面。

按照中央要求开展了"送教下乡"活动，部分县还开展了"捆绑发展""对口支援""顶岗实习""城乡交流"等深受县域教师欢迎的活动，逐步缩小城乡教师之间的差距。

进一步完善了县域教师成长的人事激励机制。教师工资晋升、职称评聘等人事激励政策措施进入常态运转。

---

[1] 李新宇. 我国中小学教师继续教育的进程和新的使命[J]. 河南教育学院学报（哲学社会科学版），2001（1）：14-17.

三、建立了以财政供给为主的多渠道县域教师经费保障机制

国家对农村义务教育经费保障机制改革进行了调整和完善，进一步加大中央财政对农村特别是贫困边远地区义务教育的支持，明确规定义务教育公用经费的5%以上用于教师继续教育。全国绝大部分县贯彻执行了这一决定，我国县域教师继续教育经费保障进入一个崭新阶段。

建立了由中央、省转移支付，县级财政统一发放中小学教师工资的制度，虽然还有部分财政较为贫困的县教师工资实行二元制，但是，从制度上解决了中小学教师工资的"源头"问题，可以预见，城乡统一、倾斜农村的教师工资标准指日可待。

部分县建立了以政府投入为主，多渠道筹措教师继续教育经费政策。除按照公共教育经费中不低于5%的比例用于义务教育阶段教师的继续教育外，东部发达县还制定多渠道筹措教师继续教育经费的办法，有的县每年还拨专款用以支持教师继续教育专项经费。

四、逐步形成县域教师发展支持体系运行结构

形成了中央政府领导，省、自治区、直辖市人民政府统筹规划实施，县级人民政府为主管理的工作体制。明确了县级人民政府及其教育行政部门具体负责县域教师发展的实施工作。

建立健全县域中小学教师管理机构。2013年机构改革前，各省、市、县教育行政部门没有设立专门的教师教育处、师范处、师资处，负责教师发展工作。目前，全国省、市级教育行政部门有一半以上设置了教师管理与继续教育专门机构，负责教师发展工作。全国大部分的县成立了中小学教师队伍建设领导小组或中小学教师继续教育领导小组，负责中小学教师继续教育管理，并对业务工作进行日常指导、服务。

明确了不同层级的教育行政部门、教师培训机构与学校在教师继续教育方面的职责。即省、市、县（市、区）教育行政部门及其教师培训机构分别负责高中、初中、小学县域教师的培养、培训工作。

五、县域教师发展支持体系的运行情况

1. 加强县域教师培训体系建设，探索多元化培训模式

（1）进一步优化了教师培训机构的资源配置，明确任务职责，加强培训能力建设，提高为广大教师进修服务的水平。全国大约25%的县（市、区）整合教师培训、教研和电教等资源，加强县级教师培训机构建设，构建集信息、培训、教科研和社区服务为一体的县域教师学习和资源中心。

（2）建立了相对完备的县域教师培养、培训体系。学历教育、非学历教育初具规模，并链接在一起。

（3）开展了多种多样的县域教师学历与非学历培养培训工作。各地采取措施，努力使培训课程和内容更加符合县域教师发展需要，组织形式多样化，增强培训的针对性和实效性。主要有：因地制宜、以校为本、大力开展校本培训的潍坊市模式；采用"五步培训法"的云南省模式；投资带动的湖北省模式；项目对接的天津市模式；充分发挥教师继续教育远程培训网络等远程教育平台作用的集中培训、远程培训与校本培训有机结合的山东省高中教师全员研修模式等。

（4）强化了县域教师培训过程的管理。多数县都注重加强对县域教师培训的过程管理。如山东德州市将继续教育学分与职称评聘结合在一起，广西壮族自治区三江县等注重探索通过继续教育测评表和意见反馈表等工具对教师培训进行过程管理。

（5）加强了县域教师培训质量保障监控。

2. 县域教师发展督导运转正常

各级政府教育督导部门要把县域教师发展纳入督导工作的重要任务中。大多数省、市加大了对县域教师发展工作的督查力度。把县域教师发展工作纳入"双高普九"和"对县督导"的评估范围，并适当提高教师队伍建设的评估权重和分值。有的地区还适时开展了专项督导检查，考察评估各县师德建设、教师资源配置、教师待遇、培训经费和培训基地建设等实际情况，并把督导检查结果作为表彰奖励或责任追究县级政府的重要依据，确保县域教师发展的各项措施落到实处，取得实效。

3. 营造了县域教师发展的较好舆论环境和社会环境

在教师节期间，从中央到地方分别召开教师表彰与庆祝大会，为推动县域教师优先

发展创造了良好的舆论环境。例如，2018年教师节无锡市采取"完善领导机构，强化组织保障；把握工作导向，突出宣传重点；健全各项制度，规范工作程序；主动服务媒体，争取配合支持；加强阵地建设，壮大教育媒体"等措施为县域教师发展造势。山东省阳信县2017年教师节期间重奖"名校长、名班主任、名师"，并举办报告会广泛宣传他们的突出业绩。

对策：结构与运行

第六章 "四位一体"县域教师发展支持体系的构建

针对县域教师发展多重领导缺少协调、资源短缺支持力量薄弱、县域教师发展动力不足、评估奖惩体系不健全等问题,在推进和落实县域教师发展过程中,需要政府、教师教育机构、学校、社会社区四个主体的协调合作,提供支持和服务。四个县域教师发展主体各自的权限不一样,对县域教师发展所起的作用也不一样,在这一个支持链条中,如何在结构、制度、运行等方面良性联动,形成完整的无缝链接,并达到有机的统一是本章考虑的重点。

第一节 "四位一体"县域教师发展支持体系的结构

事物的结构决定着事物的功能,政府、教师教育机构、学校和社会社区"四位一体"是建设县域教师发展支持体系的关键,这四个方面相互联系、相互作用,有各自的权力与责任分工。

一、"四位一体"县域教师发展支持体系的目标

"四位一体"县域教师发展支持体系的目标具体表述为"一主导、四主体、四维度、十措施",即:政府主导;政府、教师教育机构、学校和社会社区四个支持责任主体;结构、制度、运行、保障四个相辅相成的维度;理念先行、规划带动、制度推进、资源支撑、智能辅助、分层实施、文化浸润、质量监控、评价引导、督导保障十项措施。实现县域教师发展的速度、规模、质量、效益的有机统一。

理念上,把县域教师发展置于重点支持战略领域优先谋划。结构上,理顺国家、省、市、县各自功能定位。制度上,抓好"选、育、管、用"四个环节间的相互配合。运行上,发挥政府、教师教育机构、学校和社会社区四个主体各自优势。

二、"四位一体"县域教师发展支持体系的结构

"四位一体"县域教师发展支持体系是在新时代大背景和我国教育改革与教师发展的大环境中，结合县域教师发展的现状与问题提出的，是县域教师发展支持体系建设的战术层面。构建政府政策主导、机构专业支持、学校引领发展、社会广泛参与"四位一体"县域教师发展支持体系结构（见图6-1），四个相互关联的系统所掌控的社会资源不同，所处历史与社会地位不同，具有的功能与作用不同，决定了各自的作用与功能各有侧重。

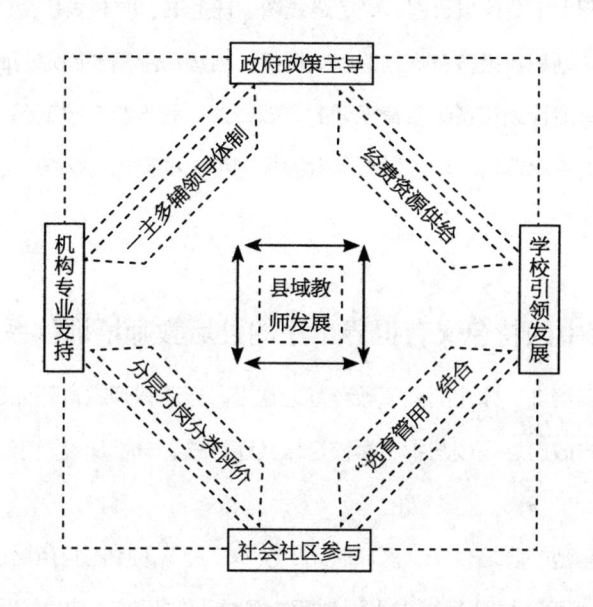

图 6-1 "四位一体"县域教师发展支持体系结构示意图

第二节 "四位一体"县域教师发展支持体系的制度

一、细化国家、省、市、县四级政府责任分工

依据中共中央、国务院《关于全面深化新时代教师队伍建设改革的意见》和《教师教育振兴行动计划（2018—2022年）》提出具体实施意见，细化国家、省、市、县四级

政府责任分工。

理顺各级党委政府的功能定位。按照"中央领导、省级统筹、地方管理、以县为主"原则，构建以教育行政部门为主导，以编制、人社、财政部、发改委为辅的"一主多辅"治理模式，使其上下联动、协调一致，避免一些政策脱节、交叉、错位的现象。

明确县党委、政府一把手是教师发展的第一责任人。县域教师发展的出发点和终结点在县域。明确县党委、政府一把手是教师发展的第一责任人，保证把教师工作记在心里、抓在手中，摆上重要议事日程，确定路线图、任务书、时间表和责任人。

强化与年度计划和各级教育规划的有效衔接。各级各部门要制定时间表、路线图、任务单，强化与年度计划和各级教育规划的有效衔接，科学制定政策和配置公共资源，精心组织实施重大工程项目，将县域教师发展规划提出的目标、任务、政策、举措落到实处。

二、构建具有中国特色又有世界水平的县域教师培训体系

启动我国培养培训一体化的教师教育基地建设。启动教师教育基地建设工程，用五年时间，采取地方政府、高校与中小学校合作共建方式，分批建设国家、省级教师教育基地。

完善"国培示范、省培骨干、区域联动、校本实践"的中国特色培训体系。以实施"国培计划"为抓手，推动县域中小学教师全员培训的开展。建立国家、省级、市县级、片区研修"四位一体"的教师研修服务体系，逐步形成"国培示范、省培骨干、区域联动、校本实践"培训机制。

精准定向县域教师培训路径。纵向上，对所有新任教师进行岗前适应性培训，帮助新教师尽快适应教育教学工作；对所有在职教师进行岗位培训，帮助教师更新教育理念，深入钻研业务，学习新知识，掌握新技能，提高教育教学实际能力；对骨干教师进行研修提高培训，帮助骨干教师总结教育教学经验，探索教育教学规律，进一步提升教育教学能力、教研能力、培训和指导青年教师的能力，在推进素质教育和教师全员培训中发挥引领示范作用。横向上，做好四个类型教师培训：新学校+新教师的标准培训；新学校+老教师的引领培训；老学校+新教师的归属培训；老学校+老教师的规律培训。

三、完善"选、育、管、用"一体化教师管理机制

制定提升培养规格层次实施方案。根据《教师教育振兴行动计划》提出的"提升培养规格层次,夯实国民教育保障基础"要求,分区、分类提升教师培养规格,鼓励有条件的地区将教师学历提升至研究生层次。

促进教师评价、编制、职称、工资改革。建立符合知识分子工作特点的显性与隐性相结合、长期与短期相结合、过程结果相结合、深度与广度相结合的县域教师发展性评价制度。核定编制时充分考虑新型城镇化、全面二孩政策、农村中小学地域广、生源分散、教学点多等特点,编制向农村边远地区倾斜,以保证这些地区对编制的基本要求。提高农村中小学中级、高级教师岗位比例,畅通农村教师职业发展通道。推动城镇优秀教师向乡村学校、薄弱学校流动。贯彻落实《中华人民共和国教师法》要求的"农村教师享受交通补助,特困地区乡村教师享受生活补助以及大专以上学历的毕业生到少数民族地区和边远贫困地区从事教育教学工作的,应当予以补贴"条款。延续执行1987年《关于提高中小学教师工资待遇的通知》中"将中小学教师现行的工资标准提高10%"的决定。恢复20世纪80、90年代"到县镇以下农村中小学工作毕业生,可直接享受定级工资,并上浮一档职务工资"的制度规定。继续执行"30年教龄以上的退休教师应发档案工资的100%"的政策。

理顺培养管理体制机制。构建"教育部宏观领导、省级统筹、高校参与、地市指导、县区实施、学区负责"的分工培养管理体制,不断完善区域外协同、区域内联动的培养体制,强化教师培养系统内在发展动力,优化外部发展环境。

四、引导社会力量支持县域教师发展

吸引社会捐赠性资金改善县域教师待遇。出台政策引导社会力量改善县域教师医疗、住房等福利待遇,推动建立多元主体参与县域教师发展格局。例如,政府+项目+资金支持;政府+项目+资金+参与合作;资金+项目+评价互动。

吸引投资性资金举办非营利性县域教师培训。积极吸引投资性资金举办非营利性县域教师培训也是促进县域教师发展的重要举措。

扩大县域教师发展供给,形成以政府投入为主,社会参与为辅的融资投入保障机制。

第三节 "四位一体"县域教师发展支持体系的运行

一、"四位一体"县域教师发展支持体系的运行设计

政府、教师教育机构、学校、社区要素之间存在着一种内在的必然联系——一种机制才能构成一个有机的整体，这个整体的发展运动与变化就要靠一种机制去维持、推动和保护，这就是"四位一体"县域教师发展支持体系的运行机制，是一种决策权、执行权、监督权既相互制约又相互协调的权力结构和运行机制，属于县域教师发展支持体系建设的实施操作层面（参见图6-2）。

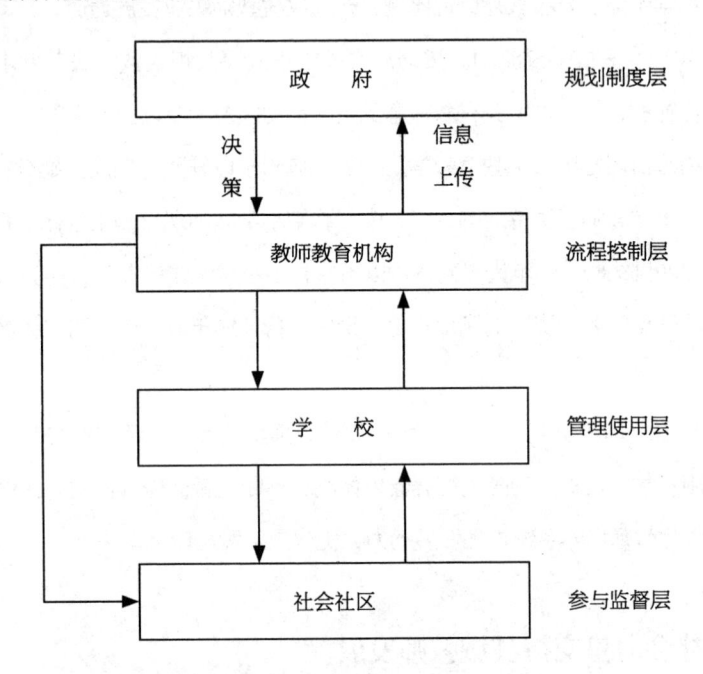

```
         政    府              规划制度层
      决↓    ↑信
      策     息
            上传
       教师教育机构           流程控制层
   ┌──→          ↑
   │    学    校              管理使用层
   │              ↑
   └──  社会社区              参与监督层
```

图 6-2 县域教师发展支持体系运行机制示意图

二、"四位一体"县域教师发展支持体系运行原则

结合管理思想与理论在县域教师发展支持体系建设中的运用，我们这里具体地将"四位一体"县域教师发展支持体系运行原则归纳为：以教师为中心、全员参与、有效反馈与持续改进，并简单阐述各自的含义。

（一）以教师为中心——运行基础

以县域教师为中心，坚持服务理念，满足需求，创新模式，优化治理，开放融合，引领未来，是县域教师发展支持体系运行存在的基础。

（二）全员参与——运行保证

全员参与，从"一个也不能少"到"每个都重要"是县域教师发展支持体系运行机制成功实施的保证。

（三）有效反馈——运行效益

县域教师发展支持体系运行效益必须通过过程和系统反馈来取得信息，从而了解目的是否已经达到。

（四）持续改进——运行追求

县域教师发展支持体系运行如逆水行舟，不进则退，如果没有持续改进，等于割裂了县域教师发展支持体系运行迈向新台阶，实现新发展的机会。

三、"四位一体"县域教师发展支持体系内容

县域教师发展支持体系实施的十大措施是理念先行、规划带动、制度推进、资源支撑、智能辅助、分类实施、文化浸润、质量监控、评价引导、督导保障，实现县域教师发展的速度、规模、结构、质量、效益的有机统一。

（一）理念先行

确立发展性县域教师评价的新理念。如第五章所述影响县域教师发展最主要因素是评价。教育行政部门借助静态评价进行横向比较，借助动态评价进行纵向比较，准确地分析每位县域教师的水平和发展现状，尊重、理解不同县域教师个体间的差异，解除长期禁锢在县域教师身上"唯成绩论"的枷锁。树立以教师为本的办学理念，相信每一位教师都有自己的智慧，在教学上都有"独门绝技"似的教学方法，不对教师发展进行统一尺度的评价。尊重县域教师基于本学科知识的话语权以及影响力和中小学教师对本学

科知识加工和再造的权力，把"办学以人为本，以教师为主体"的管理理念落到实处，营造良好县域教师发展舆论氛围。广泛宣传终身教育思想，为县域教师发展支持体系建设的推进形成合力。

（二）规划带动

制定符合教师自身实际的长、中、短期发展规划。建立教师成长档案袋，记录教师成长历程，增强教师自我反思、主动发展的意识和能力。充分发挥教师在发展中的主观能动性，变"要我发展"为"我要发展"。学校和教师形成一种依赖：你能爬多高，学校就为你搭建多高的脚手架；学校给我搭多高的脚手架，我就努力爬多高。

（三）制度推进

保障县域教师休息生养。如第三章所述，县域教师每天的劳动时间多达10个小时以上，而实行绩效工资后，将更加强调岗位职责，不再以工作时间衡量，更是增加了县域教师的工作压力。新修订的《中华人民共和国教师法》保护县域教师休息生养的权利，在规范各类指导、检查、评比活动基础上，规范作息时间、规范课时与作业量。将县域教师继续教育经费全额纳入财政预算，将县域教师继续教育经费全面纳入公共财政保障范围。建立政府专项资金，实施补偿性援助，促进城乡教师均衡发展。建立县域教师培训支付券制度[①]。

（四）资源支撑

建立覆盖国家、省、市、县四级县域教师发展专家库，并实行动态调整，建立一支专兼职结合的优秀指导队伍，高标准建设县级教师发展中心。按照"小实体、多功能、大服务"的原则，建设上挂高等教育机构，下联中小学校的县级教师发展中心（参见图6-3）。

建立校本培训新体系。校本培训体系的构建，首先要考虑学校发展与教师发展的目标，在具体内容设置上，需要更多体现本土性特点。按照教育家陶行知"依据乡村实际生活，造就乡村学校教师"的培训理念，打造符合农村教师需求的培训内容，设计县域

---

① 资料来源：戚业国教授提供材料整理而成。

校本培训体系框架（参见图6-4）。

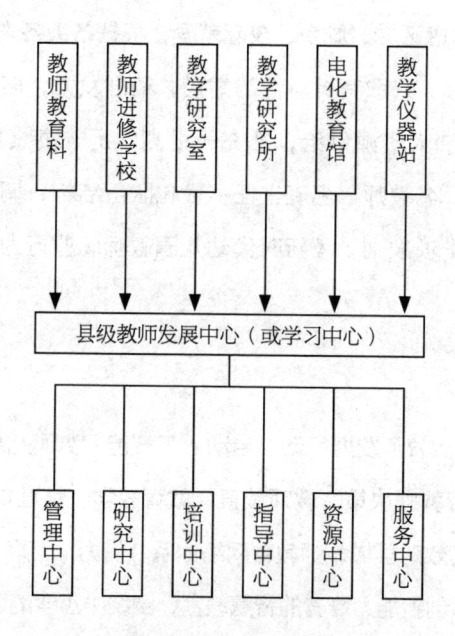

图 6-3 县级培训机构资源整合示意图

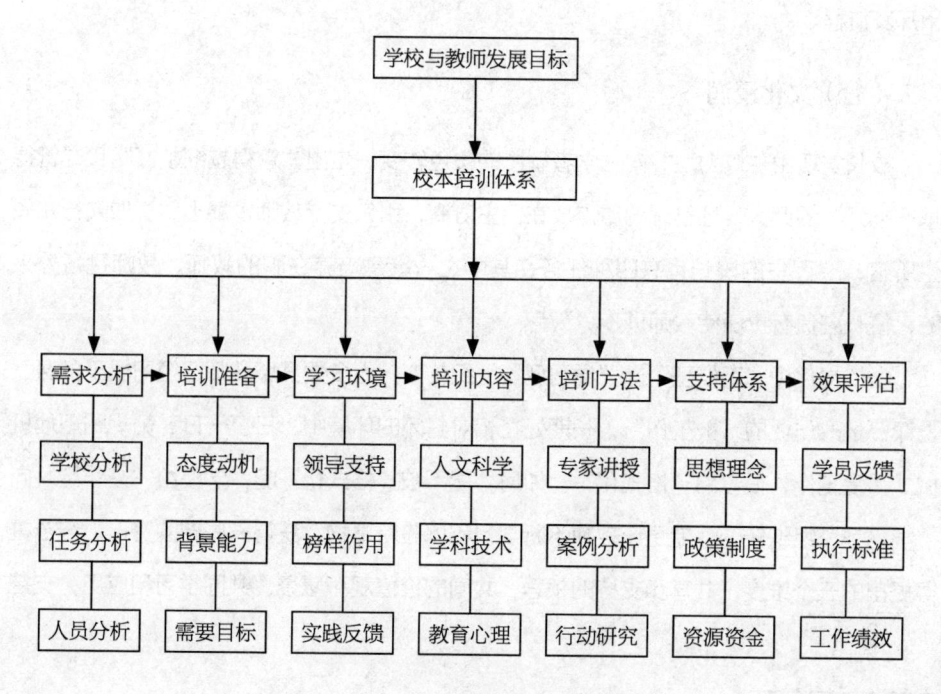

图 6-4 县域校本培训体系设计框架

（五）分类实施

立足县情，充分考虑区域、城乡、校际差异，根据各级各类学校和不同学科教师的不同特点和发展实际，采取有针对性的举措，精准发力，培养一批县域名校长、名教师、名班主任；加大资源供给，补充一批高学历、高素质教师；创新体制机制，推出一批名校长、名教师、名班主任；优化队伍结构，调配一批违反《新时代中小学教师职业行为十项准则》《新时代幼儿园教师职业行为十项准则》等条令的教师。

（六）智能辅助

启动人工智能+县域教师发展行动。启动人工智能+教师队伍建设行动，探索信息技术、人工智能等支持教师决策、教师教育、教育教学、精准扶贫的新路径。形成覆盖全国县域的、现代高效的县域教师教育网络体系。借力"互联网+"创新教师教育模式，建设一批支持教师创新能力培养的智慧教室，围绕中小学的课程标准和教师日常的工作需要，研发和推广教师教育培训在线课程，形成优质教师教育课程资源的开发标准和开发流程。

（七）文化浸润

校长实现由"权力型"向"学者型"的角色转变。走出"管得越细越好"和"管得越严越好"的误区，把管理的重点放在民主协商、引领支持教师发展上。正如陶行知先生所言："民主的校长也有四种任务，其中之一就是培养在职的教师。教师是各处来的，校长应负有责任使教师进步。"[1]

学校文化由"工作型"向"学习型"组织转变。大多数县域教师已经习惯于备课、上课、批改作业的"被工作"，长期处在相对封闭的环境中，日复一日、循规蹈矩地机械式重复工作，很容易"格式化"。如何才能不被"格式化"呢？学校由"工作型"向"学习型"组织转变，就是让教师不断学习和体验新事物，获得一些新的资讯。结合霍得提出的五个维度"共享和支持的领导，共同的价值观和愿景，共同学习和应用，支持

---

[1] 陶行知. 陶行知文集[M]. 南京：江苏人民出版社，1981：787.

性条件，共享个人实践"，建设学习型学校（参见图6-5）。

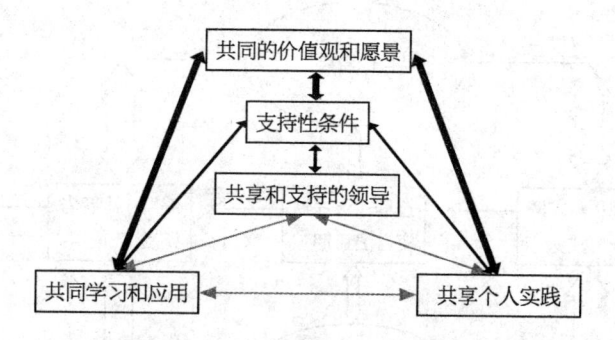

图 6-5　学习型学校建设的五个维度[①]

学校管理由"制度型"组织管理向"沟通型"组织管理转变。管理根本性变革学校管理由"制度型"组织管理向"沟通型"组织管理转变（参见图6-6）。

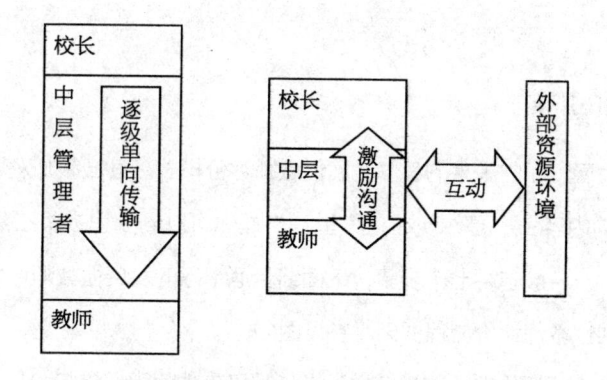

图 6-6　"制度型"组织管理与"沟通型"组织管理对比

（八）质量监控

县域教师培训的质量控制是一个复杂的系统工程。我们设计了县域中小学教师培训质量理论与实践模型（参见图6-7）。

---

① [美]胡弗曼，[美]海普. 学习型学校的文化重构[M]. 贺凤美等，译. 北京：中国轻工业出版社，2006：7.

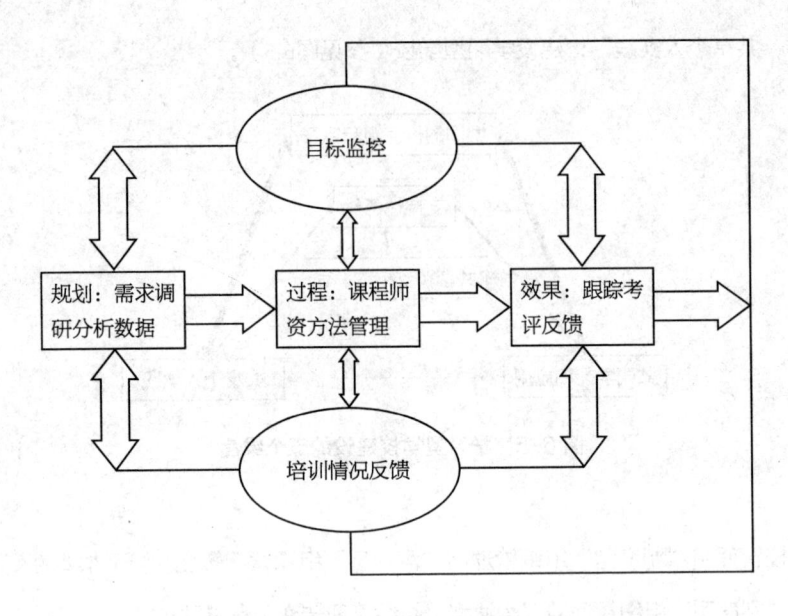

图 6-7　县域中小学教师培训质量理论与实践模型

（九）评价引导

　　构建注重发展、面向未来的县域发展性教师评价模式。县域教师发展性评价至少应包含三个方面的内容：一是你现在在哪里；二是你可以到哪里去；三是怎样到达你的"最近发展区"。一般包括七个步骤，下面结合厄本恩的发展性教师评价理论，建议设计我国县域发展性教师评价流程框架（参见图6-8）。

　　县域发展性教师评价的目的是使学生进步，只有教师所学的知识与学生学习的知识相联系，教师发展对学生的影响才最大。尽管县域教师发展没有直接影响学生学习进步，但是高质量的教师发展是学生进步的必要条件和前提。县域发展性教师评价结果一般提供两个方面的反馈信息。第一，提供县域教师是否需要在职进修、培训，学校应该提供什么样的支持帮助；第二，通过评价者，向县域教师提供有关其工作表现方面的信息，从而改善县域教师的现有表现。评价结果不与解聘、晋升等奖励、惩罚挂钩，以提高县域教师知识与技能促进学校、学生发展为目的。

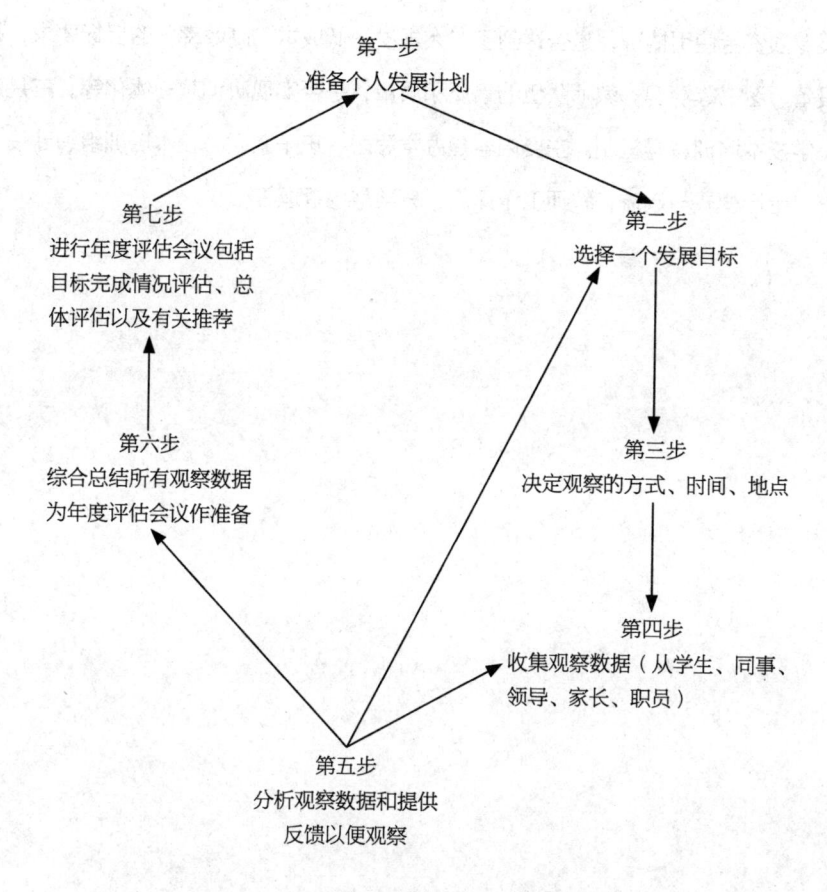

```
              第一步
           准备个人发展计划

   第七步                       第二步
进行年度评估会议包括            选择一个发展目标
目标完成情况评估、总
体评估以及有关推荐

   第六步                       第三步
综合总结所有观察数据          决定观察的方式、时间、地点
为年度评估会议作准备

                               第四步
                           收集观察数据（从学生、同事、
                           领导、家长、职员）

              第五步
           分析观察数据和提供
           反馈以便观察
```

图 6-8　县域发展性教师评价和发展循环图[①]

（十）督导保障

县域教师发展支持体系构建，仅仅有"督学"还不行，还需要加强"督政"。具体应建立三个督导保障机制：一是建立对政府及其教育行政部门的督导机制。主要内容是国家、省、市、县政府的有关县域教师发展法规、政策的执行情况；县域教师发展的机构、规划、政策、投入、组织、管理、考核等。二是建立对县级培训机构的督导机制。主要内容是机构资源整合情况，是否实现了教研、科研、电教、师训等部门的整合；教

---

① [美]杰拉尔德·C.厄本恩，[美]拉里·W.休斯，[美]辛西娅·J.诺里斯. 校长论：有效学校的创新型领导（第4版）[M]. 黄崴等，译. 重庆：重庆大学出版社，2004：175.

师发展专项资金使用情况,是否达到了"大规模、低成本、高效率"的目标要求;教育技术设备、图书等情况;教师队伍的素质和质量,是否实现研训教一体化等。三是建立对中小学校本培训督导机制。主要内容是办学思想、班子素质、校本培训组织建设、制度措施、运行模式与效益、教师工作评价、教学常规管理等。

结语

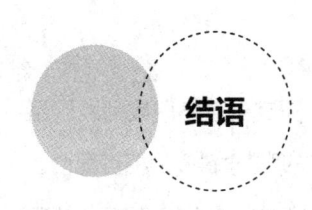

解决未来问题的县域教师发展支持体系建设趋势

如何构建县域教师发展支持体系是一个复杂的系统问题，尽管以上章节对县域教师发展支持体系构建的相关问题进行了理论、比较、历史、现状、对策等研究，试图找到实现这一目的的路径。但是科学地提出一个县域教师发展支持体系建设方案又是十分困难的，既取决于政府决心、国家能力，又取决于学校制度建设、教师自身内驱力等。迎接这一挑战的主要因素是能否打造出高素质、专业化、创新性的教师。因此，构建县域教师发展支持体系既要解决当下问题，体现现实性、操作性，又要解决未来可能出现的不确定问题，体现前瞻性和战略性。无论从我国还是国际教师发展支持体系建设的历史看，成功的教师发展支持体系建设无不受益于其正确的发展方向。面向未来，我国县域教师发展支持体系建设应坚持准确把握七个趋势。

一、法制化

从国际比较的视角出发，通过对有关国家的教师发展支持体系建设的理论和实践进行分析，发现一些规律性的特点和发展趋势，那就是为教师发展立法。我国县域教师发展支持体系建设正处于初级发展阶段，法制化将是必然选择。

二、标准化

世界各国教师发展支持体系建设的重要内容就是标准化。由于历史的原因，我国县域教师发展支持体系建设没有明确提出定量化、定性化的实施标准，未来必须积极推进县域教师发展支持体系标准化建设。

三、衔接化

跨学段衔接：理顺幼儿、小学、初中、高中、本专科、研究生各学段教师发展目标，使其依次递进、有序过渡。跨学科衔接：加强人文学科与理工学科间的相互配合。跨文化衔接：加强课堂文化、校园文化、企业文化和社团组织文化的密切联系。跨职能衔接：打造人才选拔、培养、管理、使用、待遇的一体化机制。跨领域形成政府、机构、学校、社会分工协作格局。

四、智能化

县域教师应主动适应信息化、人工智能等新技术变革，积极有效开展教育教学。探索人工智能、大数据、互联网、云计算、社交平台等现代信息技术助推教师管理优化、助推教师教育改革、助推教育教学创新、精准化教育帮扶策略。

五、多样化

在充分考虑国情、县情和县域教师发展需求的基础上，我国县域教师发展选择适宜的发展政策、发展模式和发展路径。

普适路径：政策＋法律＋资金支持

适度发展路径：政府＋项目＋机构＋社会合作

优质发展路径：社会＋资金＋项目＋教师＋服务互动

六、精准化

考虑区域、城乡、校际差异，各地县域教师发展采取有针对性的政策举措，定向发力，重视专业发展，培养县域教师。

对象精准化：新教师＋学科教师＋班主任教师＋骨干教师＋名师

主题精准化：信仰＋师德＋课程＋技能＋知识

目标精准化：备课＋授课＋方法＋作业＋评价

环节精准化：集中＋影子＋网络＋跟岗

评价精准化：分类＋综合＋过程＋结果

七、本土化

县域教师发展支持体系建设须充分"考虑区域、城乡、校际差异，采取有针对性的政策举措，定向发力"，按照采取"整体规划、分类指导、因县施策、分步实施"原则，扎根中国大地，办好县域教师发展事情。同时，本土化并不排斥国际化，而是以我国本土的社会、文化、教育历史为依托，对国际的教师发展支持体系建设的合理成分进行参考借鉴，使其融入中国教育体系中并成为我国县域教师发展支持体系建设一部分的过程。

致谢

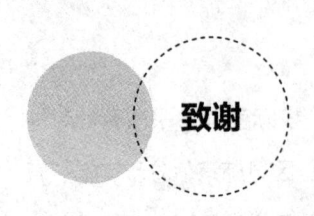

本书是教育部人文社会科学研究规划基金项目"县域中小学教师专业发展支持服务体系建设"研究成果。四年研究时光即将随着书稿的完成而告结束，同时结束的还有历经四年的清贫却富有、痛苦并快乐的研究生活。或许因为那融进生命中的不是结果而是过程，此时的我少了想象中的兴奋，多的是对研究的意犹未尽，对农村教育、教师难以割舍和对关心支持我的人们的感激。

这一路走来，最感谢的是我的导师戚业国先生，在学术上，先生理论研究深邃、见解精辟；在学业上，严爱有加、身体力行、循循善诱；在论文上，鼓励我"奋精卫之勤，填论文之海"；在做人上，要求我"达则兼济天下，穷则独善其身"。先生是经师，更是人师！

这一路走来，还要深深感谢我所供职的齐鲁师范学院、国家教育行政学院、中国教育干部网络学院的领导和同事们。如若没有他们的理解与全方位的支持，论文的完成是不可想象的。

这一路走来，还要深深感谢教育部教师工作司、山东省教育厅、黑龙江省教育厅、云南省教育厅、五莲县教育局、鸡东县教育局、昆明市呈贡区教育局在课题研究过程中给予的大力支持和帮助。

这一路走来，还要深深感谢家人的关爱！

感谢所有支持、帮助、关爱我的人们。我将用行动来回馈对你们、对教育、对生活、对社会的爱！